U0909016

英国牛津民俗谈

柯玲◎著

上海人民出版社

目录

前言：跨文化交流中的空白与补白
——想象的速度与效率 …… 1

第一章　服饰民俗 …… 1
（一）盛装的考生 …… 1
（二）教授之长衫 …… 6
（三）行者双肩包 …… 11

第二章　饮食民俗 …… 17
（一）分食与共饮 …… 17
（二）女儿的薄饼 …… 23
（三）牛津的筷子 …… 27
（四）自制的月饼 …… 32
（五）他乡的野菜 …… 37

第三章　居住民俗…………………………………………………… 43

（一）坐北与朝南 ……………………………………………… 43

（二）城市与乡村 ……………………………………………… 48

（三）城堡与古镇 ……………………………………………… 54

（四）庄园与家园 ……………………………………………… 60

（五）水边的学堂 ……………………………………………… 65

第四章　出行民俗…………………………………………………… 72

（一）牛人爱骑行 ……………………………………………… 72

（二）温柔的警察与警卫 ……………………………………… 77

（三）守望的风景 ……………………………………………… 83

（四）牛津无广场 ……………………………………………… 88

第五章　人生民俗…………………………………………………… 94

（一）计划与生育 ……………………………………………… 94

（二）教育的资源 ……………………………………………… 99

（三）自愿上大学 ……………………………………………… 104

（四）婚姻与家庭 ……………………………………………… 109

（五）生死无界 ………………………………………………… 114

第六章　交际礼仪…………………………………………………… 121

（一）信任的能量 ……………………………………………… 121

（二）温情的面纱 ……………………………………………… 126

（三）吃喝的性质 ……………………………………………… 130

（四）来往的礼仪 ……………………………………………… 135

（五）待客的分寸 ……………………………………………… 140

（六）不俗的竞争 ……………………………………………… 145

第七章 节日民俗……………………………………………… 151
（一）鸡蛋的节日 ………………………………………………… 151
（二）牛津的“五一” …………………………………………… 157
（三）莎翁纪念日 ………………………………………………… 163

第八章 生产商贸习俗………………………………………… 170
（一）牛津之“牛” ……………………………………………… 170
（二）炉中之煤 …………………………………………………… 176
（三）工农城乡 …………………………………………………… 181
（四）英国钢镚儿 ………………………………………………… 185
（五）信用被盗 …………………………………………………… 190

第九章 社会组织民俗………………………………………… 196
（一）殖民的情感 ………………………………………………… 196
（二）大学的竞争 ………………………………………………… 201
（三）莎翁研究会 ………………………………………………… 206
（四）民间读书会 ………………………………………………… 210
（五）尽职的兼职 ………………………………………………… 216
（六）牛村中国风 ………………………………………………… 222

第十章 信仰习俗……………………………………………… 228
（一）牛津基督徒 ………………………………………………… 228
（二）我是 CCP ………………………………………………… 234
（三）出国与乡愁 ………………………………………………… 239

第十一章 语言民俗…………………………………………… 244
（一）所谓“标准语” …………………………………………… 244

（二）夸大的翻译 …… 249
（三）牧师爱汉语 …… 254
（四）讲座没问题 …… 258

后记：民俗生态的自适与自愈
——牛津民俗中的生态平衡 …… 264

参考文献目录 …… 270

前言：跨文化交流中的空白与补白

——想象的速度与效率

跨文化交流发生在异质文化之间，此种差异往往因为某种距离或阈限而产生。尤其是在国际交往不多不畅的时代，跨文化交流的空白较多，人们留足了对他者的想象与联想空间；而随着跨文化交流的日渐频繁，存在空白的交流双方则会很自然地进行各种“补白”，而无论是空白还是补白，基本手法不变，大多凭借想象……

“西方人办事一般效率都很高，咱们则常常拖沓扯皮，所以西方国家一般都比咱们先进”，“落后就要挨打，因此我们要快马加鞭、奋起直追、只争朝夕……”耳旁曾经飘过的诸如此类带有普遍性的错觉思维，塑造了几代性急的中国人。环顾四周不难发现身边出生越早者往往越性急。我们有自谦自省的优良传统，但如果将视野放大，去看看真正的西方，再稍微调整一下自己步履和心态，或许我们可以走得更稳健一些。

2012 年夏赴英开会，返程中从兰卡斯特坐火车去伯明翰机场。火车慢得犹如小脚莲步，怀疑自己乘的是王蒙《春之声》里的“闷罐子”，心急如焚而又忧心忡忡。乘客中也有去伯明翰机场的，给我打包票不会误机。好在英国的火车到底不是闷罐子，安静、舒适，熟人之间轻声交谈，完全没有高声喧哗，所以我的燥热也慢慢降至凉爽，甚至还有了远眺窗外的心境，那感觉就更好了。火车慢慢爬行，眼前像有本画册徐徐展开，风景挺美。大片的绿地、草原，静静地卧着，仿佛在有序轮休。偶尔看到一些横七竖八的菜畦，点缀在画册中有些潦草。后来得知那是部分英国人的“自留地”，租金一年 25 英镑。朋友提醒我要是在“草书”中看到有块不太协调的“正楷”，十有八九是中国移民的作品，不止一位中国移民的菜地作为样板上过英国电视。有些英国人的菜地中央还歪斜地放着些桌子、椅子、空酒瓶，说明他们迥异于深沉地爱着土地且眼里常含热泪的中国农民，他们不是纯粹的耕耘者而更像是田园风光的享受者。彻底放松了心情，踱步缓行的火车，让人如履平川，旅程没有了风驰电掣的眩晕，倒让我体验到了慢速度的几分魅力。

速度当然不只是车速，尤其是对于一个国家而言。老祖宗叮嘱我们“百闻不如一见”，但事实是好多事在未曾闻见之前已然在脑海中有了定式。在英国待的时间越长越发现自己对于英国乃至西方的认识误区越多。这种误解大多因道听途说加上自己的合理想象，其中或许还有“隔锅饭儿香”的崇外心理在起作用。

出国之前，无论是在接受培训还是办理签证时都被告知：入境必须在 7 天之内去警署登记，否则后果自负。所以，一到牛津就急急去了警署，填完一系列表格后说一周左右会寄给我证明。但 10 天过去了，没有收到；20 天过去了，仍无踪影。本来也不知道这个证明派啥用，干脆就不着急了。一个月过去了，40 天过去了依然没有消息，有点儿沉不住气了，跑去警署打听，警员边抱歉边安慰我“别着急，甭担心”，重开一张一周后准寄到。收到时仍已是 10 天之后。其实这份证明一直到回国都没有用过，但收到时还是觉得心里踏实多了，甚至还与一位即将回国的同胞分享了喜悦，没想到他瞪大眼睛问我："什么警署证明呀？"我们总是将西方人办事想象得非常高效严谨，事实到底是怎么回事，真是天晓得！

在网上还看到有人抱怨到英国后去警署登记要排长龙等上几个小时。或许我是幸运者，又适逢牛津注册淡季？或者是警署相信来牛津的人都会高度自律，即便不注册也不用担心触犯英国法律？瞧，我又开始想当然了。略感温暖的是，不管我有什么疑惑，也无论是在警署还是在银行或公寓，都有人善意地安慰我"甭担心"或"别着急"，我甚至觉得英国人的绅士风度正是在这"甭担心"、"别着急"中悠悠养成的。

我住的公寓，附属于牛津一家慈善机构，也是牛津不多见的不用交押金可以订房的地方。可入住一周了，没人来收房租，我跑去问管理员什么时候交，答曰："一般在每月15号左右，但你是20号以后进来的，那就下个月再说吧，不着急。"15号一到我立即去付钱，而且将下个月的也预付了。有个同胞反问我为何这么着急，说他都住进来两个月了也没人让他交房租。我劝他："还是赶紧去付了吧？否则显得咱中国人不爽气！"同胞笑了笑说"好吧！"——看！我又着急了。来牛津，得学会从容。

一般人为了生活方便到了英国都要办银行卡。穷家富路，临行前家人硬是换了大几千镑现钞让我揣着，到牛津后发现咱们银联卡随处可刷。为存钱我只好去银行开卡，就近的巴克利银行服务可谓热心周到，手续办完后说一周左右卡即寄到。之后的一周，几乎每天都接到一封巴克利来信，拆开一看不是功能介绍就是注意事项，都不是银行卡！前后一共收到了9封信，愣是不见银行卡。盼星星、盼月亮，半个月后总算盼来了银行卡，但随信中又说还要再等几天待收到密码器后银行卡方能正式生效。真正启用银行卡已经是一个月以后了，总算将现金存进去了。巴克利卡有短信通知功能，但存钱后手机竟无动静。难道 ATM 机上取钱才会通知？马上到外面取了 100 英镑，盯着手机，依然纹丝不动，反复看了几次，无果。进去责问银行职员，微笑着说“别着急！别担心！信息会来的。”无奈，继续等待，到了第三天，真收到一条银行短信“大额警报：某日在某处 ATM 机取款 100 英镑，截至某日你卡内余额为 986 镑。”天哪！“警报”到时，已是三日之后，若遇意外，如之奈何？！凭此就得给国内银行的即时信息多点几个赞：一有风吹草动，立马便知详情，咱才叫高效！

一直听人说英国雨多，牛津确实常常下雨，不过用雨伞的人很少。在牛津遇上撑伞者，十有八九是我们同胞。但牛津的排水系统实在不敢恭维。稍微下点雨，就有同学上课迟到。因为一下雨，牛津大河未涨小河已满，河边小径就会被淹。一位新到的台胞女生，下雨天自行车一拐上小道，整个轮子就扎进了水里。时当初冬，浑身湿透，哆哆嗦嗦地回家换了衣裳再坐公交车赶来，课已上了一大半。最糟糕的是有一次连老师也来晚了。原因是因为下雨涨水，汽车不得不绕道而行。听温迪说，每年都会发水，而且稍下点雨，汽车就要绕道。其实，那几条经常被水淹的路，河道稍加疏浚即可，但当地政府一直决定不下来，据说是算来算去绕道的成本比修河要低得多，所以年复一年就这么绕着。牛人（牛津人），真有你的！

什么速度最快？网络时代当然首推网速。但对英国的网速本人也实在不敢恭维。住在共富新村（COMMON WEALTH HOUSE）的时候，房客多，网络动辄拥堵，与家人的视频频频被“定格”，实在扫兴。搬家以后，房东家的网速也是奇慢无比。更为奇葩的是，我到后一周，房东家网络故障，彻底无法上网。女房东天天联系网络公司，一周后才过来一个人，给了房东一个临时代用的小 U 盘。之后房东每周联系，每周都说下周。一个月过去了，房东还是对天交叉着她的食指和中指说："希望他们及时来修，祈祷明天网络正常。"我说："这样的速度，你竟然还能看到希望?！干嘛不换一家公司?"房东说是怕手续麻烦，而且这可是BT（英国电信），换一家未必就好，还是忍着吧！到后来，我也索性不着急、不光火，每天起早去办公室，天黑再回来。直到三个月后我搬出的前一周，房东家的网方才"康复"！网通了，房东全家欢呼，竟然对维修人员千恩万谢，毫无微辞！

最有意思的是英国的NHS（公费医疗）。在国内一直听人说英国NHS是如何的好。按规定，在英居留超过半年的外国公民也可以享受。不过几乎所有去牛津的同胞还是会从国内带上不少常用药。牛津环境清朗、空气洁净，我一年健康未有机会去体验NHS，但在初到牛津时水土不服生病的同胞还真不少。某晚QQ群里有人呼救，说牙疼得受不了，但根据NHS的规定不发烧不严重者不能看急诊，要看病必须预约，晚间预约最快也得到第二天。去看私人牙医又太贵。这位同胞痛得要命，最后还是采用了我推荐的蒜泥止痛偏方得以缓解、治愈。我还亲耳听了语言中心一位老师的口述。那天她突然腹痛大量便血去NHS看急诊，回答说腹痛不属于急诊。于是她只好排队等了五个小时，其间又反复去厕所拉血，轮到她时已经几乎虚脱，连护士的脸都看不清楚了。然而最后医院只给她几片氟哌酸和一点泻药让她回家了。好在这位老师底子硬朗，周末两天的折腾使她暴减5公斤体重，等到一周后预约时间到时，她自己感觉已基本痊愈。NHS的预约等待让不少人失去了机会，听说有预约心脏搭桥的，等轮到时往往已经过世多时了。体系再好，效率太低、速度太慢，对患者作用也就有限了。不过在英国一旦住院，医药伙食全部免费。我亲眼看到一个印尼小姑娘在英期间肾结石住院几次，病治好了，还省了伙食费。姑娘发自内心地赞颂"NHS太完美了！"说实在的，在英国抱怨 NHS 的人并不多，绝大多数人依然保持着绅士风度说“还行”。

国人惜时上进急于脱贫致富，竭力追求速度和效率是理所应当，但这若与急功近利结合起来，结果就令人担忧了。走出国门的最大的好处在于能让双方都能看到现实，而不再停留在想象阶段。从想象的西方走进真实的西方，虽然个人的视野所及有时也未必都是真实，但或许，西方真的没那么快，也没那么发达；中国真的没那么慢，也没那么落后。再说，“痛快”虽快却痛，“傲慢”虽慢尤傲，汉语词汇所蕴含的哲理意味本身也告知国人需快慢有节。立国为人，既不宜自大但也不应自卑。

牛津是座真正的大学城，汇集了世界各地的学子精英，形成了独特的“牛村”民俗。笔者于 2012 年 9 月至 2013 年 7 月作为高级研究学者在英国牛津大学访学，在完成访学项目的同时，发挥自己的民俗学研究专长，利用业余时间进行牛津民俗考察。客观记录、理性反思，定期行文。回国后在《上海采风》月刊开设的“玲听”专栏已逾四载，发文五十余篇，辑录出书堪作本人牛津高访经历的又一衍生成果。

书中所记所选民俗事象均来自笔者的“一线采风”，本人立足跨文化比较视角，努力以描述性笔法呈现中外不同文化的特征和魅力。在客观记录民俗素材的同时注意学术文字的普及性，努力使学术变得亲民有趣。书中内容涉及了牛津民俗生活的多个方面，既有对服饰民俗、饮食民俗、居住民俗、出行民俗等日常生活民俗的观察与思考，也有对人生民俗、交际礼仪、岁时节日、生产商贸、社会组织、民间信仰以及语言民俗等诸多民俗事象的关注与研究。但因目力所限并未追求面面俱到，而是以自己随机遇见的牛津民俗事象为切入点，在呈现民俗风貌的同时更关注中外民俗事象的差异比较。在比较差异的同时，尤其关注内在的民俗文化根源。

让我们摒弃想象步入英伦，侧耳注目但求其真。

以此开篇，权当前言。

2017 年 6 月 26 日

第一章　服饰民俗

牛津，俗称“牛村”，雅称“津城”，并非时尚之都，也不以服饰著称，但牛村高街和宽街上见到的牛津学子常常身着礼服佩戴鲜花、中文教授办公室里的中式长衫以及汉语老师们的双肩背包却都是牛津服饰中颇有特色的“亮点”……

（一）盛装的考生

牛津是真正的大学城，牛津街上随处可见的是牛津学子。牛津学子并不每天穿校服，但到考试阶段，你就会发现，学子不仅全都身着盛装，而且一律佩戴鲜花……

老牌大学因其传统久远，常常给人以保守的感觉，牛津大学更是如此。一进牛村，古风扑面而来：一排排土黄色的建筑，一扇扇五彩斑斓的花格窗，一座座直指蓝天的教堂，一块块坑坑洼洼的铺路石砖无不显示着它的老资格。而寒风中，草地碧绿，牛羊棋布；清晨时，赛艇疾驰，流水嗖嗖，也是这座古老的大学城恒久不变的步点。大学就是这样一个所在，有些时候有些事它最激进，有些时候有些事它又最保守，保守得有几分执拗，几分顽固，但也不乏几分可爱、几分可敬。

平日的牛津，高街也好、宽街也罢，总能看到三三两两穿着黑色袍子的牛津学子，这黑袍有点像披风，但又是短袖；有点类似学位服，但好像没有帽子。曾问同事方晶："牛津学生的校服？"方笑道："非也，考试袍。""牛津天天有考试？！""有可能，不同学院不同专业考试时间不太一致。考试袍也不仅仅是考试时穿，吃学院晚餐时也要穿的。"方晶补充道。看来也可以叫"就餐服"。严肃认真的黑色，有人叫它"学袍"，似乎更能让人接受。

校园里师生的统一着装自然应是校服。我们的中小学几乎都有校服，但大学有校服则鲜见，所以喜欢简单的孩子刚进大学时还对中学的校服颇为想念，有的干脆继续穿着。大学不穿校服据说是大学鼓励自由、创新，没有必要穿得那么整齐划一。其实服装终究只是服装，它可以标识着装人的身份却未必能标识人的思想。当然不穿校服并不意味着大学对着装没有要求。记得 20 世纪 80 年代母校南京师范大学对学生的着装要求也比较严格，当时"喇叭裤子扫荡灰、小腰褂子四角飞、高跟鞋、长发披肩"等等都是被讽刺被认为是赶时髦、不学好的对象。如今国门大开，进出频繁，来华留学者也越来越多。为尊重文化差异，我们对留学生的着装几乎不作要求了。校园里，经常看到一些来自热带国家的同学拖鞋大裤衩能一直坚持到寒风料峭，看了让人"不寒而栗"。对中国学生的要求当然也随之放宽了。

牛津语言中心主任鲍勃介绍说，牛津也曾展开过是否要取缔校服的讨论，也曾想与时俱进，废止陈规，出乎意料的是征求师生意见时，绝大多数牛人还是愿意保留旧制。是故一袭黑袍为牛津学子珍视如许。其实每所大学都有一些自己不愿舍弃的传统。牛津的传统却带有几分贵族色彩。这不但丰富了学生的生活，亦是在为他们未来晋升上层社会铺路。牛津培养出的政要非一般大学所能及。三一学院后面有快很大的草甸，我甚至在那儿看到了麋鹿——这个本该我老家苏北盐城大丰才有的动物竟然出现在牛村，这实在令人不解，一问果然是中国朋友所赠。据说这个学院入秋之后，身穿学袍的学子，还曾仿效古代贵族在附近的树林，打猎射鹿。当然如今这样有悖动物保护法规，不会有人射鹿了，但身着学袍之传统却得以延续。这学袍算是牛津学生平时的正装了。

吃饭也要着正装，牛津人称学院晚餐为“formal”。这是个比较庄严神圣的时刻。各个学院的晚餐都要提前预订、买票，价格在十几镑到几十镑不等，总体看来不算便宜。当然，自己学生的票价要便宜不少。在牛津时，不少中国学者为了体验，还得专门托人预订。这个 formal 确实比较神圣：饭前要列队，导师也列队先进场，教师领诵拉丁文祈祷语后，大家方可进食。晚餐的纪律很严，据说迟到者会当众挨骂。有些学院有时还有餐前酒，院长训话。院长或是临时代替院长的人用餐后往往会先行退席，他们会悄悄地从特别通道（各学院不一样）退场，其他人则自便。牛津是缘于教会的大学，晚宴是古老的教会仪式之一，长条桌中间一字排开的几十根白蜡烛，全部点亮时十分壮观。在烛光营造的温馨和悦的气氛中，师生同食共饮。所以，牛津的 formal 就像一次全院师生大聚会。这个晚餐也是学院营造和谐氛围的重要时刻。师生都十分重视，当然得穿正装。晚宴上不同年级、不同专业的学生相间入座用餐，这对于一向内敛，善于辩论却未必擅于社交的牛津学子来说无疑是个与人交流的好机会。大家一起用餐，边吃边聊，举止优雅、谈吐不俗。不同专业的年轻学子共饮畅谈，难免会碰撞出一些心灵火花，思想的、情感的皆有可能。抛开校服中所蕴含的组织认同、角色自豪感等不说，晚餐的温馨和愉快时光给牛津学袍附着了许多美好的记忆。大学确实需要改革，需要创新，需要与时俱进，但传统也确实需要保存，需要守护，需要传承精髓。可以说革新是为了生存延续，保守却是因为内心执持的某种核心价值和优良传统。

另一个必须穿学袍的场合就是考场。考试时学生不仅要穿着学袍而且还需胸前戴花，显得尤为隆重。每到期末，牛津街头你总能看到熙熙攘攘的游客中穿梭着行色匆匆的牛津学子，男生都打着白领结，女考生都穿着白衬衫和黑丝带。他们胸前一律戴着康乃馨：或鲜红或淡粉或洁白，构成一道亮丽的风景。身披黑袍的牛津学子在街上等巴士、买报纸、踏单车，貌似古代人闯入了当今，很有穿越感，不少游人忍不住将镜头对准了他们（**如图**）。

考试戴花是牛津的又一传统。首次看到学生穿着学袍戴着鲜花，以为他们是去参加毕业典礼。麦琪笑道：“他们是去考试，

学子的考试装

考试当然要戴花。哦，亲爱的凯瑟琳[①]，牛津人自己习以为常的传统被你看到了！”“考试为什么要戴花？”“考试是检阅教学成果的重要时刻，为什么考试不可以戴花呢！”麦琪哈哈大笑。她说这一传统也是牛津学生们乐意保留的。是啊，戴着鲜花，群情振奋，对考试未必不是一件好事儿。我们的典礼上不也常常佩戴鲜花吗？比如：婚礼上的新郎新娘，表彰大会上的英雄人物先进典型，重要会议的嘉宾、主角……说不定考试时的装扮也对牛津学子取得的优异成绩起了作用呢！戴着鲜花去考试使考试获得了某种仪式意义，心灵可以在仪式中内外兼修。仪式着装既是标志也是自尊，既有展示作用，也有勉励和督促作用。身着盛装，不仅让人兴奋，也让参与者自己感受到几分自尊和神圣。如此庄严的时刻，监考就实在多余了。牛津考场有监考人员，但他们不是老师，出卷教师会在考试开始时在场一会，目的是回应有学生提问，但通常半小时后悄然离开。注意：老师进考场也是要身着正装的。念及我们在考试时，总是将考试纪律强调到了极致，师生关系也几乎被异化成了警察和小偷，结果还是问题迭出。禁不住要反思，原因何在？

牛津也是个等级森严的所在，这也表现在服装上。据说牛津的学生入学时有一次考试，成绩直接决定往后几年你穿什么款式的学袍。还听说学袍有三等：成绩最好的叫 Scholars，是有袖兼长身的学袍。成绩稍逊叫 Exhibition，是长身的背心学袍。第三种是 Commoners，穿普通黑袍。考试成绩达到 First（一等）就有资格穿及膝长袍，没达到一等学生的只能穿及腰的学士袍。我在牛津期间，看到的学袍男女款式有别，长短似乎都差不多。或许这一等级制今天已被废除。

---

① 笔者的英文名 Kathrine KE，读作“凯瑟琳”。

为何考试时连服装都这样讲究？批评者会说他们形式化，但拥护者却说学生穿上学袍赴考或出席盛会，就如骑士披挂上阵，腰板要挺起来，斗志昂扬，因为不能让身上的战袍丢脸，为了争取更尊贵的战袍，每个学生考试都十分认真。那不同颜色的康乃馨则表示考试进行到了不同阶段：假如一次考试持续四天，考生会在第一天戴上白色的康乃馨，第二、第三天则戴粉红色的康乃馨，第四天戴大红色的康乃馨。为何花分三色，有一种解释说这表示随着考试的推进，考生的内心在流血，考生的脑力在透支。鲍勃说，以前到考试的最后一天牛津最热闹，学生都聚在考场外，用鲜花和欢呼来迎接每一个考完试出来的学生。因为太热闹而经常需出动安保人员来维持秩序。鲍勃说，以前他还参加过学生们考试完毕会在夏镇的庆祝，放烟花、喝香槟等，狂欢一番。遗憾的是，我在牛村时未能亲眼目睹。

有人说，牛津如果说没有传统，就跟普通大学无甚分别。也可以说，因为有传统才有了牛津。其实，每个大学都有自己的传统，也都会钟情于自己的传统，所以，老牌大学多少都会有保守的一面，关键是大家先要想清楚大学该保什么，守什么，不盲目，不盲从，方能做到保有节，守尽责。

（二）教授之长衫

在牛津遇见田教授是偶然也是必然。选择去牛津大学做高访，正是为了一举两得：既可以在语言中心考察英国高校的国际汉语教育情况，又可以兼顾自己的专业兴趣去中文系结识几位中国文化研究同行。

牛津实行三学期制，第二学期刚开学，方作为好友要尽地主之谊，邀我去大学学院用午餐。方是中文系教员，在语言中心上课，兼在大学学院当国际学生（包括中国学生）心理顾问。纯西餐，挺丰盛，有冷有热，有荤有素。教工餐厅大概也有近百个座位，中午一点左右基本满座，略显拥挤，不过大家来去都热情地打招呼，说话都是轻轻的。我问方能否引见一下中文系教授。她说中文系的教授席位也是刚招到人。牛津大学一般的学院只有一个教授席位，其他都是讲师和教员。方说她与教授也不太熟，甚至连教授的名字也还叫不出，只知道是个荷兰人，搞中国古典文学和中国宗教研究。不过中文教授在大学学院也有工作，也会来餐厅吃饭，教工餐厅教工用餐全部免费。方正说着突然眯眼笑了："说到曹操曹操到！"因为她说的"教授"正端着盘子向我们走来。

相互介绍，我们直接用中文交流。教授是在台湾学的汉语，发音算是外国人中比较标准的。互问专业以及现在的研究课题后，聊及《诗经》，我从自己的专业出发，说："《诗经》与当时的民俗有非常密切的关系，特别是国风部分，可能就是当时的民歌。"我还没有说完，教授旗帜鲜明地说："我不同意，我认为《诗经》是当时文人创作的，不过没有证据。"说罢很遗憾地耸耸肩。我依然坚持说："从民俗研究角度，是不是可以找到证据？因为民俗是文化的活化石，'国风'可以说就是当时的民风，文学研究和田野调查结合起来会有不少新发现，这就是我的研究方向。"教授说："我现在做关公研究，也去中国做过一些田野，东南亚去得比较多一点，发现了不少'宝贝'。不过，研究者还是应多多读书。"轻声交谈中突然发现餐厅里竟然只剩下了我们仨和面带微笑静静地守候着的服务员了，于是赶紧起身离开。我递上名片对教授说改日去他办公室登门拜访。

正式拜访已经是一个月以后的事了。教授英文名为

“Barend J.Terhaar”，中文名为“田海”。教授说自己很喜欢中文名，“田海，沧海桑田，很有意境”。我马上问可否叫他“田教授”，并开玩笑说，“田教授在中国知名度很高哦，因为他家曾先后用过28个保姆，还专门有一部中国电影”。网上简介中已知田教授是牛津的“Shaw（邵）教授”。所谓“邵教授”，即是由邵逸夫先生捐赠设立的教授席位。牛津大学的教授既有永久的属于牛津大学的教授席位，也有根据各种社会捐赠命名设立的教授席位。

中文系（Institute of Chinese Studies）也有人称之为中国研究中心，田教授的办公室其实就在大门的旁边，那是名副其实的中文教授办公室。很宽敞，两面墙是顶天立地的多层书架，上面几乎全都是中文书。据田教授自己说他的书太多，相当一部分有了电子版就将纸质版赠予图书馆或学生，这样两面墙才勉强装得下。也因为看书看得太多了，田教授深度近视，似乎一刻也不能离开眼镜。

教授办公室书多当然并不稀奇，田教授的办公室的特别之处在于，他还亲自动手为自己的办公室营造了一个“中国文化生态”。与田教授座椅和办公桌并排的靠窗的一侧，竟然是一个长长的关公神台，上面供奉着田教授从各地搜集来的关公神像、香炉烛台等等。我说：“您不会在办公室里烧香敬神吧？”没想到回答是：“烧啊，三支一烧，不过怕气味影响环境不常烧。”“啊？！”我脑海中出现了田教授香火缭绕中与关公并排办公的画面，真是太有意味了（**如图**）。

这个小小的关公神台上的每一个物件都有来历，甚至都有一段故事。何处得到，何人所赠，所值几何，甚至得到时如何兴奋，运回时如何一波三折，田教授都记得清清楚楚如数家珍，讲得非常生动。这哪里是在介绍他的办公室，分明就是在讲述一个又一

办公室的“神坛”

个生动的采风故事，或者说是我在听一个研究中国文化的外国学者在倾诉他的中国文化情怀。

我和田教授分坐在长方形会议桌的两边愉快地交谈着。桌子上有一些书，正中间铺了张生宣，不经意瞄了一眼，纸上竟然是一幅形似八卦图的道教的神符。这让人马上感到田教授这个台子绝非普通办公家具而是高人坐而论道的高坛。

我去牛津在一定程度上也是冲着英国是民俗学的故乡而去的。Folklore（民俗）一词是英国原创，英国民俗学对世界民俗学产生过很大的影响。英国第一位民俗学家正是任教于牛津大学的缪勒（Friedrich Max Müller），他是英国第一个为民俗学理论做出贡献的人，曾以“语言疾病说”和“自然神话论”建立起比较神话学理论。我问田教授现在牛津大学还有哪些民俗学方面的研究资源。“很多啊。保得利图书馆专门有一个房间，收藏了缪勒的全部著作以及研究资料。中国民俗研究方面也有很丰富的资料，我会给你发一个英国所有的中文资料资源链接目录。你直接可以利用中文系图书馆的资料。如果你懂闽南话或粤语，中国研究中心前教授龙彼得先生捐赠了大量的手稿和亲自调研所得的原始音像资料，弥足珍贵。这些资料我们还在整理当中，欢迎中国学者加入。”田教授再次如数家珍，滔滔不绝。

说实话，我不仅不懂闽南话和粤语，连龙彼得这个名字也只是耳闻。次日去图书馆恶补，对龙彼得先生为中国民间文化研究做出的重要贡献惊羡不已，对其立足田野的实践精神崇敬有加。除了图书资料，田教授也没忘记向我介绍牛津大学中国学研究的学术人力资源。除了中文系几位老师的研究方向和专长，还一一介绍了牛津大学区域研究中心、历史系、哲学系等部门从事相关中国研究的教授。相比于国内大学，这里虽然教授寥寥，但成果丰硕，影响很大。我随口道：“要是能将牛津大学的中国研究学术力量集中起来成立一个机构，举行经常性的头脑风暴，也许更容易出成果。”田教授兴奋地说：“你想的很对！凝聚学术力量，研究中国及中国文化，牛津大学不仅想到了，而且已经开始行动。新建的中国中心在 Huge 学院附近，大楼也是邵逸夫先生捐资 300 万英镑建立的。”①

我们聊了一个多小时，秘书说下一位约见者已候在门外。临走时我顺手从书架上拿了几本书带回去，当然，教授没有忘记让我留个“借条”。但在门口我又不得不停下脚步，因为，一眼瞥见门后的衣架上赫然挂着一件青灰色中国长衫。田教授笑着说是学生送他的。我开玩笑说：“要是再配上一条枣红色的长围巾，就是经典的‘五四青年’装扮了。”没想到田教授很认真，说他也

---

① 在我归国后不久，中文系就搬进了新居。

是这么认为的，而且马上从包里取出一条枣红色长围巾围上，又披起长衫比划了一下搭配效果。我夸张地惊呼："哇喔，真是绝配！"田教授确实挺帅，有着北欧男子魁伟挺拔的身材，穿上读书人的长衫，愈显英俊。围上枣红色的长围巾则不仅多了几分文艺青年的范儿，更增添了几份儒雅。如果忽略掉灰发碧眼，手里再抓上一把油纸伞，与青年毛泽东竟颇有几分相像。溢美之辞谁听了都会心花怒放，田教授愈发开心，甚至有几分激动。

此后，我每去中文系图书馆都要与田教授寒暄几句。当然，聊及学术研究，观点并不都一致，其间不乏争论。比如说，我认为关公信仰是中国民间信仰，教授则坚持认为自己是在研究中国宗教，还说用"民间"二字"有点土，太简单了！"我坚持认为，"民间信仰从来不简单！'民间'虽然听上去有点土，但它是每个人的基本空间。您是教授，您可能很经院，那是您的单位角色或专业空间，一出办公室您恐怕就是民间一员了"。可能是出于维护自己的专业自尊，我突然发现我的声音有些飙高了，田教授似乎被我说得愣住了，这在牛津是有点不太合时宜的。

田教授办公室里，中文书架如同宽大高爽的布景，关公神台恰似岿然不动的镇宅之宝，会议长桌形同坐而论道的讲坛，中式长衫、枣红围巾就像服装道具，加上田教授与学生、同事、朋友的讨论、交流甚至辩论、争吵，或许主人所努力营造的正是一种中国文化研究生态。

（三）行者双肩包

双肩包如今已是国内随处可见的大众包包，不过当初刚出现时，其基本上为学生专用包。学生娃背上双肩包既方便又保健，宽宽的双肩带不仅缓解了肩部的压力，也预防了挎包容易导致的斜肩，还在一定程度上矫正了一些身高暴长的小驼背。所以，双肩包一出现，旋即风行，几乎瞬间就让妈妈用碎布拼就的布书包变成了回忆。背上双肩包是上学了的标志，学龄前的幼儿自然心向往之，幼儿园中的很多小不点儿们也神气活现地背起了微缩版的双肩包。

成人中背双肩包的也渐渐地多起来，不过成人背双肩包开始似乎是一种外国范儿。一是来中国的老外越来越多，他们几乎一律背着双肩包；二是走出国门者也越来越多，出国回来的人大多也都喜欢背双肩包。但到了国外又发现其实老外未必都喜欢双肩包的，特别是在英国，尤其是女性——英国女性穿着大多比较正统，冬季一般都穿大衣、裙子、靴子，穿羽绒服一类休闲服饰者不多，长呢大衣上背个双肩包很不搭。反倒是如我等到国外短暂访问的"老外"大多背着双肩包，也可以说真正对双肩包难以割舍的是"在路上"的行者：不论是学子的求学征程，还是在游子的他乡旅途，只要在路上，双肩包就似乎必不可少，如影随形（**如图**）。

英国的汉语教师基本都是来自国内的华人同胞，他们几乎一律背着沉甸甸的双肩包。虽然他们大都已定居英伦，但或许行者的心理依然。第一次在牛津语言中心办公室看见温迪卸包的动作有些讶异：感觉跟搬运工卸麻袋似的，便关心道："貌似很重啊？"笑答："当然！这是俺的流动办公室。""多重？"我本习惯负重的农人之后，儿时掰手腕还常常赢过男孩子。弯起食指想轻轻钩起，没想到温迪的包包竟然纹丝未动——估计不低于30斤。我与温迪算是故友重逢，温迪毫不忌讳地将她的"流动办公室"全面开放让我彻底"参观"了一番：除了笔记本电脑、手机、钱包、文具袋、随身日用品等等之外，还有自带的两餐饭菜、水果。

身背双肩包的温迪

温迪的双肩包

当然，更多的是课本和学生作业。牛津和国外其他地方一样汉语教师紧缺，温迪一周得上 9—10 门课，记得有一天她得同时在牛津语言中心、中文系以及继续教育学院三处上课，不同的教材、不同的教学资料和不同的学生作业，随翻随到。

温迪是个认真而又快乐的行者，“流动办公室”让她得心应手。温迪是牛津大学语言中心的兼职汉语教师，更是一个以教学为乐的人。她把教汉语看作自己最开心的事情。能在牛津大学教书当然值得自豪、骄傲和快乐。孟子曰“得天下英才而教育之”一乐也，在我看来这也是为师之大幸。其实，温迪并非对外汉语专业出身，甚至非中国语言文学专业出身。她是英华威大学的经济学博士，毕业后曾在英国华人商会工作过一段时间，但最终发现自己对汉语教学更感兴趣，于是到北京参加培训，获得了汉语教师资格。这个经济学博士在国外对自己的母语和文化越来越着迷，她负责牛津布鲁克斯大学的汉语项目，同时又在牛津大学兼课。学无止境，教亦无类。温迪每天快乐地忙碌着，始终背着她的双肩包匆匆疾行。温迪很喜欢挑战自己。她说：“你永远无法料到这些可爱的牛津学子上课会提出什么的问题。”这些问题令温迪惊异，更令她感到妙趣横生。当然，凭温迪的学识修养与阅历她总能从容应对，不过为了充分“备战”，五十好几的温迪竟然决定在牛津大学再修读一个教育学硕士。温迪有不少粉丝，因为有温迪而选课的牛人学生大有人在。2014 年年底，温迪兴奋地告诉我她不仅如期获得了教育学硕士学位，还被评为语言中心优秀教师，而且还获得了牛津教育学院资深研究人员的荣誉。这真是教学相长，教研并进。我对这个背着双肩包风雨兼程的同胞姐妹，充满敬意。

英国汉语教学正如双肩包一样也是一份双肩挑的工作。双肩包双肩挑，一肩承担着汉语国际教育的职责，一肩承担着中国文化交流的重任。双肩包不仅是这些汉语教师肩负双重责任的象征，也是海外华人的艰辛生活和坚强意志的一个缩影。牛津大学中文系的方晶，是大学学院国际学生心理顾问，同时也是中国研究中心中国学硕士项目负责人，更是世界汉语学会资深理事，英国汉语桥项目的重要负责人之一。方晶在中文系有一间十分宽敞的办公室。办公室家具颇多也很温馨，有她的家人的一些照片，儿子的居多。看得出，儿子的不少课余时间是在妈妈的办公室里度过的。我在牛津时方的儿子正面临中考。家有考生的日子无论国内还是国外都是紧张忙碌的，更何况孩子的爸爸并不在英国工作，她的担当可见一斑。方晶个子不高，略显高大的双肩包耸在娇小的身躯背后让人感到有一丝于心不忍。但她总是举重若轻，轻捷地起落。轻松如沐春风是方给人的总体印象，方晶在语言中心教初级班，对于零起点的学习者激发学习兴趣尤为重要，轻松的课堂气氛让学生感到学汉语是一件十分愉快的事情。寓教于乐其实是一种很高的教学境界，她总是在阵阵笑声中有条不紊地完成了各项教学设计的任务。

方老师总是面带微笑，即便学生哄堂大笑了方老师依然是微微含笑，不过学生也知道方老师的课轻松却并不肤浅，微笑之余一定有让你绞尽脑汁的问题或叫你耗费心思的作业。而我与方晶的交往则分明能感受到几分京派学子的作风。她从北师大毕业也是爱丁堡的语言学博士，牛津大学中文系的中国学研究学位点是英国同批申请的高校中发展的最平稳的。英国的体制下新增专业，国家会给你前期投入，几年实践之后评估，正常发展的则给予稳定的投入，未能实现预期的则停办。听上去比较简单，但听说与牛津同批申请的有五家，而正常运转的目前只剩下了牛津一家。牛津中文系的中国学专业秉持宁缺毋滥的原则，即便这几年报名者增多，但他们始终保持着每年 15 人的规模。视教育质量为生命，是牛津大学培养机制的宗旨。每个学生都有专业导师，当然也常常听到老师们说做“专业导师”工作量很大。我见过一次方晶指导学生。那天好像是学生写好了作文来面批。老师是逐字逐句地批改，学生是一有不懂或不确定的就刨根问底，到彻底弄懂弄通为止。这样的指导针对性强，师生双方都非常投入。方晶是牛津的专职教师，工作专业对口，我曾觉得她在英国的生活会比温迪轻松一些。没想到她说，“其实所有来英的中国同胞谁都不会容易，开始基本都是从洗盘子干起来的”。但也因为有这样的磨炼，海外华人生活的韧性似乎比国内的同胞更强。她甚至说，出了国的中国女性几乎个个是女汉子，她们背着双肩包东奔西忙。方说得很对，我在牛津期间参加过多次英国汉语教学研讨会，结识的汉语教师绝大多数是女教师，想来想去还真找不出一个弱不禁风的来。

有道是远路没轻担，双肩包如同百宝囊行者不可或缺；双肩挑如同写意画，游子形象跃然纸上：兼容并包，负载故土乡情，担当职责义务。居留英伦的汉语教师因种种缘由远离祖国来到异乡，但心挂两地、血浓于水的故土情结使他们不自觉地把传播和交流中国文化作为自己的历史使命。双肩挑的英国汉语教师们把对祖国的赞美、怀念融进汉语教学之中，把对亲人的惦记、关爱投注到越来越多赴英中国学子身上，把对故土家园的流连忘情寄托于自己的辛勤工作当中。他们中的大多数每年都要回国探亲，笑逐颜开地欣赏着祖国大地上发生的变革，并及时把自己的感受和认识传达给外国的汉语学习者。

祖国的繁荣富强使越来越多的海外汉语教师感到更加扬眉吐气，那种“头顶别人家的天，脚踩人家的地，横竖找不到自己的位置”的感觉没有了。他们不仅因为自己是华人而骄傲，也因为自己能教汉语而感到很自豪。汉语让他们和祖国血脉相连，乡情使他们看到祖国同胞愈加亲切。记得我一到牛津，温迪就带着去了“两馆”：中文系图书馆和中国餐馆，细致周到热情的服务让我对牛津毫无陌生感。温迪种地与教书一样认真，她租了块一亩大小的“自留地”，据说“中国园丁”温迪的菜园还上过英国电视。有几次温迪还给我带来了几棵肥硕无比的青菜和灯笼椒，使我在异国他乡却能烹制出道地的家乡味道。方则热情邀请我去体验牛津大学的 formal（学院晚餐），并介绍我与牛津的中文教授相识。在英国或者说在世界各地，有了这些双肩担道义的中国同胞，祖国便不再遥远，异乡便不再陌生，游走便不再寂寞。

在路上，或许是人生的一种常态，我也是背着双肩包前往牛津的。双肩包，容量大，利远行。双肩担，分量重，情意浓。衷心祝愿身居海外的每一位游子、学子及同行，走得更加踏实，行得更加稳健。

第二章　饮食民俗

民以食为天，天下大致同。饮与食之间，牛津人似乎更在乎饮，牛津的饮茶与饮酒都颇有特色。英式下午茶很惬意；英国人饮酒是纯粹的饮酒，常常无任何佐餐菜品，而且耗时颇长，能从下午三点左右喝到午夜，喝酒的目的在于聊天。牛村饮食不仅关注食材品质，更关注饮食过程、饮食仪式以及饮食文化……

（一）分食与共饮

到牛津大学语言中心上班的第二天，我的茶杯突然不见了！坚信物质不灭，闷头寻觅一圈，最后在厨房的柜子里看到了——我的茶杯端正地站在所有茶杯中间。我本知道厨房里有很多茶杯，和我一模一样的就有五只。正是为了便于区分我特意在杯耳上扣了个大红色的小中国结，并在下班前将它放到我用的电脑显示器的后面。语言中心严禁学生在教室饮食，老师一般也不在办公室喝水，怕水洒了弄坏电教设备。一定是语言中心的勤务人员乔治在每晚例行安检时搜去的，看来也是他关掉了显示器右下方的电源指示灯。

没想到在第三天的早茶会上，我看到电脑工程师马丁正若无其事地端着我的杯子喝茶，红红的中国结荡来荡去的，我差点儿就要质问——“您怎么可以用我的茶杯呀？”但还是忍住了。之后我干脆随身揣了个旅行杯，用过就径直塞进双肩包。当然后来不断看到我的中国结杯子被不同的人端着，或男或女或老或少。甚至有一次还看到主任鲍勃用着，只见他一边和同事轻声聊天，一边还轻轻地捋着我的中国结。我终于明白：原来英国人虽按照分食制用餐，却采取“混杯制”喝茶。

突然回忆起十几年前曾接待过沪上一位喝了几年洋墨水到苏北老家讲学的学者，招待宴会上学者突发感叹：“国人始终顽固不化地坚持聚餐制的不良习惯，每个人的筷子都在同一个碗里捞来夹去，这真的不太好，很不卫生！”还说同胞们“十人九胃病”，恐怕正是因此导致病菌相互传染的结果。在场的科研处领导脸色尴尬，因为学者说这话时大家正起劲地在一个大碗里夹菜。学者建议服务员上菜时顺便加一双公筷或母勺。领导立马让人加了双公筷并连声称赞：“这个主意好，这个主意高！既卫生又文明！”而且竖起拇指说：“西方人就是比咱们爱干净，懂卫生，讲文明！”公筷来了，但好笑的是，公筷不断被无心地据为私有——总有人用公筷夹了菜直接入口，或者用完公筷却忘记放回原位，一旦意识到了惊慌失措连声道歉，于是再换上一双公筷；更有堂而皇之地将私筷伸进菜碗者，幡然醒悟时进退维谷，手足无措。不过尽管那天海归学者一直觉得不够卫生，但席间气氛却十分融洽。毕竟大家都是知识分子，始终保持着严于律己宽以待人的风度，桌上善意的笑声不断，服务员则马不停蹄地换了多次公筷。

多一双公筷可能确实减少了一些病菌传染，但若说用了一双公筷就代表了文明则似乎有点牵强附会小题大做了。正如我们不能说牛津同事合用茶杯就愚昧落后一样，我们也不能说大份的聚餐制就不文明。在我看来，干净、卫生与文明之间有时有一些连带关系，但爱干净，更多是一种生活习惯，卫生中则包含了人们的生存智慧。至于文明，内涵则要丰富复杂多了。文明是人类所创造的财富的总和，是人类审美观念和文化现象的传承、发展、糅合和分化过程中所产生的生活方式、思维方式的总称。一个特定地方的生活方式早已成为当地人的文化基因，要改变恐怕很难。文明有时更像望文生义，是一种话语解释。有学者曾把聚餐制解释为中国人重视家庭观念、相互亲密无间的人际关系的体现。那我所看到的英国同事的“共饮”制，是不是也可以解释为这是英人重视集体观念，同事之间亲密无间人际关系的体现呢？

人们常常不假思索地认为干净、卫生与文明之间存在着必然的联系，甚至觉得是一个逐步升华的过程，其实未必。首先，干净未必等于卫生。卫生是人们需要根据自己的生理特性而采取的卫护措施，绝不仅仅是干净与否的问题。对中国人来说喝凉水不卫生，英国人则提醒你自来水冷水可直饮热水不能喝。汉语中的俗语“不干不净吃了没病”有时仔细想一想也不无道理。坊间传闻有一从小喝纯净水、用纯净水的孩子，上幼儿园第一天就不幸得病。听起来有点夸张，但可以作为现在父母片面理解干净与卫生关系导致孩子无法在现实中生存的极端例子。其次，至少在我所看到的，西方人也未必都是那么爱干净、懂卫生的。牛津大学语言中心的每一个洗手池子面前的墙上都贴有教人怎么洗手的连环画。首次看到时我有点忍俊不禁，笑问同事：“难道英国人不知道怎么洗手？大学生还要指导洗手吗？”答曰：“真的不知道，英国孩子几乎不知道什么叫脏，所以现在才开始学。”方晶还给我举过一例：一个英国孩子到了北京，早起习惯性地将被褥全部掀到了地板上。他们的概念中，地未必脏。而在中国，“干干净净不生病”倒恐怕是从幼儿园小小班起就人人会唱的儿歌。记得四十多年前我上小学时，冬天的校门口总有个老师检查个人卫生，发现手或脖子上有“乌鱼皮”（污垢）的同学就要被警告次日上学一定要擦洗干净。可见，我们的教育一直有意识地培养着良好的卫生习惯。而我们的政府也是极其重视卫生文明建设的政府。回顾一下，像我们这样大张旗鼓地进行“卫生运动”，还将卫生与爱国相提并论，这样的国家似乎并不多。新中国成立初期，就成立了“爱国卫生运动委员会”，毛主席号召全国人民：“动员起来，讲究卫生，减少疾病，提高健康水平，粉碎敌人的细菌战争。”爱国卫生运动不仅有全国上下的一致拥护和积极参与，而且受到国际上的赞誉。1960年党中央发出《关于卫生工作的指示》，并提出了一个著名的口号——“以卫生为光荣，以不卫生为耻辱”，之后各地爱国卫生运动有了新的发展。1989年国务院发布了《关于加强爱国卫生工作的决定》，要求各地卫生条件的改善及卫生水平的提高与“四化”建设同步发展。自此，“创建卫生城市”成为热词，一年一度延续至今。1999年9月，“创建卫生城市”再上新台阶，中央文明委命名表彰了首批“文明城市”，2003年9月，正式公布了“全国文明城市”评选标准，2008年又出台了文明城市评估细则，为创建文明城市提供规范指导。

英国是否开展过全国性的卫生运动不得而知。我们政府号召民众讲究卫生，创建文明环境，出自对百姓健康的关爱，这是好事儿。但落实到个人，是否爱干净则大多是出于一种生活习惯的无意识举动，并且这与当事人对“干净”一词的理解直接相关。地是脏的吗？很难说。稍作留意，你就会发现牛津课堂上中国学生一般都将书包挂在椅子上，而西方人大多则很随意地往地毯上一扔。“随地一扔”是很多英国人的习惯。老实说，我刚搬进英国房东家时真的不太习惯。推门进来，过道墙上一排挂衣钩上超负荷地挂着背包、外套、围巾、雨伞之类，而当你要迈步时，却发现几乎无处插足。地上横七竖八东倒西歪的是鞋子、书包、书本、笔、甚至手机。第一天，我还在门口换拖鞋，第二天发现与其这样在杂物堆中找鞋不如上楼进到自己房间再换。其实房东及其孩子回家根本不换鞋，而都是一进门即甩掉鞋袜当赤脚大仙。像所有英国家庭一样，房东家也是从不晒衣服的。在暖气片上方悬着升降晾衣杆，衣服从洗衣机里脱水后，径直堆到暖气片和晾衣杆上。因为是胡乱堆放，不时有一些小件儿诸如袜子、内衣落到地上。暖气片前面是就餐、洗衣或去花园的交通要道，所以来来回回不断有人从此经过、踏过。开始我还蜻蜓点水似的蹦一蹦，后来就视而不见甚至践踏而过。

曾与牛津同事八卦此事，他们竟然都觉得很正常：地又不脏的啰！再说“家”嘛，就是一个让人彻底放松的地方，一切都要随情任性。而且，乱不也是一种秩序吗？这叫“乱而有致”，乱是表面，主人心知。你若动了别人的乱，那才是真的“捣乱”。这有点诡辩的嫌疑，不过在英国你要是不预约而造访一个家庭，这种“捣乱”直接就是一种不礼貌了。我去房东家看房的那天，她家收拾得很整洁。这是否也说明英国人默认了整洁是一种美、一种礼仪，是一种文明？看来文明只是给别人看的。国人常常自省要表里如一，而且将“清晨起来洒扫庭院”列为每日必修，是不是在无形之中给了自己太多的压力？

国人对土地、泥土的认识有点复杂：一方面认为地是浊的，天是清的，天地之间，正如手和足、头和脚，有着上下尊卑的界限，是不能随便混淆颠倒的；另一方面又将土地看作人类的母亲，乡土情结浓重者对故土另有一番深情。这就表现在：一方面对就地打滚的小孩大声说“坐在地上会有虫子钻进屁股”，另一方面又对泥土怀有某种崇拜。如农民田间劳动时不慎割伤砍伤的事常有，最常见的处理办法就是抓一把灰土直接敷在伤口上，大人说这是最直接有效的止血方法。我幼时点蚕豆时小锹剁到了大脚趾，三叔刨山芋时将钉耙齿戳破了捡山芋的四叔的头顶，都是血流如注，也都是用几大把泥土止的血。母亲还说泥土具有消毒作用呢！没有洗洁精的年代，手上有油污了怎么洗干净？也是直接从河浜抠点烂泥，双手一搓，油污即无踪影。如此看来，我们怎么能说土地不干净呢？更不用说世间还有以土为食的人，就像《百年孤独》中的雷贝卡·布恩迪亚一样。

我的英国房东家餐桌上没有餐巾纸，但总是蒙着传统的小碎花桌布，给人温馨而又清新的感觉。桌布一两周才换一次，上面常常沾满面包屑，以及各类酱品的斑点。但不管怎么说这是饭桌，有一次开饭前看到房东大女儿将一双污迹斑斑的高帮皮鞋放在桌上，和那一盆新鲜水果以及看似还比较典雅的青花瓷餐具为伍，我差点儿傻眼了。但人家愣是说说笑笑在餐桌上将那双风尘仆仆的高帮皮鞋仔仔细细地擦了一遍，因为次日要去法国做校际交流。鞋子是干净了，但这样擦鞋是否有点不太卫生？等级观念相对薄弱的西人，上下尊卑之间没有森严壁垒，鞋子上桌也就不难理解了。可见，这不是干净、卫生与否的问题了，是和人们的思维方式有关，也就是和文明有关了。

或许文明本来就只有差异而无高下，在我们的文化中鞋子上桌，难以想象。正如看到在中国的老外将痰盂放在灶台上像盛放汤勺饭铲等炊具一样，中国人觉得不可思议，外国人却处之泰然，但我们不能说人家这么做就不文明。如果学会了尊重差异，欣赏差异，我们的生活中就会有更多乐趣。

（二）女儿的薄饼

幸福的家庭是相似的。英国房东马瑞娜当全职妈妈可谓尽心尽力，一家人的衣食住行样样管。两个女儿虽然也参与一些家务活动，比如晚上泡泡茶、周末购购物等等，但做饭洗衣等差事还是妈妈全部承包。所以，某日看到两个孩子并驾齐驱，当炉做饭，我的惊讶非同小可。马瑞娜则斜靠在沙发上看书听音乐，看我进门对我神秘的一笑，招呼我也去坐下，和她一起享用女儿们的“奉献”。瞧她喜滋滋的神色，既像是导师炫耀自己的高足，也像是女王显摆自己的威风。此情此景令我惊叹也很感亲切，因为记得幼时母亲教我们烧菜时，颐指气使的样子跟她差不多！当然，我们那样做更多是为了学会生存。房东家的俩小天使当锅，为的是哪桩呢？

看孩子专心做事是一种享受，我没有到沙发上坐下，而是微笑着立于另一侧，欣赏孩子们作业。桌上放着案板、柠檬以及和好的面。这面是和了牛奶、白糖和蛋清的，看上去有点像婴幼儿吃的奶糊糊。姐妹俩全副武装：围裙护袖厨师帽穿戴一丝不苟。妹妹汉娜身高不够，脚底下垫了小椅子。动作整齐划一：同时在平底锅里先放油，舀面糊，大火后调文火，然后双手紧握锅把儿缓缓旋转，让面糊覆盖整个锅底。紧盯着煎饼，目不转睛。约莫几分钟后，面色微微泛黄，香气丝丝飘出，传来马瑞娜不经意的口令：“翻——”两个孩子迅速将锅移开、转身，汉娜敏捷地下了小椅子，然后一起喊“一、二、三！”锅里的薄饼迅速腾空而起，孩子们齐呼“哇喔！”薄饼在空中做了个优雅的鹞子翻身，孩子们赶紧伸出锅去稳稳接住。不，老大的饼偏了一点。很像排球的颠球动作，只不过是在颠锅而已。接了饼马上回到锅台前，汉娜飞身登上小椅子，又目不转睛地盯着，另一面亦开始泛黄，孩子们马上将薄饼倒在案板上，抓起切好的柠檬，轻轻挤上几滴，切块、装盘，端给她们的妈妈和我品尝。第一个完成全部动作的是汉娜。想不到身高不及锅台的妹妹，虽然跳上跳下悬空作业，竟然比姐姐还快了半分钟。姐姐在“颠饼”环节纠偏多用了几秒钟，结果费时失利。不过，这丝毫不影响姐妹做饼的热情，两个面若桃花的小天使，马不停蹄又投入下一锅的制作了。

对母亲来说，品尝孩子的厨艺自然是世上第一等美味，我也夸张地发表我的惊叹：“哇！太好看了！”“哞，太好闻了！”“啧啧，太好吃了！你们太能干了！”我每赞叹一句，俩孩子和马瑞娜都“嘿嘿”笑两下。马瑞娜或许是司空见惯了，只是笑而不语地叉了一小块进口，一下一下慢慢咀嚼，轻轻地点着头。话说姐妹制作的薄饼不仅色泽光亮好看，淡淡的酸中带着淡淡的甜，微微的酥脆里带着清清的香味，味道很是特别。

薄饼，国内司空见惯，若非亲眼所见我会很自然地将它归入中华食系。没想到英国人也好这一口！品着俩孩子的劳动成果，看着她们欢快地忙碌着，我的问题开始了：“为什么今天要让俩孩子当炉做饼啊？是什么特殊的日子？”“是啊，你没听说过？今天是我们的 pancake day 啊！”马瑞娜笑着说。“哦？英国还有这个节？那为什么会有个薄饼节呢？中国也有薄饼，但似乎没听说过有薄饼节。”

说话间老大凯瑟琳端来了第二盘薄饼，到底是高中生，她顺便告诉我：薄饼节是基督教的一个传统节日，正式的名称应该叫“忏悔星期二”（Shrove Tuesday）。每年的“忏悔星期二”是人们坦白罪过、净化灵魂、请求上帝宽恕的日子。基督徒缅怀当年耶稣在沙漠里禁食、祷告四十天后遇难，大家一起吃薄饼是因为星期三是长达四十天的大斋节的开始，斋期人们要守斋，只能吃味道淡薄的食物，因此，那些味道丰富的食物要趁早吃掉。同时，人们也要放弃一些享乐，一来不忘耶稣受过的苦难，二来检验自律。因此，封斋前往往大快朵颐一番，顺便把家里存不了四十天的东西吃光。有人干脆将这些东西搅和到一块儿，烙成薄饼吃了。所以，“忏悔星期二”也是庆祝的日子，因为这是封斋之前的最后一个机会了，标志着“四旬斋”的开始。“谢谢小凯瑟琳老师！”我笑着对她竖起大拇指。

看看！这种看似寻常可当下午茶点的薄饼还有着不寻常的来历呢。让我颇为感慨的是孩子们不仅身体力行而且对其来龙去脉也都了如指掌，这样的文化自然不会失传。我问汉娜什么时候学会做薄饼的。马瑞娜自豪地说她今年已经是第三次做了，前年是站在大椅子上的，今年站在小椅子上，明年大概就可以不用垫脚了，说完哈哈大笑。马瑞娜说大女儿凯瑟琳的薄饼其实做得也很棒，还在班级薄饼比赛中获得大奖呢。

“是吗？学校也搞薄饼比赛呀？”我愈发好奇了，这还是家校互动的传统文化教育呢！“今天上午我们学校刚刚比过，我是我们班第一名！”汉娜不甘示弱像只小百灵鸟，边说还边得意地摇头扭屁股。“噢？这么棒！”我再次竖起大拇指。“是啊。学校搞过，社区也搞过。所有参加薄饼比赛的人都开心无比。有女子比赛，也有男子比赛。”马瑞娜补充道。看来小小薄饼，是英国人庆祝节日、传承宗教文化的方式之一。但小小薄饼承载的又不仅仅是宗教内涵。我问马瑞娜何时学会做薄饼的，她说记不清了，似乎从来就会。做给妈妈吃，孩子会有一种别样的快乐。母亲吃着孩子做的薄饼，母亲也有一种别样的幸福。当凯瑟琳和汉娜双双手捧薄饼请妈妈品尝时，我看到的是人间最传统也最温情的画面。中国文化中名之曰“孝道”，母慈子孝，甘之如饴，小小薄饼，胜于熊掌燕窝。

薄饼节是孩子和成人共同的节日！两个孩子将薄饼颠向空中的那一瞬，脸上专注、期许、兴奋而又激动的神情，谁看了都会为之心醉。围绕着薄饼节英国还有一系列有趣且不断创新的风俗，比如薄饼节赛跑。旧时只许女性参加，看谁跑得最快、颠得最高、次数最多。传说这起源于当年家庭主妇为了赶上忏悔的截止时间、端着没煎完的饼往教堂猛跑。白金汉郡有一个名叫 Olney 的小村。从 1445 年起，这个村子几乎每年都要搞薄饼赛跑。参赛的妇女穿上传统的家庭主妇“制服”——裙子、围裙、头巾，赛程是 415 码。最离奇的要数议员们的薄饼节赛跑了：薄饼节当日，议会烤薄饼比赛在伦敦西敏寺维多利亚花园举办，选手是一群穿西装打领带戴厨师帽的议员。比赛募集到的资金将会全部捐给慈善机构。可见，优秀传统文化教育是每个国家都重视的，而文化传承如果能做到全方位、多层次，就不会失传。

走进异域的民间，你不难发现人类命运本来就是一个共同体。我第一次当锅做饭年龄和汉娜相仿。8 岁的孩子有的还没有老虎灶灶台高，所以，往往自己搬张小杌子垫脚。老家喜欢用“会摊摊饼了”来夸赞小孩儿的能干。经济不好的年月“喝粥摊摊饼”是老家人的奢侈生活。老家的摊饼就是普通的水和面，放点儿盐，但必须要加入一样绿色的东西：或者小葱或者韭菜，那样黄金的背景上就会看到一星半点的翠绿，看上去十分养眼，闻起来有小葱或韭菜的香味，越吃越想吃。条件好一点的时候，摊饼翻身后会再次加点油，这样摊饼两面都煎得黄黄的，不会粘锅，也不易烤焦。不过我们摊饼的难度似乎要大于英国薄饼。因为那时既无平底锅，也无不粘锅，全靠一把铁饭铲将面糊均匀涂抹到锅壁四周，一面煎好后得用铲子缓缓插到锅底、托起，然后也向上用力一颠，使摊饼腾空翻身后再稳稳地落在锅内。“颠饼”

时，铲子要用活劲儿，柔中带刚。因为铲子很小而锅比较大，如果摊了一整锅饼，锅底与铲子的接触可能又只是一个点，颠摊饼难度太大。开始几回往往需要请父母出场，表演一个四两拨千斤的动作，仅靠手腕的一个动作，我们看到的不是一个平面而是一个硕大的饼锅飞向空中、翻转、落下，饼和锅交会的那一瞬，像是一个球，用铲子轻轻拍打球顶，热气从四周散发，摊饼优雅地缓缓地凹进去，温柔地与锅紧贴在一起。我们用艳羡和崇拜的目光看父母娴熟地完成动作，跃跃欲试却缺点自信。终于有一天摊饼翻身时没叫大人，鼓起勇气，虽因臂力及技巧的影响，摊饼难免会出现开裂或折角，不及父母那么完美，但最后切块装盘时，基本可以规避那些瑕疵。父母自然也是赞不绝口！

摊饼曾经如同平民的节日，寻常的生存智慧和烹饪技艺，同样也是中国文化的组成部分。如今生活条件好了，摊饼成了记忆，面包则越来越多。炊具的改进也让摊饼难度系数大大降低，不少人喜欢将各种时令原料和营养物质添加到摊饼当中，南瓜饼、萝卜饼、金瓜饼、黄瓜饼等自不必说，春寒料峭时，荠菜萌生了，荠菜饼率先让你尝尝春天的鲜味；清明前后艾草最嫩，艾饼让你口舌生香。面粉里还可添加鸡蛋、香葱、榨菜、芫荽、芝麻等等，味道越来越重也越来越杂，而我最惦记的还是老家的小葱摊饼，带点咸味，吃起来不知道饱。

（三）牛津的筷子

筷子是日常中的日常，咱中国人早已习而不察，但自打改教国际汉语，便又不由自主地对筷子注意起来。这一注意不打紧，我却发现周围同胞抓筷子不规范，用筷子不合礼的大有人在。民以食为天，礼以食为先，之所以要关注筷子，因为大多数老外不会用筷子。不过今天不说留学生的用筷笑话，而要说说我在牛村与筷子的相遇。

刚到牛津，入住共富新村整理厨房用品时，发现前客留下了不少宝贝：除了一些仍在保质期内的调料、面粉、咖啡、白糖、意大利面等等以外，抽屉里还留下了不少刀叉汤匙，竟然还整整齐齐地躺着几双筷子！在国外遇到刀叉不足为怪，遇见筷子却让人有几分意外和惊喜。这至少说明此屋曾有同胞住过，亲切感顿生。筷子和刀叉共处，形象地演绎了共富新村的国际文化交流特色，此处确实是很多来牛村访学的中国学者的首选落脚点。

惊喜不止于此！去牛津语言中心听课的首日，同样遇到了筷子！语言中心有个小厨房，打开橱柜的那一刻，我又惊喜地笑了，而且含笑端详了好一会儿：里面有个高大的玻璃瓶，瓶里直立着十几双更加高大的各色木筷子。语言中心的中文老师不多而且即使用筷子也往往是自备。这些筷子原来是中国文化课的教具之一——牛津学中文的人愈来愈多了。那年牛津语言中心开设了九个语种的教学，不过以餐具作教具的恐怕仅有汉语。筷子，无疑是中国文化重要的符号之一。

遇见筷子的意外同样发生在英国房东家。这是一位地地道道的英国家庭妇女，她家的餐具放在抽屉里，拉开抽屉，但见寒光闪闪，一律的不锈钢刀叉和汤匙。可在我放进筷子的一刹那，竟意外发现在刀光叉影之中有一双瘦小、素朴的黑漆木筷子，短小精悍却不卑不亢。“咦？筷子！”我不禁惊呼。“是的，但我们不用的！是孩子们小的时候买的，为了让他们看看中国人吃饭的用具，真是很有意思的餐具！”房东道。“哦！难怪这筷子那么短小，原来是双童筷！您的家教还挺注意国际化噢！挺好，我的筷子有伴儿了！”我俩哈哈一笑。说真的，受过高等教育的英国房东家教也挺用心的。盥洗室内坐便器前的小凳子上有一摞书，是为了让孩子洗完澡后或如厕时可以随手翻翻开卷有益。我翻过一本儿童小百科，其中介绍中国的条目竟然是——“这个国家人很多，粮食不够吃，所以，很多人去了其他国家”。作为中国人看了之后有点儿哭笑不得！莫非外国人眼中的华人移民多是“灾区饥民”不成！可惜当时没问房东是如何向孩子们解释筷子的，她要是解释为“中国人的吃饭用具，因为粮食不够吃，他们只能用这两根小棍儿一点点夹着吃”。貌似也说得通，还能和小册子相互印证呢！看来为避免曲解每个炎黄子孙都有义务向外国朋友好好介绍一下我们的筷子文化。

筷子是我们双手的延伸。荀子曰：“君子性非异也，善假于物也。”筷子是中华智慧的结晶。也是人类文明史上一项了不起的发明。著名物理学家李政道博士指出：筷子“精妙绝伦地应用了物理学上的杠杆原理。筷子是人类手指的延伸，手指能做的事，它也能做，且不怕高热，不怕寒冻，真是高明极了”。[①]稀松平常的筷子据史书记载已有3000余年的历史，陪伴人类走过岁月的筷子也几乎成为人们身体的一部分了。一位日本学者从研究筷子的力学结构中发现，人们使用筷子，至少可牵动30多个关节和50多条肌肉运动，还能激发大脑，阻止和延缓脑细胞的退化，也就是说能够促大脑功能的发挥。所以有人认为，长期使用筷子，可以使手指灵活，脑子聪明，有益于身心健康。还听说我们的“国球”之所以威力无穷，所向披靡，也与咱抓筷子的动作有关。据说习用筷子的中日韩运动员绝大多数都用直拍，接发球快捷精准，台内球处理机智灵活，三板下来往往优势明显，而

① 转引自夏进军、邵彩萍：《中国传统食具——筷子的设计之道》，《民族艺术研究》，2011年第5期。

横拍的握法是西方人使用刀叉的惯性。当然，横拍也有横拍的优点。

或许正因为司空见惯，筷子的神圣性常常被人淡化以至忽略。其实，围绕筷子的训诫很多，筷子礼仪与其他俗规一起构成了中国民俗教育的蒙学内容。至今还有不少家长训孩子喜欢用“不听话，当心我用筷子敲你的头！”之类的句子，不过正如母亲扬起的巴掌总是迟迟不落下一样，实际上我们也很少被筷子敲过头。但这根小棒确实能让人长记性。记得幼时邻家爷爷大发雷霆训斥儿女的极端动作就是“啪”的一声将筷子拍在桌上，同时大吼一声“昏头了！”那时全家大小噤若寒蝉，大气不出，此时的筷子不亚于包青天案前的惊堂木，至今忆起音犹在耳，心有余悸！因为神圣所以用筷子有很多忌讳，诸如：“三长两短、仙人指路、品箸留声、击盏敲盅、执箸巡城、迷箸刨坟、泪箸遗珠、颠倒乾坤、定海神针、当众上香、交叉十字、落地惊神、千夫所指”等等。苏北老家的筷子据说还有某种占卜功能，说是可以根据女孩握筷位置预测其未来婆家的距离：抓筷子手太靠筷子下端形同抓铅笔者一般不会嫁远常常是邻村的媳妇；而紧逼筷子上端似拄拐杖者则往往是想远走高飞的人。当然人们发现有时也不准，因为远近本身就是相对的。筷子还是老家语言中最具有象征意味的财产。如果有人家遭遇严重不测，人们往往用“一根筷子都没有留下”形容其极惨情状。

一些民间仪式中的筷子则往往被赋予某种神力。而幼时亲历亲见的“站水碗”和“捣筷子”风俗则更显示了筷子的神秘性。乡野小童头疼脑热，大人们几乎不带他们去诊所的，更不用说吃药了。怎么做？拿三根筷子，方头朝下，立在半碗水里，然后用少量的水（记不清是开水还是凉水了）不断从上往下淋，口中念念有词：“某某亡灵啊，知道你不放心你的儿孙啊，想回来看看他

（她）了，你保佑孩子们好好的啊！”不断变换亡魂的称呼不断念叨，不断尝试松手让筷子立在碗里，等念到某位先人筷子正好立住不倒时，就算是找到病因了。赶紧去烧几张纸钱，边烧边呼唤那位先人回来收钱。然后收筷子，给患儿喝几口开水令其入睡。这个过程老家称为“站水碗”。到八九十年代各种新型退烧消炎药物的出现，此法自行消失。然而于我，偶尔生病时，脑海中还是会浮现那几根立在水碗中央的筷子，尤其是在服药常常无效时还禁不住对站水碗有几分怀念。“捣筷子”是老家旧式婚礼中的仪式。婚礼上的筷子一律是大红色的。一般婚礼的最后一个节目都是送入洞房。但老家新人入洞房就寝之前还有一个规定动作就是捣筷子。新房的窗户事先都要糊上一层红纸。新人就寝前，喜婆手拿一根红筷子对着窗户纸猛捣，边捣边念“捣得快养得快养个儿子去放债！”窗户外，往往还有亲友一起高声喊好，里外应和，连喊数遍，哄笑而散，婚礼结束，于是熄灯睡觉。据说“捣筷子”的另外一段是“捣得慢，养得慢，养个儿子去讨饭”。但从未听人念过。小孩们并不知此举何意混迹于亲友中，放声喊好起哄；稍长，似乎明白了点儿什么，有些害羞；再后来困于学习压力便很少参与此类活动了。如今老家已基本城市化，此俗恐也销声匿迹了。人丁兴旺是中国百姓世世代代的愿望，早生贵子是历代婚礼的保留主题。婚礼上可能不会再出现在那些带有原始意味或过于猛烈的求子仪式，但婚宴用红筷子的传统却始终未变。

文人眼中的筷子更多与人生境遇相连。筷子的身影在古诗词中频频现身，但诗里的筷子多是被人格化了的筷子。司马相如的《咏箸诗》，曰：“少时青青老来黄，每结同心配成双。莫道此中滋味好，甘苦来时要共尝。”这吟咏的是伉俪深情。袁子才笔下的筷子“笑君攫取忙，送入他人口；一世酸咸中，能知味也否？”怜悯、同情、讥讽、挖苦五味杂陈。民间诗人、现代诗人作

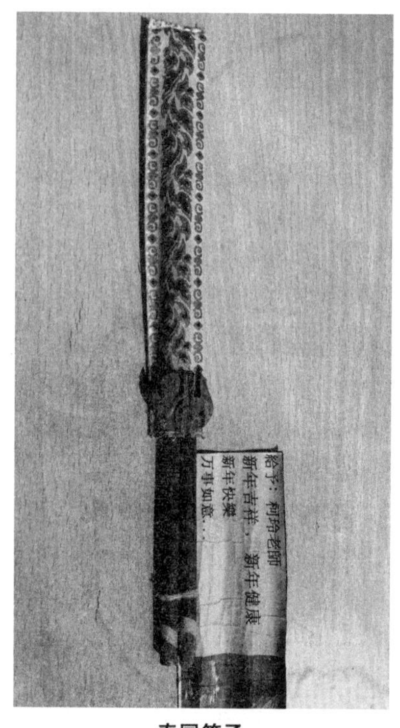

泰国筷子

的筷子诗，情感则要更纯朴——“身体生来几寸长，竹家村里是家乡，吃尽多少辛酸味，终生不能见爹娘。”而哲学层面的筷子文化研究引申出的阴阳互根、对立统一，天乾地坤、和顺畅达，三才之道、天地人和，以及三易之理等等，多是研究者的高度概括和哲理升华。

筷子现身海外，同样是中外文化交流的结果，一双筷子如同中国文化和中国哲学的两根触须。外国朋友心中的筷子印象与国人心目中的筷子记忆或许有较大差异，但有了筷子的实物具象，文化交流立即变得可触摸可体验可回味。附图是十多年前一位泰国学生的临别赠礼——一双泰国筷子（**如图**）。虽然仍是筷子，但材质、包装设计已经泰味十足。每每翻出来看看，觉得正如很多华人子弟重回祖国学习汉语一样，这双筷子也似中国文化出走之后的回归。我一直小心地收着。

（四）自制的月饼

2012年9月下旬抵达牛津，我时差还未倒好中秋节就到了。

牛津街上找不到节日的影子，商店里闻不见月饼的香味，顽固的生物钟加重了思乡情结。有人说中国超市有月饼可它不在市中心我也还不知怎么走。想到国内中秋前后月饼大潮铺天盖地，光看着也觉得喜庆，不禁感到几分落寞，也有几分怀念，虽然我其实并不太爱吃月饼。

牛津的中国人越来越多，当然也有中秋活动的。住处的布告栏中我同时看到了几则海报。有华人教会组织的聚餐和讲座；有中国学者组织的小型中秋聚会；对面的 Pembroke 学院还搞中秋糕点会。我最终选了“DIY 中秋”活动。看到“可以自己做月饼”，组织者落款为“华人团契”，看来是教会的活动。

虽是中国人，虽已虚度了近五十个中秋，但从来没有亲手做过月饼，从未尝过自制月饼的滋味。下午三点，住处门口香港女孩艾玛和她的英国丈夫已在等我们。原来他们就是华人团契的负责人，都是基督徒也是牛津大学的学生，在给教会帮忙。聚会地点是团契成员马克的家。

马克是个身高超过了一米九的英国小伙子，一说话就满脸通红。他给客人倒茶或咖啡，也给我倒了白开水。马克坦言参加华人团契是为了学好汉语。他的理想是两年后去青藏地区当英语教师并传播福音。我有些疑惑地看着这个性格温和说话轻柔的年轻人，却真心希望他能进一步学好汉语，深入了解中国文化，并婉转地告诉他青藏高原上的中国人有自己独特的信仰，因此他们能坚定而执着地生活在那个条件艰苦的高寒地区。但这个有些羞怯的年轻人却一味很坚定地说为传福音他不怕吃苦。

说话间，有人说面已经和好，我一看原来是艾玛丈夫在一丝不苟地按照配料表操作，这个国际政治与关系学院的博士生一到就开工了，他已雷厉风行地把一大盆面和好了。做馅儿时，大家决定用蛋黄、莲蓉和榛子。马克端来咸鸭蛋，煮熟一部分，去白留黄，一切两半像月亮。艾玛丈夫又打了几个生咸蛋，也是去白留黄搅拌后放着，说是要涂在月饼表面，烤好后黄橙橙的好看，说着笑着指着自己说：“嘿嘿，英国吃货，爱吃中国饭菜。”

包月饼比包饺子简单得多，月饼面没有韧性，在面团中塞点馅儿再搓圆放进烤盘的模子里压一下即可。每人都很欣赏自己的作品，有人提议刻字留念。北京的思思书法不错，主动操刀。“写什么，写什么？在面上用刀写字实属首次”，她拿着水果刀在月饼上划来划去如同对月饼挑衅似的。我说，“就写二〇一二中秋快乐”，有人提议再加上“国庆”两字。白底白字不显眼，有个小姑娘建议用食用颜料。小姑娘长得很瘦，我没记住她的名字但记得她是剑桥生化专业的硕士，正在牛津读博士。马克端出一组彩色小瓶子，小姑娘屏住呼吸用刀尖在月饼上描绿，动作精准，一丝无误（**如图**）。

牛津的自制月饼

月饼进烤箱时“火锅帝”来了，他是个敦实的四川小伙子，在拍《哈利·波特》的那个学院读博。因他力荐中华火锅，差不多每周末都要请三五朋友一起品尝，于是被人起此雅号。大家帮着洗菜切菜准备火锅料。火锅帝说英国的肉品因为生杀时不放血是很腥的，所以一定要先煮一下过水再切。渐渐地月饼的香气钻出了烤箱，弥漫于马克的房子里，楼上楼下的客人都循味到厨房里来了。艾玛很想打开看看，她丈夫拦住说“再等36秒”。

月饼出炉，大家一哄而上。连拍张成品相的机会都没有，两锅月饼一眨眼一扫光。火锅性子急，很快就沸腾了。马克突然羞怯地说，“朋友们，让我们祈祷一下吧”。于是大家都静下来，马克旁白道：“主啊，感谢您赐给我们这么美好的机会和这么精美的食物，愿您保佑中国更加发展，保佑大家更加健康！”说了“阿门”之后大家一起开始吃火锅。地方不太大，大多数人都站着吃喝。我无意间瞥了一眼前面的院子，月光如银，泻在绿草上皎洁而有活力。我突然想家了，很想自己的父母。

在家过中秋时，首先要敬月光。敬月的东西除了月饼外，还有各式时令瓜果小菜，莲藕、花生、毛豆、栗子、芋头等等摆满一桌子。有月光在室外敬，没有月光就在家里神柜上敬。家里的月饼都是买的，不过每年中秋每家都还要做一些米饼或面饼，但中秋做饼一定要做一个跟月亮一样圆的团圆饼敬月光。贡品摆好后，父母领着我们挨个烧香叩头，然后说，“月爹爹，请下来享用月饼吧！”

父母敬月的动作台词年年如是，对月光充满了至诚的谢意。其实中国的广大农民不都是如此吗？不管当年收成如何，他们对土地、对上苍、对所有的造物主只有谢恩从无抱怨。也许在农民的眼中，再重的恩情也比不上天地给予人类的恩惠，再大的喜悦也比不上注视自己庄稼时的满足。而小辈们对于日月天地的感恩传统，正是在这年复一年的过节程式中变得根深蒂固的。女儿幼时我常带她回去过节，她每次都认真地看着大人行事，该磕头时她还要抢先一步磕上三下说，“月亮爷爷下来吃月饼吧”。

老家中秋做饼是有象征意义的，饼做得好兆示兴旺、丰收、健康，饼没做好就会觉得很晦气。父亲总是负责和面，母亲一向当炉做饼。我们几个小“勤务兵”，随机听从烧火、提水、端饼等调遣。父亲的老酵每次都发得出奇的好，我们家的饼弹性和韧劲恰到好处，乡亲四邻交口称赞；母亲做的饼出手不凡，个个大小一样，厚薄均匀，仿佛一个模子刻出来的。最后一锅团圆饼尤见功力：硕大而浑圆，中间肥厚四周略薄，细看还有一圈圈年轮。当然“勤务兵”们也功不可没：司火者严格执行母亲“大火、压住点儿、小火”的指令，确保饼色黄而不焦，脆而不僵。烧火并非儿戏，而且同时要烧两三个灶膛，既要听从口令还要懂得合理调配，偶一失手就会烧出了一两张“花脸”。我们姐弟四人中只有大弟从未失过手，他烧出的饼个个品相好，只只喷香。更神奇的是他烧火时还动辄溜出来玩一会儿，颇有“谈笑间樯橹灰飞烟灭”的风度。问他有什么秘诀，他说没听妈妈的，只塞了一大把草进灶膛，用火叉抵住就出来了，说灶膛门口太烘人所以跑出来透透气。小弟也如法炮制过一次，结果导致满满一锅大花脸，母亲笑着主动陪小弟一起认罚吃糊饼。过节做饼是件喜事儿，不能生气，否则饼会酸的。要是平时，小弟屁股上早已落下母亲的几个巴掌印了。

我家的饼做得好，父母倍受乡邻敬重。记得总有人到我家找老酵，可有些人用了老酵也还是做不好饼，于是有人干脆在和面时请父亲去现场指导，父亲俨然成了大师傅。有人向他请教诀窍，父亲说，“过节跟过日子一样，心诚则灵”，听的人似信非信。节日本来就是民俗生活文化的集中展演，我国的节日传统更是与日常生活密不可分，几个大节都有与饮食相关的情节或故事，都有其标志性食品。是啊，吃是为了活，吃也是为了让文化活着。只有吃进去养分才能被吸收，生命才能被延续，传统才能被传承，文化血脉才能生生不息。不过，同样是吃，坐享其成吃下去的大都是过眼烟云，只有自己的劳动成果才能倍感香甜。母亲做饼从不加糖，但吃时我总能感到甜津津的；牛津的手工月饼也未加糖，但大家都觉得比以前任何月饼香甜。也许最有效的调味剂正是人们对生活的一份真心的投入，诚心确实是生活的酵母。

其实节日文化中包含了前辈很多生活智慧，所以过节也是过日子，而且只有当过节真正成为生活时，我们的节日文化才实现了有效传承。烧饭做菜看似为世务俗趣，却包含了很多生活的真趣和文化内涵的。在牛津，一和外国人聊起中国菜无不翘大拇指说"healthy and cheap"，意即价廉物美，既健康又便宜。我为中国饮食文化货真价实地享有国际声誉感到自豪。但中国饮食文化的根基并非源自大厨名师而是出自寻常百姓。有学者感叹现在的传统节日似乎只剩下几样食品了，我可能还要火上浇油地加一句：如果这几样食品都只是盛放在商店柜台里的，无人会做，那它们永远是符号，我们的节日恐怕什么都没有了！希望这不是危言耸听！

（五）他乡的野菜

皇天后土缔造万物，为人类提供了丰富的食物资源，也造就了人类的味蕾和饮食习惯。生活在不同国家或不同区域的人们对食物的喜好自有不同。"国外生活什么都好，就是蔬菜吃不着！"不止一位去国外旅游或在国外生活的朋友发过这样的感叹！一个吃惯了蔬菜甚至以蔬菜为生的民族连续数日吃不着或吃不足蔬菜，那种难耐滋味只有亲历了方能体会。牛津访学结束前，先生特地告假去接我回国，顺便参加了一个中国旅行团。英国旅行，风景美、空气好无需多说，但严重缺乏绿色蔬菜的团餐把同胞们旅行的精气神都快吃没了。终于在途中看到一家乐购超市，于是团友们纷纷请求下车去多买点水果以替代蔬菜，结果差不多人人都拎了大小不等的一包上车，店员们眉开眼笑地看着这突如其来的一车中国人。

英国的乐购虽然总体上规模都比国内小很多，其实里面也设有生鲜蔬菜柜台，不过架上只有一些土豆、西兰花等国人不太爱吃的品类。所以，那天当先生瞥见有可以生吃的球生菜时竟至喜出望外，毫不犹豫地买了两棵。上车落座就迫不及待地拿起一棵，洗都不洗直接撕下叶子塞入口中，脸上充满了幸福感。先生并非素食主义者，但从未见他对蔬菜如此不能割舍。球生菜自然算不上味道鲜美，先生却大快朵颐，我不禁哑然失笑。先生属兔，我随即念出："大白兔，白又白……"的儿歌，引得驴友们都笑了。出乎意料的是前排一位年龄相仿的大姐，盯着先生手中的球生菜目不转睛，最后怯生生说："这位大哥，可否匀几片叶子给我，想死蔬菜了！我怎么没见有卖这个的！再没有蔬菜吃，恐怕都要生病了。"先生不假思索地把另一颗给了人家。嘿！这家伙一向助人为乐不计得失！

蔬菜有多大魅力，移居海外的同胞或许更能体会。为了能在他乡吃到蔬菜，移居海外的中国人有条件者甚至愿意亲自开荒种菜。于是就有了中国留学生父母在耶鲁大学开荒种菜的新闻，据说还颇受赞誉。其实，吃谷物长大的中国人，对土地、种植有一种本能的亲近，对菜蔬也就有了发自内心的依赖和思念。移居英国的中国同胞亲自种菜的也不少，我甚至认为中华民族恐怕是世界上少有的对自然万物习性了然于心，且最善于运用菜蔬服务人类生活的民族了。种菜本不仅仅是种菜，还被赋予了健康、乡愁、传统、亲情等等复杂而又细微的情感。国人超强的生存智慧其实也是我国悠久历史的农业文明的一个组成部分。中国人，即使远离了田园和土地，也忘不了种植。中国文化中的种植也不仅仅是一种生活智慧还是一种生存哲学。当然，英国人也有乡情，但细细想来，英国人的乡情已是一种面对故去的情结，更多的是留恋、怀念和欣赏。经历了彻底的工业革命的英国，农业已经成为一种回忆、一种风景、一种点缀。而国人的乡情则有所不同，它是农业文明种下的基因，即便是城市化了，我们的衣食住行、言谈举止、待人接物等等，依然不可避免地终身携带。这种基因一旦有了合适的土壤就会萌芽、生长。所以，英国的"自留地"种植模范中常见中国同胞的身影。这些移出的同胞在国内大概没有一个是当农民的，为何到了英国有了不小的院子，还要租种一处自己的园子呢？他们确实不是农民，但他们却是农民之后，神农之裔。置身异域但肠胃还是中国式的(至少在第一代还是)，所以，他们很用心地种着那难得的一亩三分地。劳而有所获，福莫大矣！

农民的幸福是一种简单实在的幸福。英国人热爱乡村生活的深层原因也是一种对简单、质朴的人生价值观的追求。这种简单，是一种在乡村广袤背景衬托下的简单，一种可以净化任何躁动的宁静。这简单既包括了简单的生活方式、简单的人际关系，也包括了简单的人与自然的关系以及简单的自我认知。有着这种乡村情结的民族，即便曾是不可一世的'帝国'也很少显露出张扬或张狂的神色。可见，乡村、农耕给予人类不仅仅是食粮、营养。有着农耕智慧的民族，不管走到哪里，他们都能从天地的赐予之中获得能量、营养和思想。顾亭林说，"三代以上，人人皆知天文"，所以昔时天人相应，天人合一的生命观、哲学观、甚至科学观很可能皆是一种直观。

别人眼中的草芥在独具慧眼的国人看来很可能是无上珍宝。中国农民的智慧突出地表现在国人对野菜的欣赏和食用上。"故乡的野菜”出现在不少有士大夫雅趣的文人笔下，周作人、汪曾祺即是，两篇《故乡的野菜》相映成趣。

2016年春节我在朋友圈发过一条微信，说的是母亲送我马齿苋菜干的事情。“马齿苋，老家称作安乐菜，是老家过年的吉祥菜，春节有它垫底儿，就不会吃坏肚子。以安乐菜为主，再配上九种其他蔬菜，就有了一个好听的名字——十香菜，寓意十全十美。当年一个印尼留学生在我家过春节，盯着它边吃边赞，直至光盘。”令我意外的是朋友圈内第一个回应的竟然是远在牛津的温迪！她评论道：“为了能吃到马齿苋干，每年都在暖房中种些安乐菜，没想到的是，这些在祖国田边地头无处不长的野菜，漂洋过海来到我们这小海岛上，还端起了小家碧玉的架子，大门不出二门不迈，到底是天朝来的啊！”温迪幽默依然，我忍俊不禁之余也为远隔重洋的同胞心灵感应而动情，这便是中国人的共鸣！正如温迪所言，马齿苋在国内实在是寻常野菜。路边草丛瓜田李下一簇一簇极易生长，夏日吃生鲜的粉嫩无比，用水焯过后直接加上麻酱油蒜泥凉拌，通便润肠很灵。吃不完的晒干收藏，春节时拿出来做十香菜，人们便可放心地大快朵颐而不用担心坏肚子了。所以，家乡人称马齿苋为“刷肠草”。药食同源是我们祖先的巨大智慧，前人的发现成为惠及子孙万代的无量功德。农家孩子没有好的生活条件但往往肠胃皮实身体健康，其中少不了诸如马齿苋等野菜的功劳。温迪专门为马齿苋建了暖房，在英伦半岛搞起了科学种田，看来她对故乡的野菜实在情深难忘。不过，英国暖房里与国内田埂边的安乐菜还会是一种东西吗？温迪应知“橘生淮南则为橘，生于淮北则为枳”。

当然，英伦半岛的植被覆盖率并不低，牛津大学里就有众多的草甸，不管哪个季节目之所及都让你心旷神怡。某日围着教会学院前的草地晨跑，无意间我看到路边无数星星点点的小白花，和国内的荠菜花一模一样，循根看下去，确实也长着荠菜叶子。真是喜出望外，我飞奔回寝室拿了把水果刀和马甲袋，直接挖起了野菜。荠菜有股特别的鲜味，出土的同时鲜气就会扑面而来。儿时挖野菜，小伙伴们往往每挖得一棵都要送到鼻子下面闻一下，微笑着陶醉一番，再去挖下一棵。这意外的发现让我来不及闻鲜，仿佛已经看到中午餐桌上一碗翡翠白玉般的荠菜豆腐羹。如果挖得多说不定还可以包顿荠菜鲜肉饺子与共富新村的同胞们分享！不一会儿，马甲袋就满了。但挖着挖着，渐渐有点儿疑虑了：因为，这荠菜并没有久违了的荠菜鲜味，出土时没有，放到鼻子底下也没有，埋头到马甲袋里深吸，竟然还有股苦味。这到底是不是荠菜呀？问了两个晨练的同胞和一个本地人，一律摇头。只有用另一个办法测试了——浸水，我们的荠菜喜水，一见水马上就精神焕发，所有的叶子都会立起来。立马回到寝室，放好水，荠菜淹进去，屏住呼吸看了半晌，这形似荠菜的“荠菜”依然故我，丝毫未显荠菜的精神！安全第一，既然马齿苋移民到英国会从乡野村姑变成大家闺秀，谁还敢保证，这种不再散发鲜气的荠菜是还能食用呢？罢罢罢，我的荠菜豆腐羹泡汤了，荠菜饺子也不翼而飞了！

当我把这他乡的荠菜倒进垃圾桶的时候，对故土的敬意油然升起。祖国那片神奇的土地，为祖祖辈辈的炎黄子孙贡献了多少野菜野味野趣啊！难怪如今的国人对野生植物有一种情不自禁的推崇和毋庸置疑的信奉。我的博士导师，常戏称自己是“上海的乡下人”，制作美食的严谨态度与其治学毫无二致。为了使野味正宗、纯厚，每次烧荠菜羹时恩师定要在菜场外围徘徊几趟，非要买到路边小摊上的那种茎叶泛红的荠菜不可。

一年四季野菜飘香。我们赖以为生的粮食多是从野生转换而来的。直到如今香椿头、马兰头、枸杞头、草头、荠菜、小蒜、野蒿、榆钱、桑葚……还是人们的钟爱。国人如此喜食野生之物，既是随其自然的心性传统，也形成了道法自然文化哲学。植物或者说谷物给予我们的绝不仅仅是垫饥果腹，还奠定了整个中国哲学的物质基础。中国精神或许正是一种草本精神，是一种无法离开土地和种植的精神。物换星移、四季轮回、阴阳互补无不给人以哲思启迪。人们感念天地、食野之苹的同时，思维中人性与野性的融合也自然发生，天地人交融，如此滋生的巨大的能量、智慧和思想，自然会天长地久！如同野菜一样的中国精神成就了世界上唯一贯通古今而没有断绝的文明奇迹。作为神农之后没有理由不骄傲、自豪！

第三章　居住民俗

安居方能乐业，牛津人同样重视安居，不过牛津人的安居标准、对居住环境的利用、对城乡关系的认识以及对风水地势的态度似乎却与我们殊异。牛津人眼中不仅朝阴朝阳无甚差异，城里乡下亦无优劣，而且脑力体力之间也无高下尊卑……

（一）坐北与朝南

文明的比较很难有答案，但卫生习惯却颇有说头。卫生的字典意义是能防止疾病，有益身心健康。但不同国家或不同民族的生存环境、生理气质、生存理念都有差别，因而不同国家或民族卫生的特点、方式、标准也很可能不一样。不过，我总觉得世界上好像没有那个民族能像咱中华民族这样懂卫生、讲健身、善养生的了，到英国后愈加确信自己是对的。

说实话，我在牛津享受到的阳光要比国内多得多。无论是办公室还是我租住的房间都是朝南的，太阳一出，满室生辉。共富新村给我的房间差不多是那里最宽敞明亮的一间。管理员严格执行“女士优先”的原则，为此让几位先我而到却住在阴面小间里的男同胞们“耿耿于怀”，直嚷要男女平权。搬进英国家庭后，我的房间就更温馨了：这是房东家唯一朝南的卧室，阳光明媚，推窗可见花园。

我一月份正式入住，时值严冬。英国的冬季虽然气候湿润不乏绿色，但冷起来还是比较有骨子的，常常白雪皑皑数日不化。不过一有阳光，我的房间必定温暖如春，几乎用不着开暖气。看到房东和两个女儿的房间都朝着冷风飕飕的阴面，感觉很不过意，我建议房东让孩子们跟我换房间。房东大惑不解，反以为我对房间不满意。我干脆说：“您应该把最好的房间让给孩子们，她们是最需要阳光的。”结果房东更糊涂了，直接说：“这和我没有关系啊，这是建筑师设计的客房，这一排房子家家都是如此。”房东误以为我要说她歧视儿童了，甚至显得有点儿紧张。我蹩脚的英语越说越糊涂，最后只好以“OK！非常谢谢您！”而匆匆收场。

房东家是个三层楼小别墅。一楼是客厅和厨房、饭厅，二楼是房东的卧室和盥洗间，三楼是两个女儿和我的房间。严格说来，英国并不是一个阳光非常富余的地方，所以，很多英国人视假期如命根，长假中总要跑去西班牙或意大利去晒太阳。2013年夏英国骄阳似火，遭遇几百年罕见的高温（其实也就30度上下），不少人竟然不知道防暑措施以至于暴晒受伤。据说这个夏天英国灼伤、中暑死亡者达760人！哀其不幸的同时又有点怒其不争，单从房东家房间设计看来，我就发现英国人委实不懂多少采光技巧！他们对老天直接送进家的阳光弃之不用而一味追逐屋外暴晒，令人匪夷所思。

卫生本出于生活智慧，也是生存技巧。相比而言，国人则似乎太懂师法自然，物尽其用了。单就民居建筑来看，如何采光，我国普通百姓表现出的生存智慧可谓异彩纷呈。向阳开门窗、屋顶开天窗或设老虎窗、进深之间巧留天井等等都是为了充分采光，巧妙用光透光。坐北朝南几乎是中国民居的统一形式，无论是北京的四合院，还是陕北的窑洞、或者南方的吊脚楼，都采用南向以充分利用阳光。少数住房大门朝北，往往是为了表达某种特别的心意或心结。在安徽绩溪看到一个叫“石家”的村落，每家的大门都朝北开。了解一下，发现原来石家是北宋开国功臣石守信的后人。之所以如此，是因为石氏起源于北方甘肃的武威，朝北是为了告诫子孙不忘北方的故乡。但即便是坐北朝南，这个村子也在布局上另有高招。村中道路纵横规整，如同棋盘。以棋盘式布局，是因石家以战功起家，村落布局也模拟行军大营的格局，因此当地人又称石家“棋盘村”。村子的水口与石山对峙，形成了“狮守象门”，村后原有宗祠是棋盘村的帅府所在，祠前方塘半亩，象征印泥盒，塘中筑石坛，坛长两丈，高、阔各一丈，按石守信帅印比例砌成。风水学的价值在于“卫生”，防水、防火、防盗、防风效用，以护卫一方生灵。石家村以象棋棋盘布局，最具特色的是村子的防卫系统和报警系统，村中水道有明暗两条，许多条巷子尽头都建有弄门，领域感极强。夜晚只要关上弄门，整个村子就宛若一座城堡。村子坐北朝南，因地制宜。而我的英国房东家三个朝阳的大房间分别给了厨房、卫生间和客房。春季，我的房间已不感到冷的时候，房东却还要每天给自己和孩子灌热水袋暖手脚，尽管暖气也开着。我实在不理解酷爱阳光的英国人为何在设计时要把朝阳的空间用于厨卫，显得如此不懂爱惜自己。

当然，不少卫生习惯是与生俱来的。比如洗菜，中国人，不同菜洗法不同，有些是浸泡、有些是冲洗，有些是淘洗有些是漂洗。有些食材清洗时还讲究方向，比如洗蛤蜊，必须用原汤逆时针方向搅拌才能撇清肉中泥沙而又不减鲜味。说实话我在英国房东家，几乎没有看到过房东洗菜。瓜果蔬菜不洗生吃还勉强能接受，因为据说都是无公害果蔬，而鱼肉荤腥从超市到家几乎直接进烤箱或微波炉就有点说不过去了：一只整鸡买回来，拆开包装纸，只在鸡脊梁到鸡屁股上放几块黄油，再在烤盘里搁上几个土豆，裹上锡纸烤熟后直接食用。先到牛津的同胞提醒说这里的鸡肉、猪肉都有股异味不好吃，说是因宰杀时不放血所致。不过我总是习惯性地先用开水冲洗干净后再加调料烹制，吃起来味道也还不错。至于果蔬之类，房东大多是在网上预订有机的，很多都是裹泥带土的。我常常看到房东拿着个泥疙瘩刨来刨去，最后刨出了胡萝卜或红薯。然后直接就放到嘴里或锅里，完全漠视外部残留的泥痕。但不知何故，此举倒让我倍感亲切，恍惚回到儿时，饥饿的小伙伴们一起从地里偷来胡萝卜或山芋直接用衣角揪一揪就塞进嘴里，那滋味新鲜得至今难忘。有些看上去不够卫生的习惯动作却显得可爱，如热牛奶时房东总喜欢将食指和中指伸进去搅一搅再用舌头舔一舔以测温度。

或许，有些在我们看来不够卫生的动作很可能是童年习惯的延续吧？童年对于人类的发展与成长，与人类文明的知性和质地有着密切的关系。也许正是拥有一颗童心，使我房东的生活颇有艺术品位。房东家没买电视、不用手机、也没有车，但她家每个房间的墙上都挂着清新温暖的田园风景画，家里的灯具、餐具、饮具也都造型别致、古朴典雅。牛津一位同事说的“壁炉是英国人心中的窗户”，我一直到住进房东家才理解。这种感觉其实是一种家的温馨、暖意和随意。冬季，即使开着暖气也是要每天生火烧一会儿壁炉。房东说不是因为冷，而是为了一种感觉。晚餐以后，一家人围炉烤火或看碟，或蜷缩于沙发一角、或躺在壁炉前的地毯上看书，此情此景我至今十分怀念。

房东的两个女儿白得像两只小羔羊，她们每天骑车 20 多分钟去上学。每天上下学都要和妈妈蹭几下。晚饭前一家三口在壁炉前地毯上做作业、练琴或游戏，晚饭后一家三口一起洗澡一起挤在妈妈床上上网聊天或看片。当我首次看到母女仨同挤一个被窝的温馨场面时，惊异非同小可——因为一直听说西方人亲情冷漠。我甚至亲眼看到过一名海归归国不回家里，硬要住在外面的宾馆，说已无法习惯家人兄弟姐妹之间抵足而眠的传统就寝方式（诗人往往直接归因于西方熏染）。或许海外经历也是因人而异。房东母女还每天一起洗澡，而且总是每天总是每人冲好一杯热巧克力带进去。盥洗室里的嬉笑声有点儿让我羡慕嫉妒恨，甚至非常思念自己的家人。终于有一天我问了小女儿："你们仨每天共用一缸水洗澡还是每人一缸？"姑娘笑着说："除了有人洗头，我们一般三人共用一缸水，因为我们不脏啊。"有一次房东痛经了，脸色煞白，我问她："你都'例假'了还和孩子们一起用 bath"？她脸色惨惨地笑着说："我喜欢盆浴，喜欢泡在浴缸里的感觉，你懂的，那真的很舒服！"我耸耸肩，想起自己儿时夏天总是和妹妹一起坐在澡盆里洗澡，那是为了节约热水，两个弟弟也合洗一盆。小姐俩或小哥俩坐在澡盆里总要嬉笑打闹总是开心不已。浴盆里的欢乐时赤裸裸的赤诚之乐，即便挨了父母的训斥也还是嗤嗤笑个不停。上大学后被告知盆浴不卫生，尤其是对女孩子，再也没有坐着洗过。其实房东家也有个挺大的淋浴房（几乎为我专用）。现在看来真不知是我们的文明进步了还是西方的文明返祖了。

有些民族性的卫生习惯其实还是存有争议的。先前的中国宝宝一律穿开裆裤，现在却越来越少了，在城市里几乎绝见。但在我的中国民俗课上还是要给留学生讲到这一中国儿童民俗服饰。因为我始终认为穿开裆裤比用尿不湿卫生，也更顺应自然。尿不湿所导致的儿童便溺自理能力延迟、红臀、潜在儿童生殖系统疾病隐患以及吸水超重导致部分孩子O形腿的后果越来越明显……而开裆裤被诟病的唯一依据就是没有保护儿童隐私，不够文明。其实，孩子纯净如水，纯真如天使，原本无私可隐。有人说孩子穿开裆裤的最大缺点恐怕在于容易养成孩子随地便溺的恶习，这其实怨不得孩子乃是父母少教之过。从小穿开裆裤长大的中国人中当街便溺的毕竟是极少数。儿童在港便溺事件引起人们深思的恐怕不是卫生习惯而是文明。就此事而言我比较赞同陈道明先生的看法："文明的意义除了不当街便溺，还有善意与宽容。前者是表象，后者是根本。真正的文明是碰到这样的情况，走过去善意咨询那位母亲是否需要帮忙，或指引她找厕所，而不是冷漠地拍照当成渲染大陆人素质低下的证据。大陆人素质的确有待提高，但港人的文明也需提升。"①

（二）城市与乡村

时下谈梦想似乎成了一种时尚，"中国梦"更是成为出现率最高的汉语词语之一。想起在牛津大学安曼达的一次英语高级口语课上讨论人生梦想。在各人畅谈了自己的个人梦想之后，安曼达突然问："你们知道英国人的梦想吗？"在"豪车"、"豪宅"、"豪华游轮"、"环球旅行"等等高大上的答案被一一否定后，安曼达笑着说，大多数英国人的最大梦想是在乡间有座房子，也可以说有个"乡村别墅"，自耕自种，自给自足，自娱自乐。这多少有些让人意外，因我们向来认为英国是最早开始工业革命的国家，

---

① 蔡泽锦，《什么才是文明？》，"网易新闻·东南快报"，http://news.163.com/14/0424/05/9QIRDHHG00014Q4P.html.2014年4月24日。

也是最早步入城市化的国家，我国的城市化正在飞速发展，即使有别墅也是城市或城郊别墅。真正愿意过乡村生活的城里人并不多。但英国早在18世纪工业革命后，城市化的进程就突飞猛进了，到了20世纪30年代，英国城市人口占总人口的比例已高达80%；之后是更多的人向大城市集结，50年代10万人以上的城市人口比例为38.4%，50年后超过90%的英国人都生活在占其国土面积10%的大城市中。21世纪初，难道先入城的人又变得想下乡了？这是名副其实的“围城”情结啊，或许20世纪30年代正在牛津大学留学的钱钟书先生正是感受到了英国人中的乡村情结才悟出了“城里的人想出去，城外的人想进去”的“围城”哲理。

不过，在今日的牛津，稍稍留意就会发现安曼达说的还真没错。我在英国逗留近一年，耳濡目染的点点滴滴似乎都说明很多人更希望过上乡村生活。牛津城不大，但几乎每家都有个花园。花园大小不等，长花种草随意，但都是纯粹的花园，一般不会种菜刨园。其实牛津的名字——OXFORD（耕牛渡口）就已经告诉你它起初是个乡村，有颇多耕牛。后来因为建了大学，牛津变成了一个城镇，一个大学城，但牛津的原住民至今依然保留着一些农耕节日，基督教会学院前面广阔草甸上成群的耕牛也是一个明证。现在因为牛津大学来访的学生、学者越来越多，牛津大学只为一年级新生提供校内宿舍，所以，牛津的房屋租赁愈来愈紧俏，几乎呈现“居大不易”的局面，很多到访的中国学者都在租房上花了不少精力。这也使租房成了很多牛津居民的生财之道。租房者房屋当然越多越好，如我的英国房东家的左右邻居都将他们的住房向花园中伸展了一间，以扩大收益。要知道这是个三层小楼，接出去一间就等于多了三个房间。跟国内相比，牛津房租不菲，一间月租至少也有伍仟元人民币。可我的房东堪称典型的英国人，她一定不比邻居富裕，但她就是愿意牺牲这笔租金而保留她相对宽大的花园。房东家的花园至少有三四十米进深，若搭建一间用去五米左右，也不会对视觉效果有太大影响，可房东就是舍不得，她说："我热爱花园，孩子们也喜欢。尽管有时候比较忙，打理花园颇费时间和体力，但是，没办法！我喜欢，花开花落、草枯草荣、叶落叶青就在我的面前，我真的很喜欢！"

对花园的无比珍视是英国人乡村情结的自然流露。英国房东跟我说话时真诚而又带几分陶醉的眼神令我至今难忘。电视中看到费翔在伦敦的寓所里侍弄花草我觉得有点奇怪，有人看到后感到吃惊和艳羡，其实英国家家有花园，因而你不难发现英国人家窗台、门廊上随处可见醒目的时令鲜花，是真花不是人工花。包括牛津大学很多学院的教学楼前、宿舍的窗台以及庭院一角都能看到各式鲜花，注意这是自然生长的鲜花不是盆景。正因为如此深重的乡村情结使我们如今能在英国的城市里还随处可见带着浓重"乡气"的什物。房东家桌上铺的小碎花桌布、墙上挂的乡村风景画和孩子们背的小碎花布包都带着十分浓郁的乡土气息。甚至，由小碎花唱主旋律的品牌 Cath Kidston（凯茜·琦丝敦）还以其朴素自然、甜美、怀旧、英国乡村风格、复古和日常用品的实用性结合而成为世界名牌，凯茜·琦丝敦在全球的分店已经突破了一百家，其折射出的英格兰民族的童年记忆和素朴的自然情怀正引起越来越多人的共鸣。

英国城镇居民的乡村情结还是农民劳作精神的一种体现。远离了乡村的城里人过上了相对优裕的生活，遥远的农田劳作其实是一种美好的记忆，其有苦有乐，有酸有甜。耕读生活，也曾是很多中国文人名士的理想人生，是一种从古至今令人神往的田园生活方式。上海古镇朱家角，有个私家花园——课植园，园主人经商发迹成为当时首富，但嘱咐儿孙不忘做好两件事儿：一是

温迪的菜园

种地，一是读书。也有人将这种劳作看作一种生活中的消遣或锦上添花的点缀，但喜爱认真劳作的人也不在少数，或许正是为了照顾一些人的这种心理需求，英国政府允许城镇居民租种一小块农田，据说这种政府"自留地"一年租金25英镑左右，你若留意，总能在英国的公园一角、草地一隅或路边一侧不时看到一些种着果蔬的不太协调的小地盘（**如图**）。农民的最大的愉悦在于享受自己的劳动成果，城镇化脱离了土地以后，这种切实的幸福感一下子被疏远甚至彻底割断，整饬小花园或打理自留地无形中起到了维系乡村情结的作用。好友温迪——牛津的汉语老师，整天背着一个十几斤重的"流动办公室"（双肩包）奔波上课，着实辛苦，好不容易熬到六月放暑假了，我祝贺她多少可以歇一歇了，温迪却灿烂而又幸福地笑着说"哪里呀！季节不等人，咱地里的农活开始了。"在牛津期间我不仅去参观温迪家的自留地，还享

温迪的劳动成果

用过她和她的科学家丈夫一起种的青菜、青椒和西红柿。这块地大小不足一亩却种了不下十种果蔬，横竖成行不亚于园艺师的作品。一棵肥硕无比的青菜我足足吃了两顿，菜瓢里还扒出几只同样肥硕的青虫。温迪说她家的蔬菜不用农药不施化肥，大致上人吃一点、虫啃一点，鸟啄一点，田鼠偷一点，基本能自给自足。不过有一年，温迪种的向日葵不仅颗粒无收，而且连芽都没有出一棵。原来是田鼠偷食了全部的种子，温迪说到此平静地笑笑，俨然田鼠是他们家不懂事的孩子似的（**如图**）。

人人说“谁知盘中餐，粒粒皆辛苦”。到底谁知呢？恐怕只有面朝黄土背朝天，汗滴禾下土万千的农人最为心知。毫无疑问，城市生活的舒适、方便非乡村可比，但急速城市化的过程中，人口向狭小城市圈集中，城市生活环境急剧恶化，生活空间的被压缩、人际关系的日趋复杂……这些使英国人不禁思乡，恋乡，甚至盼望还乡。乡村里人们生活在洁净的环境中，乡村里邻里融洽、知足常乐，乡村里人们自然终老……不过我觉得所有这些恐怕都还不是英国人乡村情结的关键，英国人热爱乡村生活的深层原因也是一种对简单、质朴的人生价值观的追求。这种简单，是一种在乡村广袤背景衬托下的简单，一种可以静化任何躁动的宁静。这简单既包括了简单的生活方式、简单的人际关系，也包括了简单的人与自然的关系以及简单的自我认知。有着这种乡村情结的民族，即便曾是不可一世的“帝国”也很少显露出张扬或张狂的神色。

历史脚步倒退不太可能，完全的复古也毫无意义，英国人集体当还乡团更不现实。当今英国人以另一种方式来维系自己的乡村情结，传承自己的乡村文明。那就是各种类型的乡村博物馆。英国民间有设立博物馆的传统，除了城市常有博物馆外，几乎所有的村镇都有自己的博物馆。大体说来，英国的乡村博物馆分两类：一是展示本地历史的乡土博物馆，一是具有特色的专项博物馆。馆藏内容从它们的命名上就可得知。像罗河谷乡村、服饰、刺绣、奶酪、蜡烛、顶针、香水、纽扣、钥匙圈博物馆等。许多博物馆不仅藏品丰富，还不时举行各种各样的纪念活动或特色比赛。例如奶酪博物馆举办奶酪制作大赛；蜡烛博物馆，游人可以参加趣味蜡烛的制作，作品不仅可以留作纪念，还可以作为礼物馈赠亲朋好友。我们有时会将老旧过时的东西戏称为“该进博物馆了”，而很多英国乡村博物馆的活动则让你切实地感到，这些老旧文化不仅活着，而且活得宁静而优雅。乡村博物馆里我见得最多的是孩子们在认真临摹、作画，甚至在大英博物馆的中国展厅，我去几次都看到成群的英国学生在伏地临摹——这种专注、认真而又活态化的传承方式令我感慨万千。

雷丁是个小镇，紧挨着伦敦却没有大都市的浮华，而带着浓厚的乡土气息。雷丁英格兰乡村生活博物馆是一座不起眼的三层小楼，走进去却觉得很幽深。这个小小的博物馆，捡拾起文明的碎片承载着历史的记忆，给参观者以文化的滋养，使他们收获知识，感受乐趣传递。馆里生动而又详细地展示了英格兰人的乡村记忆、技艺和文明。身为农民女儿的我还真是首次看到将农村文化展示做得如此精细和精致的博物馆。农时、农事、农具都严格按照历史年代一一呈现。说实话，我进馆的时间已是下午，馆内十分安静，参观者除了一个家庭，真正称得上观众的就我一个。这一家祖孙三代人四个人，祖母或外祖母、母亲及两个孩子，孩子约莫七八岁或更小。博物馆有现成的纸笔，孩子们一进来就径直拿了纸笔坐在实物面前画了起来。两个城里的小小孩对这些农具十分熟悉，显然他们已经来过不止一次了，母亲轻声给孩子们说着要点，启发各自找出两个农具的不同，并给他们讲解农具改进后的作用。老祖母则满足地坐在一边，面带微笑地端详着她的儿孙们，间或拿起一件示范一下。显然，乡村博物馆里寄托了英国人的各种梦想，乡村生活始终是萦绕在现代英国人耳畔的田园牧歌。徜徉于此，不仅能了解到英国农业发展的脉络，体验英国农民劳作的艰辛，更能领略到英国这个老牌工业国对乡村文化的特殊敬意，当然也真正理解了安曼达所说的英国人的乡村梦。

（三）城堡与古镇

刚到牛津就接到学联组织去利兹城堡（Leeds Castle）秋游的通知，很多来此访学的中国同胞都积极响应。城堡，顾名思义，应该是像堡垒的小城，或者大型设防的建筑群，国人可能还会联想到护城河、吊桥、云梯等等。其实利兹城堡早已褪尽了堡垒气质，而代之以优雅、祥和与温馨。英国人评价利称兹城堡是“城堡中的皇后”，它亭亭玉立于肯特（Kent）郡的岛屿之上，远看好似从湖中升起的仙女。因为有水利兹城堡充满了灵气，又逢秋高气爽，五彩斑斓的落叶更是将其装扮得花枝招展。据说利兹城堡

利兹城堡

曾是英国皇室的乡间别墅，历代新任国王都将它送给王后，因此整个城堡弥漫着女性梦幻柔美的气息。初到英伦的中国人，去了利兹城堡大多一见倾心。蓝天碧水绿草白鹅落叶和古堡融为一体，看上去是那么静谧，典雅，令人流连忘返（**如图**）。

两周后又接到学联的邮件，将组织去游览华威城堡（Warwick Castle）。不少人的第一反应是“怎么又是城堡？”响应者果然少了很多。百度一下“英国城堡”，发现英国的城堡还真不少。为何英国城堡如此多？原先自己所学的那点世界史知识不够用了，在国内有时还觉得自己是个“全球通”，到用时才发现自己连略知一二都谈不上。看来知道历史是中外文化深度交流的前提。城堡其实是英国历史和文化中的重要角色。大不列颠的历史上曾经战乱频仍，因而城堡作为一种防御性建筑遍布全英。有的城堡后来发展为城市，如温莎。温莎堡被称为世界上的最大城堡。这里曾是女王伊丽莎白二世最喜爱的居所之一。女王常在这里举办国宴、私人宴会或来此度周末。我最早知道温莎是因为莎士比亚的喜剧《温莎的风流娘儿们》,这是莎翁戏剧中唯一的一部有着浓厚的生活气息,以新兴的市民阶级家庭生活为内容的作品,也有学者说它是风俗剧。没料到这里还是英国女王喜欢呆的地方,更没想到我去温莎堡的那天,女王就在那里。城堡上飘着国旗是“女王在此”的标志。

在英期间多次遇见女王,我觉得挺幸运。英国女王也是深受人们爱戴的女王,并且还是个喜欢四处走动的国王。我在牛津基督教会学院看到过(因为女王每年都要来牛津),在湖区也与她相遇过(当然只是远眺)。印象最深的则是在温莎,当女王出现时,人们在踮着脚尖,伸长脖子,高举相机对着女王狂按快门,不经意扭头发现身旁默默肃立着一位老兵:身着军服,神情静穆,制服的前襟上缀着满满的勋章,他在恭敬地向女王敬礼。城堡、女王、百姓、游客、老兵再加上莎翁的作品,使温莎的生机贯通古今,生生不息。

有些古老的城堡中,你可以寻觅一些家族延伸、缠绵的轨迹,如果我们把目光凝聚在格莱米斯(Glamis Castle)城堡之上。1372年苏格兰王罗伯特二世把格莱米斯让渡给罗伯特·里昂(Sir Robert Lyon),1376年里昂成为王夫,女王伊丽莎白一定在这里度过不少岁月。女王并非诞生于该城堡,因为伊丽莎白四岁时她父亲才继承了这座古堡。但是1930年女王伊丽莎白的二女儿玛格丽特罗斯的确诞生于城堡之内。600多年的历史,一定不只是那些残垣断壁,很多城堡中隐藏着无比珍贵的家具和艺术作品。有的城市的名字就是源于一座城堡,如爱丁堡。爱丁堡城堡建在死火山岩顶上,居高临下,俯视整个市区,远远望去庄严雄伟,气势磅礴。城堡内现存的建筑大多为16世纪以后所建。唯独例外的是圣玛格丽特礼拜堂，它建于12世纪早期，堪称爱丁堡现存最古老建筑。

城堡像英伦半岛上的珍珠，真正将它们串联起来的是英国人的宗教精神。女王是英国人毋庸置疑的精神领袖。如果你曾看过《哈利·波特》系列片，就一定不会对安尼克城堡（Alnwick Castle）感到陌生。波特参加的“魁地奇”比赛，骑着扫帚飞翔的赛手们穿行于雄伟的城堡之间。《哈利·波特》中霍格沃茨魔法学校主要取景于此。安尼克位于英格兰东北部安尼克市，是一座中世纪风格的城堡，在维多利亚时代更有“北部温莎”的美誉。这座城堡不仅依山傍水，城堡区内还有占地3000公顷的美丽公园。英国的很多城堡中都有不解之谜，魔法是很多人所神往的。人类在面对无法克服的困难时特别希望自己拥有魔法，今人依然莫能例外。在安尼克城堡中央的一块空地上，魔法师在训练人们如何使用扫帚作法。不分男女老少，一字排开，人人胯下夹着一把扫帚，反反复复在草地上奔来奔去，寄希望于通过苦练有朝一日突然升空驰去。我静观这些体验者，汗流浃背而又笑语声喧，突然觉得理性有时不足为道，也顿悟了“有梦想就是了不起”的深刻含义。

当然，在英国还有很多无名城堡。那些外表剥蚀、破损了的城堡，残垣断壁间很可能记录着英国人的血统。那些无处不在的老建筑，静静矗立诉说着日不落帝国的光辉历史，也演变成了英国的一种象征。跨越英格兰和苏格兰的交界，抵达北海，就在海滩之上有一处突兀的“土堆”，那雄伟高傲的建筑结构和加固的城墙，方形的远望塔无声地告诉你此座建筑所见证的沧桑远远超越了我们可以回顾的历史。周围是荒芜的杂草，呼啸的海水，在蓝天白云之下，古堡显得异常寂静。那种寂静仿佛隐藏了我们无法透视的神秘。这座建于12世纪的城堡使人想起一句英语谚语：

“An Englishman’s Home is his Castle.” 意思是“城堡，是英国人的家园”。可见，城堡不仅是英国历史的见证，也是英国民族性格的象征。

城堡代表着安全，厚重而又凝练的城墙把人和外在世界截然隔绝，屏蔽一切外界的纷扰，可以在里面享受上苍赋予的安逸，也可以静坐禅思顿悟哲学的远方，感悟人世演变更迭的荒唐、无奈或无常。如果说亨利七世之前的历史是征服和反征服的历史，修筑那些城堡自然不过，但是 15 世纪之后的和平，为什么没有熄灭英国人对城堡的热情？这种热忱热情为什么延续到了 18、19 乃至 20 世纪呢？稍加回忆，不难发现 19 世纪不仅在英国的建筑风格上出现了城堡的复古，而且在绘画艺术上呈现出对城堡浪漫的勾勒和精细的描绘。英国人用艺术的方式延续了自己民族的精神，也延续了历史和文化。所以，到英国当然要看城堡。

其实一到牛津大学，语言中心的同事就建议我去英国的城堡，温迪甚至开玩笑说，“到英国看城堡是必需的，就像到中国江南要游古镇一样”。为何会从英国的城堡联想到我们的江南古镇而不是我国星罗棋布的古城呢？细细想来，中国古城首先是一座城，英国城堡则首先是一个堡。虽然有些中国古城也有防御功能，甚至是军事要塞，但古城首先是一地居民集中生活或曾经生活、劳作、经营、活动的中心。而且中国古城的历史要比英国城堡要久远得多。牛津好友戴巴拉说起中国的建筑总是不无艳羡：“我们的祖先还在树上的时候你们中国人已经知道造房子、建城池了。”戴巴拉并非谦虚，中国古城中的老资格实在太多。如现存的商丘古城之下同时叠压着周朝时期的宋国都城、秦汉时期的睢阳城、隋唐时期的宋城、北宋时期的应天府南京城、明朝弘治 16 年之前的归德府城等 6 座都城、古城。更不用说它还是当今世界上现存的唯一一座集八卦城、水中城、城摞城三位一体的大型古城遗址。山西平遥古城，是一座具有两千七百多年历史的文化名城。蜀地的阆中古城是巴国北部重镇，迄今为止已有两千三百多年的历史，也是全国少有的至今保持原名的县城……这些古城历史太古老、结构太宏伟、内涵太丰富，英国的城堡实难匹敌，难怪温迪要拿江南古镇作比。

古镇其实是缩微了的古城，形制未必大。江南古镇堪称小巧，但相对于英国的城堡而言也未必小。小镇中固然有当年大户的府邸，但小镇的百姓生活却是小镇最美的风景。大约十年前我随一队留学生去上海古镇朱家角。他们对朱家角的历史、建筑还有课植园未必都有兴趣，汉语解说听得也似懂非懂，最兴奋的时刻是在放生桥头那家老字号用午餐时。当然，乘船嬉戏时年轻人也会十分开心。对这些初到中国的小老外来说，朱家角的肉粽、朱家角的扎肉、朱家角的青豆、朱家角的河鲜都是舌尖上的奇遇。后来我们学院组织留学生郊游的机会越来越多，每年都会有一到两次到古镇，不要说我自己审美疲劳，学生们也是醉翁之意不在酒。难得的是课余与同学朋友出来走走，但每到一处有好吃的东西，他们是毫不吝惜花钱的，于是学院在餐饮安排上也多花了一些心思，每到一处，都尽量让留学生尝尝当地的菜肴名品。学生对服务的满意度也愈来愈高。有趣的反差是，我到过英国的不少城堡，但却没有对任何一处饮食留下什么印象。

说到底，古镇和城堡所给予游客的是完全不同的感受：江南古镇是百姓的家园，小镇给予游客的是浓郁的生活情调，甚至有迎合的嫌疑，而相形之下英国城堡则似乎始终保持着那份古老和矜持，不肯迁就，显得有点缺乏亲和力。但对于游客，两者都是风景。游人的喜欢与不喜欢由他们的心理和心境而定，其实与古镇和城堡本身并无大碍，古镇依然是古镇，城堡仍旧是城堡。

（四）庄园与家园

从牛津乘公交半小时左右就可以到布兰姆宫（Blenheim Palace）了（**如图**）。用学生证不仅可以买半价门票，还可以凭票办一张年卡随时再去。布兰姆宫确实是值得常去的所在：建筑、花园、湖泊、草坪、雕像，一年四季，仪态万方，入眼者皆可入画，真正的“高端大气上档次”。国内同胞习惯称布兰姆宫为“丘吉尔庄园”，这里是国人颇为推崇的英国景点之一。这里特设中文导览手册。不过牛津人仍称之为布兰姆宫，因为这个庄园其实并不属于英国前首相温斯顿·丘吉尔，虽然丘吉尔是属于这个庄园的，他曾不无幽默地说过：“我一生做了两件非常正确的事情，

冬日的丘吉尔庄园

在‘丘吉尔庄园’出生，在‘丘吉尔庄园’结婚。”①

丘吉尔庄园由英国议会拨款修建于1705年，是安妮女王为表彰约翰·丘吉尔1704年8月击败法军的赫赫战绩而赐予的。约翰·丘吉尔为前首相丘吉尔的先祖，也获得公爵封号。英国的贵族爵位有“有长不传次、有子不传女”的规定，丘吉尔的父亲为马尔伯勒公爵七世的三子，因此，可以说这个庄园实际上与丘吉尔首相并无直接关系，丘吉尔在庄园意外呱呱坠地时庄园已有了169年。丘吉尔庄园美不胜收，偌大的庄园里跟这位前首相有关的实际上只有两个小地方：一处是布兰姆宫殿中一个不足20平方米的房间，1874年，丘吉尔的母亲来庄园做客，在更衣室里生下了他。但自从丘吉尔成为英国首相，人们便把房间改成了产房的样子，当年谁也没想到这里居然诞生了未来震动世界的巨头。一些丘吉尔的手稿和照片摆放在房间里。当然，这个房间如今已是游客必访的景点。另一处是庄园湖边的一座小神庙，传说丘吉尔就是在这里向妻子求婚的。丘吉尔首相不愿远离这座充满美丽回忆的庄园，去世后又和妻子一起合葬在庄园附近的教堂里。

英国的庄园与城堡的气质很不相同。城堡和城市总是有着或前或后或隐或显的联系，而庄园却是完全属于乡村的。英国知名记者杰瑞米·帕克斯曼说：“英国人坚持认为他们不属于城市，而属于并不居住的乡村。他们觉得真正的英国人是乡下人。”以布兰姆宫为轴心的庞大宫殿式建筑群是丘吉尔庄园的中心。在这个藏着大量珍贵油画、雕塑的富丽堂皇的宫殿之外，是草场、湖泊和典型的英国庄园，尽管庄园后期加入了很多人工的景色，却仍然是一派优雅的英国乡村下午风格。阿曼达说，英国人的梦

① 《丘吉尔庄园·布伦海姆宫》，《初中生世界：八年级》，2016年第2期。

想是在乡间有座别墅，别墅其实是庄园的“缩简版”，英人乡村梦的奢华版就是在乡间有座庄园：边际遥远的草坪和点缀其间的各种百年老树，房舍附近的花园里有灿烂的英国玫瑰，坐在养着盆栽的小客厅里喝茶、看书、等待访客按响门铃……即便绝大多数人一生都未能实现这个理想，但这个梦却依然在代代相传。在相当长一段历史时期内，英国由贵族执掌实权，收入来源多且丰厚，税很轻甚至没有，劳动力也不缺，庄园生活人心向往，甚至工人们也以能在庄园工作而感到体面和有保障。与我们推崇的“国家兴亡，匹夫有责”不同，“日不落帝国”盛行的是“国家兴亡，贵族有责”。庄园不仅代表财富，更代表了一种高贵的精神，这种精神已经溶入英人血液，你可能早已不是贵族，但你不能缺乏贵族精神。

如果不是工业革命，催生出大批产业工人，继而商人登上了历史舞台，贵族主宰英国的历史也许不会消亡得那么快。如果贵族地位还在，庄园自然不倒。19 世纪中叶以后英国的历史开始向平等自由的方向发展。商人、工厂主、工人和农民先后获得投票权，最后连普通女子也获得了同等权利。上下议院之间的乾坤扭转，更决定了英国终将由平民来统治。20 世纪初，贵族几乎退出英国政治舞台，作为其权力象征之一的庄园也随之落魄。1909 年，下议院又通过了对富人征收重税的条例。同时，遗产税也越来越高，1940 年达到了 65%，据说更高有达 80% 者。在温饱尚不能解决，限量供应生活必需品的年代，那些曾经代表着祖辈荣耀的英国庄园，对无权无钱的子孙而言，变成了巨大负担。而对普通民众来说，庄园不能吃也不能用，对社会无所贡献，拆毁了也无所谓。两次世界大战的爆发加速了英国庄园落败、被拆的速度。1900 年以后，光是英格兰就有 1200 座庄园被拆毁，1950 年全英国每 5 天就有一座庄园消失于人间。偶有反应迅速的庄园主，把自己的物业全权移交，改装成博物馆、学校、医院或者监狱，算是幸运者，也算对祖产有所交待。极少数者如丘吉尔庄园得到了政府保护，既免去了遗产税之痛，又让祖宗的豪宅得以留传于世。

也许太多的东西总是在即将失去或无法挽回时才显得其珍贵。英国庄园的大批损毁让一部分英国人产生了家园失落的痛苦。到 20 世纪 70 年代英国社会愈来愈意识到那些损毁的庄园也是英国重要的文化遗产。1968 年《Town and County Planning Act》(《城镇与乡村规划法案》)通过，保护庄园有法可依了。而民间保护意识的觉醒却和一次展览有关：1974 年在维多利亚和阿尔伯物博物馆举办了一次名为“毁去的庄园”的展览。优雅宁静从容不迫的庄园生活让人们流连忘返，失而不可复得的遗憾让人们追悔莫及。客观上那时的英国经济已经复苏，人们有闲情也有能力来关心物质以外的追求。英国人强烈意识到庄园的宝贵。所幸亡羊补牢犹未为晚，拆毁被禁止，抢救和保护工作启动。经过几十年的努力，部分英国庄园重现风采，并成为国家符号之一。

庄园确实是英国人引以为傲的文化遗产。乡村是英国人生活的梦想，而庄园就是英国故事发生的地方。似乎英国最经典的作家都花心思去写与庄园相关的小说了：简·爱来到桑菲尔德庄园，而获得世间最平凡女子的动人爱情；伊丽莎白摆脱傲慢与偏见爱上达西先生，嫁到彭伯里庄园。最惊心动魄的凶杀案也常常发生在庄园中。在格兰其庄园，大侦探福尔摩斯曾大展身手；甚至还有(以寓言形式)代替人类发言的《动物庄园》。庄园在某种程度上也成了英国作家的梦。《哈利·波特》的作者罗琳，成名后花巨资在苏格兰乡间为自己买了一处带城堡的庄园。英国作家之所以喜欢把庄园故事作为作品题材，是因为庄园意味着富有和地位，意味着一个相对开阔的空间，可以变换不同的地点，让不同的情节展开；它同时也是美景、美人与美丽故事的统一，仿佛能演绎出无数恩怨与浪漫。庄园里既可以有名利场里的明争暗斗，又能有英国乡绅的爱情故事。

英国人的乡村情结，也使得英国影视作品中的“庄园题材”经久不衰。近年庄园影视剧的热播又引发了英国的庄园游。英国人喜欢旅游，但很多英国人并不喜欢出境游，走进那些古老庄园，冰冷的砖石、空无一人的奢华房间，似乎最能让英国人心动。“007 系列”电影《大破天幕杀机》中詹姆斯·邦德回到了长大的庄园，使美丽的英国庄园更加扑朔迷离。2010 年的英国迷你剧《唐顿庄园》是英国人对于历史记忆的又一次追寻。该剧讲述了 20 世纪初英国贵族家庭生活的故事，将庄园生活的细节原汁原味地传递给了观众。真正的贵族不只是生活方式上的奢华，而是沉稳的性格和守护传统的责任感。《唐顿庄园》可以看作是英人庄园情结一次穿越时空的延续，是英国人的乡村情结的集中体现。我在牛津的房东家未装有线电视，但每到周末她都会和女儿们一起欣赏英国经典影视碟片。其中不乏庄园题材，这种没有代沟的家庭文艺欣赏活动很是令我感动，或许这也是当今文化传承的有效方式之一？

《唐顿庄园》风靡全球，中国人对其也十分追捧。但这似乎并不能说明国人具有同样的庄园情结。国人之于庄园有一种复杂的情感。旧时读书人心目中虽有归田园的向往，但那仅限于文化人。再说田园风光与庄园情调并非一回事。国人心目中的“庄园”其实更多被附着了负面色彩。中国的庄园主不是奴隶主就是大地主，甚至大恶霸。庄园主都是骑在人民头上作威作福的剥削者、压迫者。所以，在中国，庄园无法成为人心向往的所在，更不可能成为国人的精神家园。

我们的“乡村”并不是一个令人神往的地方。“英国就是乡村，乡村就是英国。”这句保守党领袖鲍德温的名言可能令多数国人无法理解。汉语中的“乡下人”是个多少带点贬义有嘲弄意味对象。我们的城乡差别在城市化飞速发展的今天并没有本质性的缩小，只是农民的地盘在缩小，所以一直以来三农问题是个难题。但不可否认的是，城市化发展再快也无法割舍国人与生俱来的乡村血统。一方面，我们是地地道道的农业国，三代以上多是农民，这是史实。另一方面，被飞速城市化了的村民，不得不在“农家乐”中去寻求某种归属。令人深感遗憾的是：去农家乐者多为看客、食客或游客，内心并非真正的与乡村不可割舍。他们常常去乡村看风景，但未必珍惜土地以及在土地上耕耘的人们。能理解农民的知足、守成、厚道、坚毅、乐观等等宝贵品质的人越来越少，甚至包括农民的子弟们。现今豪富者常有兴建庄园之意，但做出来的中国庄园恐最多只是一种奢侈品，很难成为家园。家园丧失了人会痛苦，投资品则很难获得这种文化生命。

（五）水边的学堂

走遍了南北西东，也曾到过许多名校，静静地想一想，印象深刻的美丽校园，几乎都是水意盎然甚至水气淋漓的。且不说华东师范大学的丽娃河，东华大学的镜月湖，单看那北京大学的未名湖，水木清华的荷塘，哪一个不是名扬天下响当当！校园的水边，无论是杨柳依依，还是林荫蜿蜒，也无论是书声朗朗，还是水波涟涟，抑或是鹤发童颜，伫立如松，俊男靓女……每一幅都会令人心动！学子之于水，学校之于水与人类之于水、民居村落之于水一样，似乎有着天生的亲近关系。据《礼记·明堂位》所记，古代的学校本就伫立于水边，周时学校叫“泮宫”，学宫前的水池叫“泮池”。诗三百有《鲁颂·泮水》篇。后代学宫一直沿袭其制。明、清两朝州县考试新进生员入学宫拜谒孔子叫做“入泮”或“游泮”。看来学校的天性里本来就少不了水的。常见学校不论大小都喜依水而建，甚至有些缺水的校园也要人工挖湖，堆土成山。于是校园之内，常见湖山相依，曲桥亭榭，顿生雅趣。

牛津大学也离不开水，在牛津时没注意到人工湖，但是牛津镇上多水是一目了然的。牛津的名字里有水，牛津的声音里有水，牛津的传统里有水，牛津的记忆里又怎能没有水？！牛津河多，牛津人爱水，“五·一”早晨牛津学子争相跳河的传统以被禁止的形式被传承了下来。不仅如此，当年从牛津出逃的学子狂奔一百多公里来到的也是一块有水的宝地——康河（即剑河），于是决定在此安营扎寨，并以“剑桥”命名与牛津的水气一脉相承。剑桥的水也很有名，志摩公笔下的康河柔波不知俘获了多少读者的心！牛剑两家的大学之争也以每年一度的划船比赛演绎了一百八十多年。年轻学子的水上大战将大学之水搅拌得波涛汹涌，仪态万千。

其实教书育人与水之滋润大地濡养人类本质相同。水已经是学校生命的一部分。学校的肌理构架、个性气质中都已经浸润了浓浓的水意。老子有言“上善若水”，将水上升到了“道”的层面。孔子曰：“夫水者，君子比德焉。”强调了水与君子品格的象征关系。温州有位中学校长可谓深得“水性”，他从水的固态、液态、气态以及它们的相互转换中悟出学校文化建设的纹理。认为学校文化亦有三态：即固态的制度文化，液态的课程文化和各项活动与气态的精神文化，三态有机融合，转化形成了学校文化教书育人的正能量场。可见水给予思想家教育家的启发不可小视。

伍佑中学鸟瞰图

要说在水一方的那座学堂，我心目中排名第一的永远是我的母校——江苏省盐城市伍佑中学。记忆中的伍中校园美轮美奂、无与伦比（**如图**）！伍中并非岛屿却几乎四面环水，如果俯瞰，校园像一个不规则的希腊字母欧米伽（Ω）：西侧的坛子河可能是根据这片水的形状命名的。坛子河在伍佑镇很有名，河边的镇民都是些老街坊，喜欢到河边聊天洗衣裳。当年的坛子河水很清，夏天有不少人会到河里游泳消暑。河中有个西小岛。西小岛像副眼镜，中间连接的小路就像鼻架。眼镜的一只“镜片”上有两栋丁字形教室，另一只镜片则是一座小山，植被十分丰富。记忆中的西小岛是美丽而又有几分神秘的。夜晚时分万籁俱寂，西小岛教室里的灯光倒映在坛子河里，望去波光闪闪，让小镇的夜晚变得更加幽静和调皮；曙色微明东方既白时，小山顶上已有早行人，或许是怕吵醒坛子河，小岛上的早读一般都是轻声轻气的。西小岛的东侧有座曲桥就像曲折后的眼镜腿搭在中心校区的耳边。说起这座小桥，可能我的同学不少都还记得那曾经的特

伍佑中学

别的惊喜！坛子河里鱼儿不论大小都十分活跃，动辄跃出水面来探探岛上的动静，听它们落水时“扑通”声的大小就能猜出它们的分量。之所以有惊喜同在，是因为常常是在你过桥时，猝不及防身旁跃起一条大鱼，吓你一身冷汗！可是当你看清是条大鱼惊呼“乖乖”时你又会情不自禁地放声大笑。鱼儿跃出水面往往都是在夜晚或有雾的季节，它们或许刻意要借这一份朦胧来与这帮备考的学子们嬉戏。西小岛，我已经35年未回去！

坛子河向北，抱紧伍中校园，有一条支流朝东拐去，这是真正的“一衣带水”，大个子轻轻一纵恐能飞越过去。这条小河狭狭长长，平平静静，似乎连名字都没有，它的存在只是为了将学校与外面分开，所以，同学们平时几乎意识不到它的存在。它也确实稀松平常默默无闻，既没有坛子河的姿色，更无西小岛的神秘。这条小河的一鸣惊人是在每年高考临近，毕业在即的时候。这条河实际上是学校的鱼塘，小河的东西两头可能有看不见的网栅与外河分开，在学习最辛苦、气氛最紧张的高考季，学校会组织毕业班去捕鱼。您能想象小河里捕鱼的欢腾场面吗？那可真叫乐翻了天！小河两岸各有数人拉着丝网缓行，随着渔网渐渐收紧，年少的学子们不论男女，个个眸子炯炯，人人“虎视眈眈”。鱼儿渐见渐多，愈来愈急，耐不住性子的开始乱窜，有的窜到岸上，撞到了同学的头脸，还有直接将同学撞倒的，也有正中下怀被同学逮个正着的。此时不管是老师还是学生，不管是尖子还是后进生，更不管模考的结果如何，所有人一律放肆大笑，笑得酣畅淋漓，笑得忘乎所以。苦了拉网的同学憋得满脸通红大叫：“别笑呀，别笑呀！笑了松气！哈哈哈！”拿笊篱的同学赶紧将网中鱼虾捞到岸上，装进鱼篓里。第二天中午，毕业班的每个同学都会分到一条大鱼！高考前，青春季，脑力被掏空，身体在疯长。80年代初，毕业班的伙食一周最多也只有一顿荤，毕业前能吃到鱼实在不容易，而且是每人一条，差不多有饭盒那么大的一整条！那顿鱼的味道当然也是无与伦比的，它几乎滋养了伍中学子一辈子！这条小河唯此一举永远欢腾在了我们的记忆里，这是名副其实的“年年有余”！

小河向东南逶迤到了“Ω”的右侧也就是伍佑中学东面了，水面渐渐变宽，到东南方向时，几乎成了一个湖，像把大勺子，“勺子”中央也有个小岛即东小岛。校园东面就是著名的范公堤。范公即范仲淹，范公堤是江苏省黄海沿岸防风防海潮的堤坝，经过几度修葺加固拓宽后一度成为“204国道”。范公堤沿途风景别致，古时登堤东望，烟墩潮墩，星罗棋布，海雾飘忽，茫茫苍苍，别是一番风光。据说从前堤外有烟墩七十余座，远近相接，如有兵变匪警，即在墩上点火报警；还有潮墩103座，涨潮时，赶海人爬上潮墩避难。范公堤是我们沿海人心目中的长城！它坐看潮起潮落人难兵荒，饱经沧桑，淡定自若。同时也一直是交通要道，如今204国道改道了，范公堤上仍然热闹如常。不过范公堤的热闹却止于伍中东南的“勺子湖”（姑且这么叫），或许是水也具有吸附噪声以静制动的功能吧，伍中的东南面正是由范公堤进入古镇的要道，平日里人来车往，引车卖浆，吆喝不断。但勺湖水面宽广，夏日里荷叶田田，荷花艳艳，人车经过，瞄上一眼就会情不自禁地减速缓行，驻足拍照者也大有人在。当年与东小岛相连的一处庭院名叫“憩园”，记得那时是年轻教工的宿舍，园中树木繁茂，花香四溢，常年郁郁葱葱。校外的喧嚣，镇口的热闹到了憩园几乎被隔断。

盐城乃产盐之城，伍佑古为海滨卤盐之地，可谓历史悠久。这里汉朝就有先民从事盐、渔业生产。晋朝开始建盐场，唐时称伍佑场，明代天启年间建镇。小镇水网密布，交通便利，物产丰殷。镇上不乏大家富户，生活讲究品位追求情调。伍中1956年建校于此，这实在是一个闹中取静适宜于就读的绝佳之处！温润的水意不仅润泽了一代代伍中学子，也养成了许多伍中老师内敛宁静的个性。当年西小岛上的语文老师施卓峰就是这样一位心如明镜，性如止水的长者。学生的小聪明小调皮遇上施老师统统原形毕露，而他宁静安详的微笑则可以使任何躁动瞬间归于平静。施老师和西小岛一样神秘，据说施老师曾做过汪精卫的秘书；有人说施老师是位诗人，是书法家，曾受业于右任先生。我们所见到的施老师则是位学识渊博智慧过人的班主任兼语文老师。考上大学后我曾给施老师写过几封信，但一封回信也没有，后来便不再联系。不料工作几年后一次在菜场偶遇到了，原来施老师已到我们隔壁的商业学校工作多年。师生相见自是激动不已，尤为令我吃惊的是年近古稀的施老师竟然一眼就认出了我，而且马上说出我来自哪个乡哪个村。“哇！您怎记得这么清楚！”“学生可以忘了老师，当老师的是一定要记住学生的哟！”一出口就让我自惭形秽。“施老师您怎么一直不回信？是没收到吗？”“对不起啊，小柯玲！如果不是真有事儿，学生的信我一般都不回的。知道你们挺好的就行了！你们的精彩人生刚开始，会忙碌而又充实的，哪有空理我这糟老头子！”他总这样叫我，平淡的语调，和蔼的笑容，让人想起清风拂过的坛子河水面！

遥想中外名学堂，多在水中央。学校育人如细雨润物无声，或许师生之交也该清淡如斯。毕业后与伍中及伍中的老师们联系很少，偶闻母校业绩辉煌老师快乐安康，心中甚喜，但也只是如风吹起一阵涟漪，很快归于平静，但母校之美永在学生心中，永远那么水气淋漓！

第四章　出行民俗

行船走马，出入平安。牛津车不多，牛津人爱骑行。牛津的交通井然有序，警官温柔敦厚。英格兰是一个严肃的民族，与广场集会相比，牛津人尤爱唇枪舌剑的辩论。所以，和游山玩水的四处出游相比，牛人更喜欢凝望风景，静静守候。广场是出行枢纽，但牛人也未必爱去，牛津几处所谓的广场其实也只是几处静悄悄的空地……

（一）牛人爱骑行

骑行和划船一样，是很多牛津村居民、牛津学子喜爱的一种出行和运动方式。牛津的自行车比汽车多，当然并非牛津人不用或买不起汽车，而是因为大学城里很多路段都是限行私车的，除了观光巴士和公交。同时也与大学的规定有关。大学只为大一新生提供一年的住宿，之后就要自寻住处。本科生的住处离牛津市中心不可超过 6 英里，研究生不超过 25 英里。这个距离范围内无论去哪里都能骑车到达。牛津公交车服务系统非常齐全，但毕竟价格不便宜（6 英里内来回大概要 2.40 英镑，约合人民币

24 元）。市中心的停车位很紧张，一般学院也只能提供有限的教员停车位，所以老师中的大多数也都是选择将车停在牛津市郊的泊车点，在那里换乘公交来校。牛津街游人如织，但交通一直顺畅，骑行为主自然少见拥堵。

牛津人称骑自行车叫“赛客灵”(cycling)，发音和铃声一样清脆。更有趣的是人们说赛客灵时大多神采飞扬。可见，牛津村骑车不仅很常见而且是件比较开心的事情，所以连语言中心的两位年届花甲的女士克丽丝和安曼达都是骑行上班族。克丽丝是语言中心的总管，她待人热情，处事仗义，性格开朗，办事高效。克丽丝明眸善睐，金发齐耳，双肩背包，骑行时一副飒爽英姿！安曼达是英语口语老师，牛津毕业，在牛津任教已 38 年。安曼达兴趣广泛，爱好杂多，足迹遍布全球。课上与学生聊起爱好，第一就是“赛客灵”，满面红光地说自己每天骑车来上课。语言中心主任鲍勃同时也在现代语言中心工作，每日穿梭来往都用自行车。中文教授田海来自自行车王国荷兰，简直就是一位专业“赛客”。我曾跟田教授开玩笑说，“您是穿行于沧海桑田之间的一位牛津骑士！”还有我的英国房东的两个女儿，她们坐公交去学校非常方便，可小姐妹俩坚持每天骑车。记得一个大雪天的早晨，房东一边给两个小天使戴头盔，一边试图劝她们坐公交。小姐俩一起说，“No，我们喜欢赛客灵！”风雪中母女吻别，我看了真很担心：“雪天路滑，您还是应该劝止的！”房东笑着说：“没办法哟！她们喜欢！路滑应该还可以，好在下雪天自行车道会被优先清扫，你看，黄线上没有雪的，说明已经被人扫过了。”噢！没想到牛津人爱骑车，交通规则方面也这么呵护骑车！

但对于牛津村的自行车道，我不得不吐槽一下：在紧挨快车道的边沿，有一条十来公分宽的黄线就是所谓的自行车道了，与快车道之间毫无间隔，这就是所谓的专用骑行道，其实只不过告

倚墙靠壁的牛村自行车

诉你这里可以骑而已！英国的自行车资格很老，但有些缺陷显而易见。牛津的自行车大多没有脚撑。照理牛津人不笨，为何要省略这个小而重要的部件？骑到终点车们不是倚墙靠壁就是席地而卧（**如图**）。不过牛津人的行车安全意识很强，除了骑行有专线，车灯、车铃、安全帽都是路上必备的。而且，牛津人钻研精神也表现在骑行中，靠近露天市场旁边是牛津骑行协会，定期活动雷打不动，每次讨论都有主题有难题，关于部件的、修理的、骑技的、文化的等等，牛津人以学术研究的态度对待骑行。我甚至觉得牛津村牛人辈出，这或许与他们喜欢骑行有关。

骑行，不仅是一种出行方式，也是一种生活方式。骑行方式甚至会影响到人的思维方式。自行车速度虽没有汽车那么快，但该行该止同样需要掌控有度。车轱辘转啊转，拖出往事一串串。我读高中的学校有一辆“公车”就是自行车——司务长每天骑着它去采购伙食。放学了吃好晚饭天还很亮，晚自修铃声未响，为数不多的住校生无所事事，就缠着司务长让他教学车。骑自行车不难，难的是上下车。只要你的腿够长，上去就能骑车，不够长也没有关系，可以“别大杠”——就是一只脚从大杠下面伸过去踩脚踏。司务长是个大光头，眼睛特别大，脾气特别坏，但人不坏。他骂骂咧咧地将我们这些“细杀头的”扶上车，推着我们走几步就松手不管了。歪歪扭扭，抖抖豁豁中沿着操场拼命踩脚踏，一圈又一圈，直到司务长大吼，“好了，死下来啊！也让旁人骑骑！”司务长不会讲解动作要领，全靠自己摸索。上车容易下车难，下不来只好又骑一圈，但禁不住司务长的大吼大骂，最后只好横下心来，眼睛一闭，纵身跳车。结果人摔倒在地上车还要向前跑一段才倒地。下一位同学已经摩拳擦掌受惊若宠地待命了。司务长对摔倒者不屑一顾，气咻咻地去扶起他的坐骑，站到车头前，两腿将前轮一夹，倒抓车把，乜斜双眼，双手用力一扳，边骂道：“倒头车子就被你们这帮细杀头的糟蹋死了！快死上来啊！”就这样痛并快乐着学会了骑车，骑上单车，风驰电掣长驱直入的爽快感至今难忘！

说实在的，至今还十分感激司务长。毕业时我们到食堂去找过他，司务长正忙，只背对着我们挥挥手，大声道：“走吧走吧！快滚！没工夫睬你们！烦死了！”在自行车稀缺的年代我们能学会骑车实属不易！而且“乡村骑士”骑技更高一筹，因为乡间泥路骑行的难度系数要比宽敞平整的柏油马路高很多！且说两点——

一是“蹦缺子”，老家苏北大平原，农田星罗棋布，土路颠簸不平就算了，更有阡陌交通，路上缺口很多。“缺口”是水放进放出的地方，老家称“缺子”，尤其到插秧季，缺子有专人负责。缺子有大有小，大缺子会有一尺来宽，上面有时会搭一两块小木板，相当于一座微型桥；小缺子宽度往往在 20 公分左右。蹦大缺子，得对准小木板，毫不犹豫地冲过去，略有偏差就会马失前蹄掉进缺子；过小缺子更要全神贯注，凌空时必须抬起臀部，提起龙头，从缺子上“蹦”过去。如果不抬屁股就会被颠得生疼；

如果不提龙头前轮就有可能卡在缺子上；如果被卡的同时你又一脚踩进了缺子，同样也会人仰马翻，别小瞧这小小缺口！蹦缺子需要沉着冷静的心理素质，要有藐视困难的气势，要有迅雷不及掩耳的速度，更要有克服困难的技术，缺任何一样都难以完成。

二是“冲桥”。老家位于里下河地区，河网密布，沟渠繁多。以至于三四岁时父母就要把我们扔进河里学游水。老家有多少桥？估计难以数计，我曾经统计过一次，从以前的工作单位到父母家，全程大约 13 公里，总共 19 座桥。“桥”有很多形式，有绳桥有木桥有水泥桥，过拱桥难度系数太低姑且不论。绳和板都有一根、两根，一块、两块之分。绳桥自行车无法过去的。一根绳过河双手抓绳，双腿盘绳，然后双手向前挪。一上一下的两根绳手脚都有了着落，过河就容易得多了，弟弟妹妹们当年有一段时间上下学就是这样每天往返四趟。最酷的是我们的邻居长辈，他们可以扛车过桥，也可以挑着一百多斤粮食过绳桥——面向对岸，凝神定气，然后一手抓绳子，一手扶扁担，双脚踩绳，脚掌与绳子同向，一步一步脚踏实绳。围观者都屏住呼吸直到他们平稳上岸。自行车要挑战的是板桥。一块板的木桥不仅很窄，木板有时还上下震荡，所以，过这种小桥我一般都是老老实实，下车推行。问题是有些木板的宽度不够你和自行车并行，这时就要将车扛在肩上过桥。扛车过桥跟女生挎包的动作差不多，其实不难的，只是需要一把力气：将大杠扛在肩上，一手抓车把，保持方向，一手握斜杠，三个点着力将车固定在空中就可以过桥了。有小毛头力气不够，路过的大人看到了也会主动帮忙扛一下。两块板的桥面宽至少有 70 公分，车行轨迹不过是一条线而已，一块板足矣。技高者一条直线过桥，次者小波浪蛇形，只要“蛇”不进入中间的缝隙（那样会被卡），骑车过桥还是比较容易的。因此，骑车过桥的轨迹其实也是一段心理曲线：需要一鼓作气，镇定者过桥，保持直行。小河过桥容易，屏住呼吸几秒钟就冲过去了。难的是大河过桥，长桥卧波，行人之间难免有“路上不遇桥上遇”的时刻，腿长者会在中途停下交会，一脚撑地，过后再骑；苦的是腿短者从看见对面有人就开始车走蛇形了，勉勉强强与来人擦肩而过，一路慌不择路仓皇前行，抵达实地才敢放松口气。

若保险起见，所有的桥都应该推车而行，所有的缺子也可以下来搬过去，但人们尤其是年轻人偏偏喜欢冒险骑行。反思一下，秀车技的可能性不大，因为几乎没有观众。原因恐怕有四：一是速度的魅力，二是掌控的快感，三是喜欢冒险，挑战自己，四是提升车技，发展自己。过桥和蹦缺子是农村骑行人难得的练车机会。会蹦缺子敢冲桥，天下道路奈我何！记得上高中开学时父亲去送我，坐在后座上手里还能拿本小人书看看。坐垫是母亲亲手缝的，又厚又软特抗震。父亲车技绝对没话说，但您难以想象我家最早的那辆自行车是没有刹车没有挡泥板的二手货。父亲要用右脚伸到前叉头与车轮之间将车刹住，但父亲的“脚刹”比任何刹车都精准而又温和，龙头更是压得稳稳。冲桥或蹦缺子时，只轻声提醒我：“宝宝抓紧不动啊！”然后，还没有感觉到，便已经顺利通过。就是这样，父亲一路骑行，依次将我们四人送出小村，送上中学甚至送入大学。

（二）温柔的警察与警卫

普通的良民百姓与警察之间交集很少，除非犯了事儿。作为一个国外的匆匆过客，对英国警察的直接印象几乎皆来自远观。经验中的警察都是硬邦邦的执法人员，与理或有关联，与情则似乎挨不着边儿，但即便是远观，大英的警察也让我开了眼界。

牛津的警察有点像商店里的营业员。刚到牛津时去警署注册，那次算是与警察一次近距离接触。牛村警署有一圈柜台，比商场的略高，伏在上面写字挺舒服。说明来意后，我交了注册费，“柜台里”递来几张表格，填好交掉便完事儿。依稀记得接待的是一位女警，她和其他牛津村人一样，笑容很灿烂，说话声很轻，态度很温和。她的模样已经忘了，只有那笑容一直留在记忆中。

白金汉宫的警卫则像是演员。英国的白金汉宫大概像我们的天安门，备受世人瞩目，凡来英国的人无一例外要到那里去观光游览。白金汉宫确实值得一看，异域风韵，别有情趣。这里的警察都是皇家卫士，每天上午十一点半至十二点都会举行换岗仪式，在军乐和口令声中，作各种队列表演，并举枪互致敬礼，一派王室气象，每天都吸引许多路人和游客围观。白金汉警卫换岗有点儿类似我们天安门广场的升旗仪式。但英国军人的服装和行进举止却与我们截然不同，我们的国旗卫队帅哥个头一般高矮，身材笔挺齐刷刷的，个个英姿飒爽，威风凛凛，令人赏心悦目，肃然起敬。白金汉的警卫则各有特征，形如常人。而且英国军人走路胳膊摆动也和我们不一样，怎么看都觉得有点儿别扭。皇家警卫们都身着大红色的服装，头顶一个黑色圆桶状毛茸茸的高帽子。帽子几乎盖住了半边脸，甚至连眼睛也被遮住了，有点像戏剧里的小丑，有几分滑稽。观看英国皇家护卫队的阅兵换岗仪式，很吸引人，别有一番情调。不过，我每次观看都有些心不在焉，总替那些警卫担心：一是担心那个高大的帽子是否会压坏他们的颈椎；二是担心毛茸茸的帽子会干扰视线，若遇突发状况这些警卫是否顶用。但又觉得这只不过是一场传统表演罢了，这些警卫的主要职责恐主要是为了向世人展示英国的皇室文化而不在安保。不过，2017 年 1 月 5 日凤凰资讯的一则新闻却修正了我的看法——

英国女王凌晨3点花园遛弯　险遭皇家警卫枪击[1]

据英国《镜报》1月4日报道，英国《泰晤士报》日前曝光称，几年前，英国女王伊丽莎白二世曾经因为凌晨3点在白金汉宫的花园遛弯，险些被皇家警卫枪击。

据悉，此前，英国女王一直睡眠不好。每当她无法入睡时，就喜欢穿上大衣，到花园中遛弯。有一次，因为已是凌晨3点，一位值守的警卫便以为是外人潜入了白金汉宫，遂高喊道"你是谁！"

当这位警卫认出是女王时，大感惭愧，并向女王道歉称："天哪，我的女王，我差点就向您开枪了。"（Bloody hell, Your Majesty. I nearly shot you.）

据一位知情人透露，女王当时只是淡淡的回复"没关系"，并表示以后再有类似情况，会提前打电话通知值班人员。

据报道，现在女王已经很少再在深夜露面了。

类似事件并非第一次发生。在2013年，安德鲁王子也曾在走入白金汉宫花园时遭到武装警卫拦截。所幸的是，警卫没有掏出武器，并且随后向王子表示了歉意。

可见皇家警察并不仅仅是演员，而且也是真正的忠于职守的兵士。

真正"入戏"的警察是在莎翁故居见到的那一位。关于莎士比亚纪念日莎翁故里的活动盛况，曾有文写过。那天斯特拉福德小镇热闹非凡：游行队伍不见首尾，各色人等熙熙攘攘，当然，少不了维持秩序的警察。游客们立于上街沿，踮起脚尖伸长脖子

---

① 《英国女王凌晨3点花园遛弯险遭皇家警卫枪击》，新浪新闻，国际在线http://news.sina.com.cn/w/zx/2017-01-05/doc-ifxzizus3758810.shtml 2017年01月05日09:31。

看表演看游行，往往情不自禁就随着人潮涌动，挤向干道中央。三步一岗五步一哨的警察排成人墙引导客流，疏散拥挤。当莎翁戏剧里的人物方阵通过时，粉丝们欢呼尖叫，人流阵阵汹涌。一个小个子警察突然转身，面对观众，表情极为丰富，双手立掌作向前推动状，提醒大家后退。他一边打手势一边说："谢谢谢谢！我们都对莎士比亚无比敬爱，我也是他的忠实粉丝（顺手指向莎剧男主角），但我们要保持秩序。没有办法，人太多了！啊，我们太爱莎翁了！谢谢谢谢，你们很棒！哎哟哟，那边又鼓进来了——"他就这样不停地跑来跑去，按捺不住的人流像个弹簧，这边进去那边出来，警察忙得满头大汗，不过，他的笑容始终生动而丰富。恍惚间甚至觉得他或许就是莎士比亚戏剧中的角色，我几乎分不清戏里戏外了！

在英期间，唯一一次看到的威严不可侵犯的英国警察是在牛津的"五·一"（即 MAY MORNING）节庆活动中。为了阻止狂欢的学子们在庆祝 MAY MORNING 时跳河，导致伤病，莫德林桥上早早树起了"NO ACCESS"的禁令牌（**如图**）。但仅此还

may morning 警示牌

不够，当日桥头又增派警力严防死守。果然，圣歌唱毕，仍不断有倔强的能言善辩的男生前来与警察软磨硬泡，想借机跳入河中，但那天的警察始终软硬不吃，铁面无情，除了说"NO"一言不发。尽管五月的牛津村，依然朔气袭人，警察的冷硬有些让人扫兴，但被拦截下来的人没有忘记对他们恨恨地说声"谢谢"，结果"MAY MORNING 跳河的传统以被明令禁止的形式而得以延续"，人世间爱恨相伴，有无相生的趣事确实时时可见。

称得上"英国奇葩"的警察被我们奇葩的同胞遇到了！这位同胞到牛津不久发现那里的汽车比国内便宜多了，决定买一辆开开。车要到伦敦去提，距牛津九十多公里。该同胞虽有国内的驾照，却并不太熟悉英国的交规。首先我们都靠右开车而英国则是靠左行驶，这一个不同就足以让很多人发懵。未料该同胞神勇无比，稍作沉吟，提了车就上路直奔牛津，一路横冲直撞，左躲右闪，险象环生。结果刚一停稳就看到一辆警车接踵而至，同胞吓傻了眼。更让他傻眼的是，得知这辆警车从伦敦就开始跟踪了。警察们发现他有肇事苗头，但又担心警笛响起惊扰他开车而酿成车祸，所以一路小心谨慎，亦步亦趋，尾随了九十多公里来到牛津。同胞用急急巴巴的英语实说自己初到英国，不太熟悉交规，但买了车又不得不开回来，请求原谅，说他在中国一向遵章守法，希望不要处罚。大大出乎同胞意外的是警察一边认真听取他的陈述，一边认真做笔录，听完后温和地批评他这样驾车存在的巨大危险，提醒以后注意外。竟然仅此而已！真的没有罚他。警车又调回车头从牛津开回伦敦去了。同胞回国每议及此事便大笑不已，他对英国警察的总结只有两个字——可爱！

同胞的评价当然是发自内心的。警察能让百姓觉得其"可爱"，首先是他对百姓用情了。他爱百姓，于是会产生一种自然的反作用力——老百姓也爱他。今年春运的高速上拥堵异常，快到南通时被人追尾，警察前来处理，肇事者态度诚恳，主动承担全责，但在登记交强险保单号时，警察发现我们随车带了标志而未张贴于前窗玻璃，于是马上严正指出："未按规定张贴，扣1分，罚款50元！15天内必须到江苏境内的江苏银行、农业银行或邮政储蓄所交罚款，逾期后果自负！"我们一再认错："对不起！我知错即改，马上贴上，别扣分！行不？我可是一直循规蹈矩的模范司机啊！""不行"！肇事车的副驾驶女郎则请求扣她的分，因为保险是她买的，是她忘了贴，她也是该车驾驶员之一。警察仍然只有两个字"不行"！天已黑，交涉良久无果。更无奈的是身上又无上述指定的银行卡，只好在南通住一晚，第二天去银行交了罚款恨恨地回沪！而同样的事发生在朋友圈中不止一位好友身上，其中数东华大学的一位同事表现得颇为机智，分享一则他发在朋友圈的微信——

> 警察执法，当然是好的，但是年底了，选择性找罚款就不对了。下午进花桥卡口，被拦下，我说我没有任何违章，为啥拦我；彼冷笑，三标呢？为啥不贴？遂扣我证让我去窗口处理。窗口警察说要罚款就要开单，我说我随车携带了三标，意识到自己错了并愿意马上张贴，按规定批评教育即可。警察冷笑，谁规定的？我说规定你们应该比我更懂。警察继续想开单，我顿时拉下脸来：请记录我愿意接受教育马上张贴的原话，然后随你处理吧！警察看我一眼，算了，这次教育为主。录以备忘，无他，希望执法规范。当然，自己也要引以为戒。

我们一直提倡构建和谐社会，和谐社会首先要有个和谐的人际关系。牙齿碰舌头，发生冲突在所难免，但若大家都实事求是，通情达理，即便有冲突也会很快归于和谐。那位神勇同胞遇到了两位可爱的英国警察之后，开车一直遵纪守法，直到回国。

我们的警民、医患、家校等等关系，动辄出现种种失谐状况。虽说法不容情，但法也不能绝情。而且从根本上看，法律本来就拥有一个高大上的情怀：保护弱者，实现社会公正的。有位资深警官的话令人深省——警察为善则善无不至，警察为恶则罪恶滔天！作为执法者的警察执法的目的就是让人们懂得约束，依法做事。目的达到了，仍要加以处罚，不仅伤感情，而且会让人怀疑执法者的目的。

（三）守望的风景

为何总有人对风景视而不见？又为何总有人会触景生情？是前者太不解风情？还是后者易自作多情？这是我在牛津面对空旷的蓝天白云，寂寥的芳甸草地，静穆的园林建筑时常常生出的疑问。在整个英国除了著名的风景点，更多的风景大都只是一个存在，缺少驻足凝眸的看客，更无随手抓拍的游人，似乎只有风与景自在自娱自赏自乐，缺少人气，缺乏活力。即便是基督教学院，游客至此大多也是为了看一看电影《哈利·波特》中的一些室内镜头，而学院门前宽广的草地，多数时候只有虫儿在低吟，牛儿在反刍，难见有人来领略这田园牧歌的情调。

其实，风景与人是相依相存的：风景总是人眼中的风景，人也是特定风景中的人。不过风景往往只是客人眼中的风景，说得更准确一点，风景大多只是游人眼中或文人眼中的风景。那次去麦琪家做客，慢行的火车，窗外是一望无际的油菜地。油菜花竞放开，满目金黄，宛如一张巨型的金色地毯（**如图**），铺天盖地实在壮观！可却看不到一个游人（火车上的乘客除外），更没有长枪短炮的照相机聚焦（或许除了我，我也只抢拍了几团模糊的黄

寂寞的油菜花

色）。英国人口太少了，这块油菜园要是出现在我中华大地，不知要吸引多少眼球和相机镜头呢！回忆起沪上的一则“地铁三号线旁惊现油菜花”的新闻，发现原来是一处闲置的厂房，有人别出心裁地撒了点油菜籽，结果遍地开花。消息一出，游客纷至沓来，几乎导致了三号线异常的客流高峰。看到英国的油菜花美景竟然无人识得，不禁有几分惋惜！我问麦琪：“你去看过油菜花吗？”麦琪不解：“为什么要看油菜花呢？那不是花！”又问：“你不觉得油菜花很好看吗？”麦琪大笑：“油菜地有啥可看的！到了收获时人们就会将其割掉，再说菜籽油又不是什么好油，我们不吃的！”

是哦，油菜花有什么可看的！作为农民的后代看到大批城里人涌向油菜地时我也曾有过一样的疑问甚至不屑。油菜首先是一种经济作物。油菜的菜籽固然可以榨油，但其年轻时叶、茎皆不宜食用所以还不如青菜受欢迎，其观赏价值是被无缘或无暇亲近农田的城里人发现的。不过英国人本身对青菜也不感兴趣的，英国人口稀少且基本都城市化了，出现风景独在无人眷顾的现象也就不足为怪了。再者，英国人偏于理性，即便面对风景昂首阔步无动于衷者也大有人在，不似咱炎黄子孙善于触景生情。当然，完全理性或完全感性的民族是没有的，人与自然的关系，实在难用单一视角去考量。中国同胞足迹遍及全球，但我们不能由此推导咱中华民族就是世上最有情怀最懂审美的民族。

不过最近几年，国内的油菜花确确实实吸引了太多游人的目光。这也算是一种城乡亲近吧。感觉敏锐者乘势而为，索性搞起了“油菜花节”，从油菜田的种植规划开始就设计好适合游览观光的路径，结果果然轰动，果然效益丰厚。岂止于此，油菜花节之前我们就有了桃花节、梅花节、樱花节、槐花节等等，之后我们或许还会有杨花节、柳絮节、甚至棉花节等等也未可知。英国是否会如此就不得而知了，感觉英国人似乎是不怎么跟风的。

人与风景的关系从属于人与自然大类。但细分一下大致有三种境界的不同——

一是认为风景是人类改造自然的结果，没有人即没有风景。如“人创造了第二自然”，语出茅盾先生的散文《风景谈》，当年曾是中学语文教材中的篇目。文章共描写了六个画面，表面在写风景，用意却在颂人。作者明确指出：自然本身是单调平板的，“加上了人的活动，就完全改观”，“自然是伟大的，然而人类更伟大”。“人类的高贵精神的辐射，填补了自然界的贫乏，增添了景色，形式的和内容的。人创造了第二自然！”作者一再强调，“在这里，蓝天明月，秃顶的山，单调的黄土，浅濑的水，似乎都是最恰当不过的背景，无可更换。自然是伟大的，人类是伟大的，然而充满了崇高精神的人类的活动，乃是伟大中之尤其伟大者”！

如果我们只是平实地解读茅盾先生的笔下的风景，会发现茅盾先生的观点也正是相当长一段时间内大多数国人的认识：风景是人类活动的对象化，是人改造自然的结果，所以，人是自然的主宰，人被称为“造物主”。正因为有了这样的观念，大多国人在欣赏名山大川时极易生出豪情壮志或者有“到此一游”的自豪。我们爬上了长城，因为“不到长城非好汉”！我们登上了泰山，因为“登泰山而小天下！”甚至有人不惜冒着被曝光被罚款的危险也要在一些地方留下“某某到此一游”的印迹。而在与风景合影时不自觉地竖起剪刀手，是一种征服自然的主人公精神的写照，人之于自然的伟大和了不起溢于言表。

第二种认为是人类精神的投射才有了风景，是“以我观物，故物皆著我之色彩”。亦即物本是物，因为有某种情方有了眼中的风景。此语出自王国维先生的《人间词话》。《人间词话》不仅仅是一部诗学著作，更是一部难得的将人生况味与审美心理活动融为一体的人生词话。虽然，这同样强调了人的主体性，但这里的主体并非改造自然创造风景的主体，而更多是融情入景，在欣赏或注目中实现移情悦目、释放自我、实现自我的审美主体。但“我之色彩”意味十分深长。除了人之常情，人的文化身份、教育背景、性格特征等等也构成了人的色彩。这些在人们观物时造成情不自禁。如同学生心目中的校园风景。印象中一般师范大学的校园风景总是比较美的，教书育人、星火传递的场所，风景更富人文气息。细想起来，母校无论是南京师范大学还是华东师范大学，印刻在记忆中的风景都是那几条郁郁葱葱的林荫道：干道上梧桐树厚朴敦实，枝叶扶疏华盖交错，总给人一种被呵护的心定神安；支路上水杉树高大笔挺，整齐划一渺远悠长，给人一种被引领的心驰神往。树木与树人交相辉映，师范大学的风景铸就了它在很多学子心中的印象。当然，校园风景也不尽相同。牛津大学城的风景似乎不在树木，而在于学院中的大小教堂，在于窗格上的彩色玻璃，宗教信仰的力量是主宰牛津人学术追求的动力，当然每个学院的路边墙脚及窗台上绽放的四季鲜花同样精美。

俯瞰或仰望其实都是一种寄托。呼朋引伴出游，阅遍人间美景是当今许多同胞的一大追求。无论是国内还是国外，著名景点几乎都有咱中国同胞的身影，同胞对景观“色彩”的感受因人而异不得而知。对异国他乡风景的惊呼和诧异恐怕也与我们身边的环境恶化、生态破坏严重有关。头顶蓝天白云，脚踏葱茏大地的时候，我们就不会对国外的蓝天绿地大呼小叫。想当初，仁者爱山，智者乐水，随遇而安，怡然自得。到后来，生活变好了，自然成为人类的对象，人类的情感却似乎无处寄托，国内近年开发了许多 A 级景区，但大多为人化的自然，似乎满足不了人们的需求。然而，作为游客一要有闲功夫二要有闲钱，更要有闲情。久居于海边的老农往往无法理解一波又一波蜂拥而至的游客对着空无一物的碧海蓝天欢呼雀跃、长吁短叹，他觉得唯一有看头的是门前那一块小菜畦。老农缺少的恐怕是闲钱和闲情，所以在他眼中海景并非风景。所以，看风景不仅要拉开距离，还要远离功利。

其三是一种物我和谐相处、两情相悦的境界，既无过多寄托也不过多干预，即如“相看两不厌，只有敬亭山”。诗句出自大诗人李白。人说这诗中的敬亭山已不再是观赏的对象，而是自己相看“不厌”的密友。使用“只有”二字，说明李白把敬亭山当成自己在世间的唯一知己，既可见山之无比灵秀，令人领略不尽，也可见诗人世无知音的孤独幽愤。我则以为诗人与敬亭山既是相悦也是相守：我们可以看孤鸟高飞闲云独去，世上风景风情万种，但人终究不过是一个匆匆过客。风物长宜放眼量，那就做一个沉静的过客吧。这种看似无为的相守，其实也是一种人与自然的互敬互爱。或许只有让风景随其自然，人类也才能处之泰然。英国很多“闲置”的风景有似人与自然一同休养生息，这是英国经历了工业革命，经历了对自然的敬畏、征服之后的一种选择。而许多历史遗迹虽然原本不是自然，但它与自然一样，最终也将是后人眼中的一道“风景”。正如古老的牛津虽然一直是大学，但如今也成为八方游客眼中的风景，当然，访客中也少不了中国同胞的身影。而在牛津人自己眼中，这风景本是他们“牛村”生活的一部分，这一点恐与渔翁对于大海，农民对于麦浪，菜农对于油菜花，山民对于森林的感觉无异。未必人人要懂审美，但须学会静守。

不要小觑这种和谐静处的作用。静极生慧，道家的天人合一、道法自然，儒家的天人相分、仁爱万物，佛教的众生平等、慈悲为怀等等伟大哲学智慧似乎都离不开人类对自然、对风景的沉思。

（四）牛津无广场

温迪有次跟我抱怨起她的八旬老母：“从南京到英国来探亲，早起竟然跑到考文垂街头跳起了广场舞，你说好笑不好笑？！真是无语！”“好笑什么！”我笑道，“国内街头跳广场舞司空见惯，老太太四海为家，来英伦看女儿也没必要改变自己的生活习惯吧”！温迪说老母不远万里自带道具，独自一人在英国街头手舞足蹈自娱自乐了几天，终因无人响应而主动鸣金去周游欧洲了。我同情道：“广场舞是集体舞，我也跳的，刚到牛津村时还坚持了几天。”“你？！跳广场舞？”温迪瞪大了眼睛。“怎么啦？这是我最喜欢的一种健身方式，美感、健康、开心！”我眉飞色舞地给她描述我的广场心得。听后，温迪突然低声道：“好吧，如果我在国内，一定也会跳的！”言罢两人相视大笑。

好像是在21世纪零零年代末，家旁边曹杨影城前的广场上突然出现一群跳舞的人。熟悉的老歌、灿烂的笑容，引得行人驻足旁观，流连忘返。那笑容如同发自内心的阳光，即便是夜晚也仍不失灿烂。我跟先生开玩笑说：“哎哟！我恐怕早晚会成为她们中的一员，最迟等到退休！”先生看我眼馋的样子怂恿道：“凡事趁早，别等啊！”他这随口一允将我推上了广场却将他自己宅在了家中！

广场舞飞速流行，不久小区旁地铁口的一小块空地上，有几位邻居也开始拉队伍，于是我积极报名，自此正式成为一名光荣的广场舞“大妈”。那应该是2011年国庆前后，记得跳的第一支舞曲是《今天是你的生日，我的祖国》。2012年秋到牛津时，我已经会跳二十多支曲子了。出国前我就把所有舞曲导入了手机，到牛津安顿好，就到周边考察，发现基督教学院草甸东北角的林荫道，特别安静，于是怀揣手机，戴着耳机，踩着一地落叶翩翩起舞，自我感觉超赞！也不时有一些晨跑者从我身旁飘过，总是带几分笑意看我一眼，当然，没有人驻足围观更没有人有意向加入。集体舞变成独舞会立马变得索然无味，坚持了一周后，我只好主动收兵改成跑步。

热爱广场舞，因为它不仅是一种生活文化形式，也是一种文艺样式。广场舞中的庄谐妙趣，广场舞者的酸甜苦辣，且容日后慢慢与您分享，这里只说城市居民的出行枢纽，广场舞的滋生空间——广场。

在牛津时没有发现广场，牛津只有宽街和高街。今查阅资料方知有个波恩广场，2008年建成的，面积很小，据说设计颇具匠心。看了照片才发现自己经过那儿很多趟，却并未意识到那是个“广场”！不过据说设计者正是要有意模糊广场和牛津街区之间的界限。其实，牛津是一个非常特别的地方，悠久的大学城历史使它有着强烈的身份属性。学校已为师生员工提供了不少开放空间，故而看起来牛村的市民公共空间甚为狭小，稍大一点的公共空间要数那个露台市场了。但市场终究是生意人的主场，广场则主要是休闲娱乐或者举行公众活动的文化空间；市场上多为来去匆匆的过客，广场则通常是本地人的主场。广场不只是某地一块相对空旷的人员密集的物理活动空间，其实还是当地民众心中的一个具有亲近感的心理空间。物理学意义上的广场一般指城市中的一片相对空旷、宽广的场地。城市管理中的广场是城市规划布局的重点之一，常常是城市道路的枢纽，通常是大量人流、车流集散的场所，是城市中人们进行政治、经济、文化等社会活动或交通活动的空间。虽然关注到了广场的精神元素，但相比巴赫金还是含蓄了一些。巴氏认为广场上“集中了一切非官方的东西，在充满官方秩序和官方意识形态的世界中仿佛享有‘治外法权’的权力，它总是为‘老百姓’所有的”。[①] 指明了广场本质上是一个隶属于平民的公共空间，强化了广场的平民政治色彩。

广场的存在是社会文化生态平衡的一种需要。如果说广场文化主要由基层平民文化构成，那么从文化配置或文化生态平衡的角度去考察，我们就会发现，广场周边必定有经典文化或庙堂文化形态与其对举。著名的广场四周一般都耸立着一些重要建筑，如皇家建筑、政府机构或教堂钟楼等等。这种文化生态的配置反映了官与民、雅与俗，庙堂与江湖之间的某种相反相成的需要。天安门广场乃国人之向往，每日清晨的升旗仪式都会吸引成千上万的观众。天安门广场上发生的故事，件件桩桩国人大都耳熟能详，“老北京”更是如数家珍。与天安门连成一体的故宫正是昔日皇家宫殿自不必说，广场周围的人民大会堂、人民英雄纪念碑、中国革命和军事博物馆、毛主席纪念堂等建筑在国人心中的地位同样至高无上。世界十大著名广场中，这种生态平衡也是

① 《巴赫金全集》第一卷，河北教育出版社 1998 年版，第 8 页。

随处可见。许多广场与殿堂或紧邻或相视，给人以“相依为命”的感觉。俄罗斯莫斯科红场西侧是克里姆林宫，北面为国立历史博物馆，东侧为百货大楼，南部为瓦西里布拉仁教堂。德国法兰克福罗马广场西侧是市政厅，里面的皇帝殿是许多罗马皇帝加冕的地方，往东200米外是该市的发源地法兰克福大教堂。意大利米兰杜莫广场的旧名即叫“市政广场”，东南角是米兰旧宫，右侧是著名的海神喷泉，广场上的杜莫主教堂是米兰最大的哥特式天主教堂。许多广场的出现也是官府行政的需要和结果，这样的时空结构既是宫廷政治对接地气的通道，有时也是社会矛盾的缓冲带。多少年来，广场与周边建筑之间在争辩、在对话、在捧场、在拆台、抑或在较劲，或许只有顶上的蓝天知晓。

广场更是一个有所象征的城市文化空间。象征丰富了广场的内涵，甚至成为广场立世的根本，成名的法宝。说到象征，不得不说一下我们的星海广场，它是亚洲最大的城市广场，也是一个具有多重象征意味的广场。其设计与建设的诸多方面均充分体现了中华民族传统文化与现代文明的巧妙结合：广场内圆直径199.9米，寓意公元1999年大连市建市100周年；外圆直径239.9米，指2399年时大连将迎来建市500周年；矗立在广场中央的全国最大的汉白玉华表，高19.97米，直径1.997米，以此纪念香港回归祖国；华表底座饰面雕有8条龙，柱身雕有1条巨龙，意指中国古有九州，华夏儿女都是龙的传人；广场中心部分借鉴北京天坛圜丘的设计理念，由999块大理石铺装而成，红色大理石的外围饰以黄色大五角星，有星有海，是“星海湾”的象征，红黄两色更象征着炎黄子孙；大理石面分别雕刻着天干地支、二十四节气、十二生肖等图案，还雕有9只造型各异的鼎，每只鼎上各有一个魏碑体的大字，共同组成“中华民族大团结万岁”；广场周边的5盏大型宫灯，高12.34米，由汉白玉柱托起，光华璀璨，与华表交相辉映。星海广场诸多元素皆为中华文化的浓缩和提炼。其实，有时一个广场只有一个象征也挺好的，象征多了有时易于使人迷失。法国巴黎协和广场是在18世纪由当时的法国国王路易十五下令营建的，广场呈八角形，中央矗立着埃及方尖碑，四周有八座雕像，象征着法国的八大城市。美国纽约的时代广场位于美国纽约市曼哈顿区第42大街、弗洛德街跟第7路交叉的三角地带，称其为“时代广场”是从1904年纽约时代杂志的本社在这里演出开始的。时代广场有一个很形象的别名——“世界的十字路口”，比较生动地反映了美国文化的非传统、平民化特征，在一定程度上也契合了当今世界一部分人在文化方面迷茫的状况。

广场文化还是不同城市个性的一种展示。世界上著名广场有很多主题，诸如历史主题、文化主题、艺术主题、休闲主题、自然主题等等，其实也都是某个城市的一种个性展示。世界十大广场给我们留下了深刻的印象，也有一些广场未在“十大”之列，但同样也特征鲜明令人过目难忘。法国里昂市的白莱果广场不仅是里昂的一个大型广场，也是欧洲最大的净地广场。与众不同的是白苹果广场地面都是由红土铺成的，广场中间唯一的装饰是路易十四骑马雕像，其余是一片光秃秃，没有任何绿地、树木或障碍物。初听人说这个广场是专供罢工用的以为是黑色幽默，后来读到一篇游记中说法国“罢工原来也是可以轻松愉快甚至可以演变为狂欢的”时，仍然将信将疑，可再后来不止一位法国留学生笑着跟我说，“老师，是真的！罢工是里昂人甚至法国人的爱好！”爱好当然可以展示，艺术品就更毋庸赘言了。欧洲不少广场艺术个性鲜明无需赘述。意大利那些广场上的雕塑，西班牙广场上铜像都依稀可见当年文艺复兴思潮的烙印。

蓝天下的广场已是客观存在，当然，相比于庙堂宫殿，广场终究是平民的出行与活动空间，广场艺术本质上也是平民化了的艺术。因而，我还是喜欢巴赫金的那段话："在集市和广场上，社会等级与其相连的一切恐惧、敬畏、虔诚，以及人类不平等的种种条规和礼仪均被抛掷脑后。无礼的游戏、讽刺笑剧和俚俗妙语，讽刺性地模拟着达官贵人的高雅语言。"广场，大多同时为交通要道，广场文化的盛行，广场舞的勃兴，是特定时代精神的反映，至于您是愿意走马看花不屑一顾，或者驻足静观仔细玩味，抑或走进广场融入其中，当然既是一种文化选择也是一种文化态度。

第五章　人生民俗

因为信仰的不同、也因为国体的不同，牛津村的人生民俗与我们有着本质的差异。不过中西人生轨迹大同小异，牛津人的人生节点却是大致相同，譬如生育、教养、教育、成家以及离世，重要的节点大同小异，但每一个人生阶段却又有着大不同的人生文化内涵。放眼望去，有惊异，也有惊艳，有惊叹，也有惊喜，甚至还有惊悚……

（一）计划与生育

在牛津期间应邀去英国家庭作客过两次。一次是去克里斯家，一次是去麦琪家。一个是小家庭，一个是老家庭。

能去克里斯家作客很意外。我是在共富新村的晚间免费英语课堂上认识克里斯的。免费英语课的老师们都是志愿者，他们或是在职教师或是社会人员抑或是牛津在校生。克里斯在A班当助教，他身高一米九十几，扎着个马尾辫，一副嬉皮士样儿。不过，人不可貌相，海水不可斗量，克里斯当助教非常认真。在围成一圈的学桌中间他常常长跪在地（当然即使跪着也常常比坐着的学员高），挨个儿伏案辅导学员，纠正发音，指出语病，表现得特有耐心。在这个随意的课堂上我胆子渐大，讲话渐多。记得有一次大家聊"你在牛津最想干什么?"我随口说道："我最想了解英国普通人家的日常生活，很想住进一个英国家庭。"本来这只是一次口语表达练习，没想到这两个脱口而出的心愿竟然都实现了，而第一个帮我实现心愿的就是克里斯。

某天下课后克里斯径直向我走来，我甚至感到有点儿紧张。没想到他很有风度地对我一欠身说："凯瑟琳，我知道您想看英国人的生活，我和妻子商量好了，邀请您去我家作客。请给我邮箱，我们给您发电子邮件。""哇！太好了！"真是喜出望外，我也很受感动。这个看上去人高马大的小伙子竟如此心细！

几天后我接到了克里斯和他太太的正式邀请信，约我下周日去他家共进午餐，信中给我了地址以及从共富新村前往他家的谷歌地图的截图，并表示如果我愿意可以带上朋友一起去，他全家非常欢迎。他"全家"五口人，克里斯竟然有三个孩子！书信的魅力不仅在于给了交流者从容的时空，而且因它能带来恒久的回味。地道的英国家庭常常表现得十分的传统。克里斯和麦琪年龄相差很大但都用写信方式邀约请客。在牛津期间我收到过多封邀请信、感谢信，古风习习，很是怡情。

有孩子的家永远是最生动的。一摁门铃，率先冲出来的是克里斯的两子一女。老大是女儿8岁，老二5岁，老三才两岁。三双清澈的蓝眼睛注视着我，我一一分发礼物，他们一一很有范儿地对我说"谢谢"，但不一会儿就小鸟似的相互追逐去了，嘻嘻哈哈笑不停。兄弟姐妹玩耍逗乐的场景让我倍感亲切甚至有些恍惚，一种久违了的儿时记忆被唤起。克里斯一家刚从教堂回来，太太打个招呼斟好茶就进厨房去了，我和克里斯喝茶聊天。原来克里斯夫妇都是牛津学子，太太是化工硕士，现为专职妈妈，克里斯神学院毕业。介绍了一家老小，克里斯直接问我："听说中国一家只能有一个孩子？真的吗？"一下子就触及敏感话题，我也不及躲闪，"是的，不过现已在调整"。

我国的计划生育政策常常受到外国人的质疑，在国内上课时留学生也常追问。但克里斯却告诉我计划生育并非中国独有，英国也曾有人提出过。原来英国有个"理想人口"(Optimum Population Trust)智囊团，2007 年他们借"世界人口日"建议英国政府以及所有英国人：为了保护环境、实现可持续发展，所有夫妇都应将子女数量控制在两个以内。理想人口发表的报告敦促英政府引入"只生两个"或者"少生一个"的计划生育政策。他们警告要么现在自觉自愿地计划生育，要么今后被迫强制计划生育！通过精确统计和分析，他们得出：英国每出生一名婴儿所导致的资源消耗和污染，比埃塞俄比亚婴儿造成的环境危害大 160 倍，比孟加拉婴儿大 35 倍。很显然，理想人口报告最终并没有被英国政府正式采纳，但报告的作者，英国著名的计划生育以及生育健康专家、伦敦大学学院的吉耶伯(J. Guillebaud)教授也指出，以教育、宣传确保妇女可以控制自己生育为核心的"自愿性稳定人口"政策效果会更好。统计显示现在英国一对夫妇平均生育 1.87 胎，这似乎正好接近理想人口智囊团建议的每对夫妇生两孩的目标。①

克里斯笑着说他家老三就是"计划外"的，老三安德烈被克里斯称为上帝带给他们的"计划外恩赐"。这个小家庭并无老人帮衬，妻子心甘情愿当了全职妈妈，克里斯每周也还有空去当志愿者。我对克里斯说："你一人工作养活全家，够辛苦的啊！"没想到他连声说："不不不，没有人靠我养活。妻子从怀孕起就享

① 《英国另类"计划生育"：孩子成了"污染物"?》,《中国青年报》, 2007年7月28日。

受政府的补贴，孩子也有孩子的福利基金，我的工资并不高的。”说到这儿这个大个子绅士甚至面有几分羞涩。英国的社会保障体系确实比较完善。单从妇女生育和幼儿教育这一块来看，政府投入着实不少。职业妇女有婚孕补助（准孕妇可以享受免费医疗和看牙，直到宝宝 1 岁），有带薪产假（6 周是给付 90% 的工资，外加 20 周固定工资产假），有孕妇津贴（为没有资格领取法定怀孕工资的人士而设）。

而孩子一旦降生，英国政府更是给予大力资助。首先是儿童福利金，该福利金不与收入及缴纳国民保险金挂钩，只要有照顾儿童的责任，就有资格。福利金主要为 16 岁以下的儿童而设，但如果儿童在 16 岁至 20 岁之间在非高等教育机构中就读，就仍有资格申请。从 2011 年 4 月 6 日开始，家中最大的孩子，每周可获得 20.3 英镑的福利金，其他的孩子，每人每周可获得 13.4 英镑。其次是儿童税务补贴：如果你已符合申领“法定产假工资”或“孕妇津贴”的条件，那么你还可以申请工作税务补贴和儿童税务补贴。此外，如果你已有了一个孩子，不论是否在工作，都可以申请儿童税务补贴。该项补贴由英国税务及海关总署支付，根据家庭的不同收入水平及境况，该补贴的金额也有所不同。难怪我的英国房东作为两个孩子的全职单亲妈妈，她不工作但也无需为经济担心。所以，克里斯太太虽不上班，但也并非依赖丈夫，她合理利用各项政府补贴将小日子过得丰衣足食；宝贝们对妈妈更是言听计从，成就感被充分写在克里斯太太的脸上，微微发胖的她说话中气比高大的克里斯足多了。

我略带惋惜地对克里斯说：“可惜了您的硕士太太，专业几乎荒废了吧？”没想到克里斯再次连声说：“不不不，她如果对她的专业更感兴趣，以后还是可以去工作。但现在哺育、照看孩子无疑是我们最重要、最幸福、最有意义的事情。”一连几个“最”，说明这是他俩的共识。恐怕真是受教育背景不同所致了：我们习以为接受了高等教育理当努力工作以报效党和国家。照看家庭的女性被称为家庭妇女，地位一直卑微，她们为家庭奉献终生也还是家庭妇女。但汉语的“国家”二字真是太妙了！词语本身暗示了国和家之间的微妙关系。对普通民众而言，最切身的是家，家与国之间并非取舍关系，而是相互支撑、互相需要、相依相存。不过我们常常会把“国家利益高于一切”片面理解为“国的利益高于一切”，列举很多舍家为国的典范，有时甚至让人产生只有舍家方能报国的错觉。事实上，父母不仅是生命的缔造者更是人格的塑造者。就教育而言，家教不好后续教育则很难做好。计划生育的目的不只为了控制人口增长，更是为了提高人口素质，新一代的素质毫无疑问是关乎家国未来的头等大事。

我和克里斯天南地北地聊着，克里斯太太端上来一只大砂锅预示即将开饭，孩子们嗅着味道而至。妈妈轻声说：“宝贝们，今天家里来了客人，汉娜你坐那儿，彼得坐这儿，安德烈你坐这儿。”孩子马上各就各位。安德烈才两岁，但个子像四五岁，敦实的小汉子肚子一吸就上了椅子。老二马上举起刀叉，但克里斯制止了他：“嗯？吃饭前我们应该做什么？”乖巧的老大马上回答“祈祷”，于是彼得只好坐下，跟家人一起齐声轻诵：“主啊！感谢您赐给我们如此鲜美的饭菜……”我也静穆地坐着、欣赏着。

用餐很愉快，看一个两岁小孩吃饭更愉快。妈妈夹什么安德烈就吃什么，一勺接一勺极其认真，吃完碗里就看着锅，示意妈妈再来一块。直到妈妈说“你可以了”。这时哥哥姐姐也吃完了，三人“咕咚咕咚”上楼午睡。安德烈的腿分明比楼梯立板高不了多少，我禁不住问“需要帮忙吗？”妈妈说：“他自己可以的。”果然，那小家伙两手拉着楼梯栏杆一级一级横着爬上楼去了。克里斯夫妇说起老三来眉飞色舞：这个两岁的大个子不仅可以自己吃

计划外的小天使

饭、自己睡觉、自己爬楼梯，还可以自己如厕(以一张小凳做踏板)。我按捺不住去儿童房窥视一眼：三个小天使已酣然入睡，很显然老三是先上凳子再翻过约一米高的栏杆落进摇篮里的。我禁不住责怪克里斯："你们这是在养孩子还是在训练职业运动员啊?"克里斯太太哈哈大笑："好主意！这小子将来一定会长得很高，让他学撑杆跳不错啊!"我提醒："别吵了孩子!""哈哈哈哈！他们才不会醒呢!"夫妇俩笑得更欢了。看来这"计划外"的小天使给克里斯夫妇太多的自豪和惊喜了(**如图**)!

(二)教育的资源

我的牛津房东马瑞娜是个单身妈妈，一人带着两个女儿，生活得十分开心。两个女儿既乖巧又出色，都长得金发碧眼，一副人见人爱的小天使模样。马瑞娜家没有汽车，两个孩子爱骑车上下学，只有天气极端恶劣时才去乘公交；马瑞娜家没有电视，只有简易显示屏周末有时被拎出来大家一起看个碟片或经典什么的，平时一直蹲在墙角里。我曾问单身妈妈马瑞娜是否觉得辛苦？孩子们看到别人家越来越好的条件有没有眼馋？马瑞娜淡然一笑："没有啊，她们不会的。我觉得我已经给了她们尽可能好的教育资源。她们看得到，也能理解，会明白的。"马瑞娜说得很有信心，但我还是从她急促的吐字中听出了几分不安。

令我惊讶的是马瑞娜竟然用了"教育资源"一词！如果不是有家教自觉的家长，"教育资源"恐怕仅限于出现在教育行政管理者或教育专业人士口中。我国素有注重家教的优良传统，但大多的家教是一种自发状态。家庭教育资源包括了对子女发展造成影响的物质方面和精神方面的所有内容，如：家庭文化及成员的职业、经济条件、信息、自身教育水平及观念、家庭成员和子女之间的沟通与交流、家长对子女的具体指导、教养方式等等。家庭教育资源是人生先天的教育资源。我国的家教资源也十分丰富，但了解家庭教育资源并能合理配置的家长却是凤毛麟角。有家庭教育资源配置意识者且能做到合理配置并科学利用的，近现代家教史上比较有影响的要数曾国藩、梁启超和傅雷三位。他们不仅子女教育得很成功，他们的家教理念还形成了家教经典，即《曾国藩家书》、《梁启超家书》与《傅雷家书》。不过从家庭教育资源整合、挖掘和利用的角度看，曾、梁两公显得更有特色。

晚清第一名臣曾国藩（曾文正）不仅善于从传统文化中寻找根据，开掘家庭教育资源，而且经过自己的理解、消化，独创了一套家教理论和方法。他对子孙温言细语，不厌其烦，言传身教。一般官宦之家，盛不过三代，但曾氏后裔历经百余年不衰，至今绵延至第 8 代，有突出成就者多达二百四十多人，出现了像曾纪泽、曾广均、曾广铨、曾昭抡、曾宪植等一代代杰出人物。曾国藩留给子孙的“慎独则心里平静，主敬则身体强健，追求仁爱则人高兴，参加劳动则鬼神也敬重”等教诲遗训几乎成为其后世子孙的行为准则。

幸福的家庭是相似的，被誉为“中国知识分子第一人”的梁启超也是一位巧用家教资源的典范。他在教子育女上全面投入尽心尽力，其所育 9 个子女有三个“院士”：建筑学家梁思成和考古学家梁思永在 1948 年当选为中央研究院首届院士，航天专家梁思礼于 1993 年也当选为中国科学院院士。其他子女也各自取得了骄人的成就：长女梁思顺是诗词研究专家，编有《艺蘅馆词选》；三子梁思忠是英年早逝的炮兵上校；次女梁思庄是著名图书馆学家，曾任北京大学图书馆副馆长；四子梁思达是著名经济学家；三女梁思懿是著名的社会活动家，曾任山东省妇女联合会主席和中国红十字会国际联络部副部长等职；四女梁思宁是革命军人。梁公之后可谓个个品德高尚，人人才华出众、学有所成，都是对国家做出杰出贡献的栋梁之材。梁启超的家书中娓娓道出的亲子之情，是其家教理念与实践的完美结合。梁启超语言平实，贴近寻常百姓，其引导子女通过各自努力在不同领域做出不俗业绩的经验、鼓励子女们全面发展，这在当今仍富有时代气息和借鉴意义。

但在我们，似乎不能说马瑞娜的家庭是个幸福家庭。马瑞娜离婚已近十年，在我们眼中是个不完整的家。但英国人的婚姻观和我们有很大差异，这个家里无论是马瑞娜还是孩子们似乎从未有过缺少一位家庭成员的暗淡情绪，她们可以平心静气地谈论弃她们而去的那个人。从某种角度看，婚姻现状也是家庭教育资源，且是对家庭有着重要影响的资源之一。两个女儿看上去比一般的孩子更疼妈妈。令我特别感动的是：每晚洗澡的时候，都会有一个女儿下楼来煮好咖啡端进浴室里共享。第一次看到三个杯子中有一只奇小无比超级可爱，我便问煮咖啡的小女儿“你的？”答曰：“不，妈妈的。”说完还无奈地耸耸肩宽容地笑着：“没办法，她就是喜欢这只小杯子！”我也哑然失笑！这个14岁的小丫头这时候俨然是个溺爱孩子的小母亲！料想这时候的马瑞娜，浸泡在温润的浴液中，吮吸着芬芳的水气，轻轻呷上一小口女儿煮的咖啡，恣意享受着孩子反哺的爱！那是何等的幸福、惬意！反顾自己从未受过女儿如此“厚爱”，禁不住心生几分醋意。

大学学历的马瑞娜现在是全职母亲，靠政府补贴和间或的文字校对工作贴补家用，没有工资收入。与一般家庭主妇不同的是，马瑞娜除了掌管整个家庭的内政外交及买汰烧实务之外，还独自承担着教育子女的重任。也许正因此，马瑞娜才会有家庭教育资源的概念。现在想来，马瑞娜其实还真用了不少心思来配置有限的资源，实施她的家教计划。每天早晨孩子们上学时，马瑞娜都会雷打不动地站在门口与她们一一吻别，母女相互祝愿“精彩一日”！然后伫立路边，目送孩子们上学直到拐弯不见了才回到屋里，之后开始每日家务。在我看来马瑞娜根本算不上是家务好手：动作谈不上麻利，安排谈不上机巧，成绩也不十分理想。如果卫生检查，恐怕连“尚清洁”都得不到。有道是“邋遢婆娘没歇时”，马瑞娜真的每天都很忙碌。但无论多忙，她每天中午都要蜷缩在沙发上看一会儿报纸，无论多忙她每周都要去两次图书馆阅览；每周三下午还要和孩子们一起上一次拉丁文课。我从未见过亲子同堂补课，很是好奇。从前常常听英语老师讲“拉丁”词根，感觉拉丁文似为英文之母。出于好奇申请旁听一次，受到热烈欢迎。老实说拉丁文课堂上，马瑞娜也算不上是好学生：回答问题常常出错，有时被老师指正，有时要孩子提醒，但母女同堂毫无疑问母亲是最认真的学生，并且有不懂就问的好习惯。课间有马瑞娜提前备好的茶点，师生同饮，这个家教课无疑提供了“马家”幸福的学习时光。

英国孩子周末补课的很少，马瑞娜两个女儿都按照自己的兴趣学了一种乐器，但两节兴趣课都安排在周五放学后而非周末，因为马瑞娜家的周末很紧张。周六全家去购买下一周的食品和日用品，周日全家去教堂做礼拜。她们购物或礼拜回来往往已是下午一两点，但每次回到家都很兴奋，不是买到了物美价廉的东西，就是见到了好久不遇的朋友。我总觉得英国人的矜持是在派对时摆出来的造型，实际上很多英国人生活中的兴奋点是很低的。马瑞娜母女仨放肆的笑声有时几乎能将屋顶刺破。英国人的星期天午餐一般都是一只背上涂点牛油、码上土豆的烤鸡，每次礼拜回来打开烤箱总能听到一家的惊叫和大笑，次次如此我实在纳闷，这莫非就是我们常说的“知足常乐”？知足常乐或许正是家庭幸福的关键。

家庭教育资源是一个构成较为复杂的综合体，有主客观之分。家中的影响者的构成、文化程度、职业构成、经济与社会地位、学习条件、居住条件及书报音像资料等属于客观性资源；而家庭的教育观念、教育态度、教育方式、家庭气氛、学习气氛、家长期望、学业支持等属于主观性资源。这些宝贵资源的合理配置和运用培育出了难以计数的新生，也造就了品性各异的子女。民间有“一娘生九等子”之说，“九”是古汉语中的极数、阳数，也是个虚数，言其多。多子女家庭中子女的人生之路则呈现出多样性和丰富性。家庭教育资源中包孕了子女发展的若干基因，这在多子女家庭中表现得尤为突出，即便同样有全面发展的潜能，多子女家庭更利于将潜能变为现实。多个子女之间既可能有性格上的迥异或互补，也会有社会角色的互补和呼应，并为家庭教育增添新的资源。

马瑞娜的两个女儿，老大安静敦厚，老二活泼开朗。长女爱好文学艺术，次女喜欢数学和运动，马瑞娜谈及两个孩子的未来，觉得两个小天使反差巨大令她十分激动。常言道“多子多福”，子女越多家庭教育资源的利用率越高。用进废退，在某种程度上倒是子女稀少的家庭反而会浪费不少优质家庭教育资源，且容易出现子女教育的偏差，如：独生子女家庭家长们望子成龙心切，独生子女自然成了龙子。但很多父母又希望一个孩子能具备九个龙子的能耐，结果是很多孩子被过分“教育”。曾有研究者指出当下家庭教育的“五过”（过多干涉、过分强调、过分保护、过度期望和过分处罚）。① 笔者觉得言之有理。

于丹认为家庭教育“是建立价值观的地方”、“是因材施教的地方”、“是一个循环的载体，它让家里的每个人都呈现一种开放的成长”。② 因而再好的社会教育，再专业化的教育时代家庭教育资源这个自在、自为、影响甚至决定人的一生的宝贵教育资源都不可或缺。

（三）自愿上大学

早晨被一阵抽泣声吵醒，听上去像房东的女儿在哭，房东不停地低声安慰。唧唧哝哝起码有半小时了，哭声依然不止。我担心那孩子上学迟到了，再说我也得上班呀，于是轻轻起身，轻轻

① 张緦：《家庭教育的“五过”》，http://www.360doc.com/content/15/0318/10/4666759_456114680.shtml，2015-03-18。

② 《于丹谈家庭教育：孩子成长比成功更重要》，http://www.doc88.com/p-4911073630403.html。

打开房门，轻轻向楼下问了声“早上好！怎么了？”

低头望去，那情景真叫感人：楼梯拐角的台阶上，大女儿趴在妈妈的怀里呢喃哭诉，母亲搂着乖乖儿，一边抚摸着她的头发一边不停地安慰。我的声音，一定让她们吃惊不小，女儿马上止住哭声，“嗖”地起身，对妈妈说了声“对不起”，就揉着眼飞速下楼去了。

也许不该打探人家的隐私，但同在屋檐下无法回避，等孩子们都走了，我试着问是不是因为压力太大了？房东叹口气说：“是啊。面临着高考，最近事多考试也多，老大有些招架不住了，一早在楼梯上跌倒了。”

房东大女儿是个 A Level 学生，“A Level”就是高水平的意思，实际上是指英国普通中等教育的高水平课程。A Level 读两年之后就可以进大学了。英国的学制与我国不同。英国本土学生一般 5 岁入小学，到 14 岁完成中等教育，然后学习两年的高中（GCSE）课程就可以参加工作。16 岁以前属于国家免费义务教育阶段，每个孩子必须接受。通过 GCSE 课程考试以后，是上大学还是工作即由孩子自己决定。愿意上大学者就继续学习两年免费的 A Level 课程。英国的义务教育共 13 年，A Level 实际上相当于国内的高三和大一学段。

很多中国父母羡慕西方国家，尤其羡慕人家不用高考就可以上大学。越来越多的中国家长不惜重金将孩子送到国外去读高中就是为了规避国内竞争激烈的高考。然而，就笔者所了解，中英两国的实际情况来看，高考的最大差异其实并不在于有无高考而在于参加高考是否出于孩子的意愿。在英国，GCSE 之后，愿意工作者可接受相应职业培训然后工作，愿意上大学者继续学习 A Level 课程，通过相应考试、面试后进入大学。所以，英国的 A Level 课程实质上就等于中国的高考。

英国孩子在决定选择高考前已经被当作“成人”，从16岁开始，自己可以选择自己未来人生道路，自己懂得对自己负责。我工作是我愿意，我考大学也是我愿意。牛津一同事说她的左邻右舍没有一个英国孩子选择上A Level的，因为高考难，也因为不愿意上大学。听说因为选择工作或待业的学生越来越多，以至于一些政府部门不得不采取搞“读A Level，送iPad”一类的活动来激励。难怪初见房东女儿时她不无自豪地告诉我她在读A Level。高考有难度，但是既然是否愿意参加“高考”出于孩子的意愿，所以遇到问题他们就不得不自己面对。

英国人在“应不应该上大学”的认识上与国人也有很大区别。在英国去读大学者并不比去工作者感到优越。牛津同事开玩笑说英国技术工的收入可能并不比牛津教授低。而国人的大学情结深重，一般父母觉得上了高中参加高考上大学是理所当然的，是无需询问孩子意愿的。连国外的华人家长也是如此，几乎毋庸置疑地要他们的孩子上大学。

国内高考者有两种情况，一是自己想读大学，希望通过高考这个相对公平的竞争机制显示自己的实力或改善自己的命运；另一种是自己并不想读大学，而迫于父母的压力或从众心理而参加高考。“万般皆下品”、“学而优则仕”等传统观念根深蒂固。我们的文化一直比较仰视读书但其实真正仰视的又不是读书而读书之后的仕途。所以，读大学是很多普通人提升自己跻身上流的唯一途径。连一些学历不高的领导也要想方设法弄张高等文凭为自己贴贴金。“劳心者治人，劳力者治于人”，在我们眼中，“天之骄子”和普通劳动者不可同日而语。因为无奈而参加高考的中国孩子不在少数，结果往往导致非良性循环：既然上大学并非完全出于己愿，绝大多数中国孩子直到参加高考时甚至在大学毕业时还是个不懂自己担当或不愿自己担当的孩子。

至于认为英国没有高考，其实只是国人的一知半解或以偏概全。牛津一位同事的孩子这个学期的后几周即将参加 GCSE 考试，一共要参加 12 门课，19 场考试。平时几乎每天都得完成五门功课的作业，“真是很辛苦”！学习负担比之国内只重不轻。这孩子在一所私立中学读书，不仅学费昂贵而且入学时还要通过严格的考试，竞争相当激烈。据这位同事透露，英国私立学校几乎百分之九十几的孩子能够进牛津、剑桥一类学府。对英国学生来说 GCSE 已经是大考，而想上大学者大考之后马上又将进入为期两年的“高考”季。

A Level 学生落榜者很少，几乎都可以进入大学，不过进什么样的大学要根据你 A Level 课程的考试成绩和面试成绩而定，竞争不言而喻。A Level 的第一年称为 AS 水准，学生通常选择自己最擅长且最有兴趣的三四门课，通过考试后获得 AS 证书。第二年称为 A2 水准，学生可选择 AS 水准中优秀的 3 门课继续学习，通过考试后获得 A Level 证书。英国中学开设的 A Level 课程科目相当广泛，有文科、商科、经济、语言、数学、理科、计算、法律、媒体、音乐等。对 A Level 学生来说，大学门槛并不太高，学生只要选择所学的三门课程，且只要在两门课的考试中取得 E（及格，相当于百分制的 40 分）即可达到一些普通大学的入学标准。但不同专业的入学标准对于 A Level 的成绩要求不尽相同；而对于较好的大学，则要求学生 3 门课的成绩均应达到 C 以上。牛津、剑桥等世界一流大学，则要求申请学生 3 门课的成绩达到 AAA（优秀，相当于百分制 80 分）或 AAB。由此可见，国内国外“高考”都有，进高等学府者总得过考试关。并且英国高校录取中，A Level 的成绩还只是个参考，各个学校的面试权重较大。牛津、剑桥类大学，高分低能者也是很难进入的。

房东是英国普通百姓，两个女儿都上的公立学校。我刚入住时，看到两个女儿每天早上八点多才出家门，下午四五点就能回到家里，特别是大女儿已经是 A Level 学生了，上下学还能如此从容地晚出早归，想到自己及孩子当年迎战高考时两头顶星星的苦战，真是发自内心的羡慕她们。但，当我真的走近 A Level 学生后，我渐渐发现其实并不轻松。房东大女儿现在是 A Level 第一年，她选的专业是法语，家中那本厚重得像块古城砖的法语大辞典与她形影不离。除此之外，她还有拉丁文和钢琴家教课。现在是这个学年的第三学期，模拟考试不断。按照学校规定，她得去法国交流一周。从法国回来两周后，对方的学生要来英国交流，住在她家。出乎我意料的是房东的大女儿要负责给法国女孩安排每日课表和周末的活动，每项都有具体的时长、任务、作业量要求。虽然模考是分散在几周中进行，她还是感觉到了压力，加之有朋自远方来，这个认真负责的女孩甚至连房间都重新布置了一番。连日考试、功课重、事情多、睡眠少，这个十七岁女孩终于清早一脚踩空从楼梯上栽了下去，所幸是木梯加上厚地毯，并无损伤（如图）！

A Level 女孩的获奖证书

由此看来，不管在哪里都无法回避高考这个“坎儿”，只是形式不同而已。国内将考大学的竞争集中在相对较短的时限内，结果矛盾也集中了，近年更是骂声迭起。英国的“高考”给国人轻松的错觉，一方面恐因距离太远看不真，同时也因 A Level 两年的时长无形中让压力分散。实际上国内高考的压力也在逐渐被分流，比如现在的学业考试、自主招生等。

英国中学和大学之间的流畅衔接，是让人误以为英国无高考的真正原因。这其实是个更值得讨论的话题。A Level 阶段对学生专业兴趣的发现和培养用心颇多。国内对于考生专业兴趣的发现和培养与大学教育之间还是比较脱节。不少学生进入大学后才发现自己并不喜欢所学的专业，虽有不少高校也可以进校一年后转专业，但往往名额有限，且不是基于学生真正的兴趣，而是参照的也是已学的与专业关系不大的科目的考试成绩。毛主席说，“兴趣是向导，入门既不难，深造也是办得到的”。房东的女儿自己愿意选择上大学，根据自己的兴趣选定了法语，闲暇的时候就和母亲一起上网看各个大学的法语专业情况，她尚有一年多的时间去慢慢选择自己心仪的大学，并最终确定专业。她因选了法语专业，每个学期学校都会安排去法国交流一周，这是多么实用的大学前准备啊。

考试是关口也是接口，中国教育的接口问题正愈来愈引起人们的关注，不只是中等教育与高等教育的接口问题，也包括高等教育与社会实际需求的接口问题。对高考生而言，考上大学不只意味着身体走进了高等学府，艰辛的备考过程也是一种修炼；出自自己意愿的大学生涯选择也是责任担当意识的考验，十分有助于年轻学子人格的提升和成熟。

（四）婚姻与家庭

爱情、婚姻、家庭在汉语中就像一串步步成熟的甜蜜果子，一直都是带着情感温度的词汇。相爱日久的恋人最终走进了婚姻殿堂，从此成家立业、生儿育女相守一生。我们在电影和电视里见过很多神圣的西式婚礼，庄严的教堂，庄重的誓言。这引得国内不少男男女女心神向往，于是有潮人甚至不怕犯“再婚”之忌，中式西式婚礼各来一次，当然此举也可能只是一些人在炫富烧钱或体验新奇，但不管怎么说，婚姻对一般中国人而言，是一件极其严肃、慎重而又隆重的人生大事。出乎意料的是我这种观念却在英国、在牛津被一个稀松平常的英语单词搞蒙了！这便是——partner。

话说牛津大学语言中心是牛津校内的多语种培训部门，既服务于本校师生也服务于牛津学生、学者的家属。牛津作为世界顶级学府国际化程度相当高，世界各地慕名而来的学习者、交流者甚众，而做学术访问的学者们更是常常有家眷随行。有些家属也不愿放弃良机，借牛津村宝地修炼自己，于是，语言中心的“partner”班便应运而生。其实东华大学也有类似性质的汉语培训班，不过我们是面向校外，对象主要是在沪外籍工作人员的家属们。开始时日韩太太居多，于是我们直接唤作“太太班”。后来发现“太太班”里也时有先生报名，想改叫“家属班”又觉欠雅，于是干脆用了字母编号。抽象有抽象的好处，班级用字母数字代替类似于部队番号便于管理，如今好像已经排到“G 班”了。

不过，我还是比较喜欢牛津语言中心这种一语中的的叫法，清晰区分学习对象不仅让学习者选班有的放矢，也有利于教师的因材施教。可问题是，为何要叫做“partner”班呢？单词 partner 并非生冷，就在 partner 班课上，老师们也常常让 partner 们相互练习！日常生活、银行业务、保险业务，或其他社会服务项目中，都会时不时出现这个词。但一个语言学习班级被叫做 partner 班我真是第一次见到，他们是谁的 partner 呢？不知设计者是希望班上的同学成为互相帮助共同进步的学习 partner，还是希望这些家属能协助其家人共同完成学术任务，当好牛津学者生活和研究的 partner。温迪听了我的疑惑后大笑："还相互帮助共同进步呢！人家根本不是那意思！partner 本来就有'配偶'的意思啊！该班学员都是牛津学习者之丈夫、妻子、情侣或同居者啊！提醒你老兄：partner 关系在英国是完全合法的哟！英国护照的两性关系中就有这一栏！"看来又望文生义了，我满脸通红地傻了眼！赶紧去求教"度娘"——原来 partner 既可以作名词，也可以作动词；作动词可以及物也可以不及物；作名词可以是普通名词也可以专用人名。看来还是一个活力四射的词！不过任何语言都有一词多义现象，但"伙伴"义项仍是 partner 的常用义项。然而，汉语中的"伙伴"或同伴多指共同参加某种组织，或一起从事某种活动、共同参与业务、分担责任和享受权利的协作各方，一般不会用来指两性关系。partner 词条后面还果真有一项"配偶"！汉语中的"配偶"一般就是指"夫妻"，汉语中夫妇、情人、恋人等异性关系之间楚河汉界泾渭分明，但唯有建立婚姻关系的夫妻才受法律保护。但在牛津的语言培训班上，partner 的意思被完全泛化，所有两性关系几乎都被它打包了！确实，如果仅仅用"配偶"义项来衡量，partner 面前，人人平等，甚至对同性恋家庭也适用，而婚姻夫妻反倒成了 partner 特例了！

认可两性关系的事实显示了英国法律理性的一面，但说两性之间的 partner 关系在英国合法其实也不完全准确，英国法律保护的其实是具有 partner 性质的家庭。更大的不解来了：英国的很多 partner 之间没有结婚，不是婚姻关系，却一样可以拥有幸福的家庭！天哪！汉语语境中的"家庭"定义中婚姻关系从来是先决条件，没有婚姻哪来家庭（纳西走婚特例除外）？对于一个中国人来说这太匪夷所思了！进一步追问，我方知英国的家庭关系模式远不止一种：除了新近被合法化的同性恋家庭外，还有婚姻家庭、无协议的 partner 家庭（同居夫妇家庭）和有协议的 partner 家庭。温迪说英国的 partner 家庭近年增速加快！1996 年到 2016 年之间从 150 万户增长到 330 万户，翻了一番多！所以，生活在英国只要稍稍八卦一下，就可能发现自己身旁就有 partner 家庭，有的与女友已同居了八九年，有的与男朋友已养育了好几个孩子，或者有人的父母就是几十年的 partner 但一直没有结婚！由此看来，partner 虽然不是法定性质的某种业务关系，但却是一种被英国法律认可并在英国家庭两性之间存在的关系。也可以说在英国 partner 男女司空见惯，partner 家庭模式并不稀奇。这不，温迪随手一指，她的隔壁邻居就是 partner 家庭。既然是法律认可的家庭关系，那么对男女双方来说就与婚姻中的家庭负有同样的家庭责任，在有协议的 partner 家庭尤其如此。比如，对孩子的养育责任，英国法律规定如果男女同居养育了一对儿女，一旦分开或与别人结婚或同居，他同样要承担这一对儿女的养育责任。那么，同样承担孩子的抚养，partner 家庭与婚姻家庭的还有何区别呢？婚姻家庭的核心地位即便在家庭模式众多的英国也还是最为受人尊敬的。结婚终究还是更多人所崇尚的，因为他们认为当一个人愿意将自己的一生与对方度过时，那是感情的最高境界。而婚礼就是这种最高境界的仪式。

推崇婚姻但并不唯婚姻论家庭，因为婚姻家庭不过是英国家庭的一种而已，因而英人看待婚姻也非常理性和冷静。我的房东就是离婚族，她和孩子们谈及那个离她们而去的男人口气与谈路人甲一样！2014 年暑期牛津大学的田海教授造访沪上，作为好久不见的朋友，见面寒暄中聊到自己的孩子，教授毫不避讳的说自己有两个孩子，但不是一娘所生，坦言他有过两次婚姻。聊到我的家庭时，我说我有一个孩子这位汉学家竟然不假思索地问："你结婚了吗？"我有点莫名其妙："那当然啰，必须的！"田教授却回答说："也不一定吧？说不定你离婚了或单身呢！"如此唐突的回话真有点让人哭笑不得！不过定神一想我们的婚姻与家庭向来是一套死结，人家则未必，于是一笑置之。partner 家庭的存在或许与英国文化的绅士倾向有关，partner 家庭中男女双方在感情方式上，也体现了一定程度的"绅士"风度。当然，我们可以将这种绅士人际关系看作一种礼貌或一种伪善。英人喜以自我为中心，始终与他人保持相当的距离，他们习惯在人与人之间保持绝对的独立和自由。partner 家庭，男女双方虽然"身体"很近，但心或许很远，这又是一种能给双方以自由的方式。在 partner 眼中，婚姻无形中也是一种束缚，是一种彼此的纠缠，是一种外在的压力，而 partner 追求的是所谓自我和自由，连同感情在内。当 partner 家庭中的两性关系被看成一种合法的"合伙关系"时，非婚姻的 partner 男女之间不就像是一种合伙人关系吗？既然是合伙关系，那么签约、解约就是常事儿。温迪说 partner 家庭离散比婚姻家庭要简单得多，而 partner 家庭中仅有协议的 partner 之间才涉及子女抚养费问题。

事实上，除去感情的境界，婚姻家庭无论是签约还是解约成本都要远高于 partner 家庭。英国的社会福利和纳税政策恐怕也是 partner 家庭滋生的重要原因之一，partner 家庭或许可以看作一种生存策略。有人统计过，一户有两个孩子的婚姻家庭，10 年里缴税超过 76000 英镑。而同样的一户 partner 家庭，在收入和税率不变的前提下，10 年内他们只需交纳 4000 英镑的税。无协议的 partner 家庭，男女双方仍算单身，英国的法律规定失业者尤其是单身母亲有相当的福利，包括住房，救济金等，一旦有了工作或结婚，福利便转为纳税，也就是说，结婚了便不能申请救济金，工作了要缴纳收入税。不难发现英国的社会福利制度是个保护弱者的制度，但同时也有滋生懒汉的弊端。我的英国房东就是一位有两个孩子的单身母亲，政府给她的福利让她和两个孩子日常生活和接受教育衣食无忧。这样的家庭如果再有一个失业的男性 partner，生活依然滋润。当然，那些冲着政府福利而组成的 partner 家庭，实质上不过是一种利益和情感的交换。因而，partner 家庭虽有了法律保障但实际上并未赢得大多数英国人心，人们心目中人类至高无上的情感境界依然是在踏进婚姻殿堂之时。

人生离不开各种 partner，很多人心里都“想要有个家”，但即便是夫妻到底是不是生死相依的情感伴侣却很难说。partner 家庭的合法化也许在一定程度上避免了因婚姻导致的诸多麻烦。我们一向认为，结婚后方能“成家”，家庭是婚姻的归属。翻开我们的户口簿，“婚姻状况”一栏可能出现的关键词始终围绕着一个“婚”字：已婚、未婚、离婚、再婚，婚姻之外的两性关系即被认定为非法或不受法律保护的关系。婚姻是如此重要，利用婚姻做各种文章的人和事也就不断涌现！英国人似乎看到了从爱情到家庭中的另一些路径，给以合法地位，在确保孩子利益不受损伤的前提下认可了两性之间的 partner 关系和家庭模式。

孰是孰非，实难评说！唯愿普天之下家家幸福！

（五）生死无界

中外生死观，不同有多处。西方人墓园往往也是乐园，在牛津生死无界的现象比比皆是（**如图**）。死亡的情境中外有很大差异：英国人觉得人的离世是升天，是去了鸟语花香的天堂、极乐世界。汉语里虽然有时也用“归天”来隐喻去世，但绝大多数中

墓园与乐园

国人还是觉得离世是“入土”，认为人活着呆在阳界，死后去了阴间。阳界温暖、光明、充满生机，阴间则阴暗、冷湿、鬼魅横行，处处是触目惊心的惨状和夺人魂魄的尖叫。“能在世上挨，不在土里埋”，“好死不如赖活”等谚语都是这种思维的反映。所以，我们对鬼神一向敬而远之，内心深处对鬼感到十分恐怖，即便是圣人孔子也不敢随便“语怪力乱神”。在国人心目中，人死成鬼阴阳相隔完全是两个世界。英国人则相反，生者既无优越，死者亦不恐惧。牛津人居所前后有座坟墓十分常见，完全没有我们风水学中的“凶宅”之说。墓地公园常常合一，活人卧在长椅上，死者躺在墓穴里，一动一静，一同欣赏春秋美景，一同经历寒来暑往，一同感受阳光雨露，其乐融融。

因为死时情状的不同，人们对死者的感觉也就不一样。在牛津的阿什莫林博物馆（Ashmolean Museum）以及伦敦大英博物馆中能看到许许多多大大小小的木乃伊。我知道木乃伊即干尸，所以尚未走近心中已感到几分瘆人。但看到不少家长、学生和小孩围着木乃伊看得兴趣盎然，还有专门来临摹画画的。于是也不得不佯装驻足凝视，结果还真的发现木乃伊果然造型很美，不仅形象饱满、曲线柔和，而且色彩生动艳丽，就像是立体的彩色雕塑，颇有我盛唐仕女图的视觉效果。似乎一下子明白了英人对于死的感觉，是的，人死后可以如此体面、漂亮地存在着，死有何惧，鬼又何怖？！

可是，若将木乃伊的外包装剥开，把真正的干尸暴露于世人，感觉恐怕就完全两样了。记得在湖北三峡某景点，被导游领去看了几具千年干尸。有人直接拒绝进入，勉强走进去的个个侧目侧身。我倒是硬着头皮瞥了一眼，立马“嗖”地闭上了：尸体浸在药液里，虽说时隔千年尸体至今不腐确实神奇，但尸身还是有些干瘪发黑，再说，那么遥远的古人，一丝不挂地躺在药液中，实在有点让人觉得瞟一眼也是犯了大不敬。而牛津人与木乃伊的亲近远不止于参观访问。入住英国房东家的第一天我的一惊就非同小可，甚至可以说是魂飞魄散！那是个周末，房东一早带着孩子们去购物了，家里很安静，我前晚收拾行李整理房间睡得很晚。周六早上，直到阳光普照满室金辉时，才不得不醒来。懒懒地起床，懵懵地下楼，打算去底楼厨房吃点儿东西。下到一楼半，无意发现楼梯拐角处竟然立着一个和我差不多高的彩色躯体，禁不住倒抽一口冷气，立刻觉得有点恶心，连滚带爬跌跌撞撞地冲到厨房，惊魂未定中草草塞完早餐。这不是木乃伊吗？怎么放到家里来了？！磨蹭老半天未见房东一家回来，只好小偷似的乜斜着眼睛蹑手蹑脚地从木乃伊旁闪上楼。

当然，咱毕竟是在唯物史观教育下长大的，还不至于因此就搬家逃跑，在房间镇定片刻之后，终于鼓起勇气故作淡定地下楼对这具木乃伊进行了一番从头到脚认真仔细的研究。原来这是个纸质的木乃伊，用手上下捋一捋就可以平贴在墙上，难怪当初我看房时并未发现。这很像学校里生理课的教具。而沿着脑门前的折痕向前轻轻一拉，木乃伊就变成了立体的，该鼓该凸的地方都很逼真。木乃伊身上到处是英文标注。立体化了的木乃伊可以清楚地看到人体内部各个脏器及人体各关节间的连接。英国孩子从小就看惯了木乃伊，买一幅放在家里其实也是很自然的事情。

英国人对木乃伊的感情或许从其对应的英文词汇里也可见一斑，词汇本身也是文化的结晶。正如我们总叫“金字塔”而不会称其为“坟墓”，我们叫“木乃伊”而从不叫它“干尸”一样，词语本身含有情感能量，和不同人的不同背景结合会产生不同性质的反应。英语中木乃伊写作“mummy”，发音类似孩子口中的“妈咪”，“妈咪”是一个携带着多少温馨和柔情的音节啊！终于我彻底理解了英人为何愿意与死者比邻而居、朝夕相处。在我国则不同，对死者人们只能怀揣敬畏。我们说“敬鬼神”包含了敬鬼如同敬神的意味，死者为大，在我们眼里对死者必须敬畏三分，逢年过节，净手焚香，祭祖扫墓，慎终追远，但这其中似乎没有多少亲近的成分。

装扮成木乃伊是牛津人所钟爱的游戏，这更使我始料未及。住在共富新村时，有一天晚上搞活动，组织者艾米让大家玩游戏。到最后一个节目时，她忽然拿出一大包卷筒纸，说：“我们一起来玩老妈咪”。大家分成两组分别将卷筒纸绕在一个人的身上，率先完成且绕得天衣无缝者获胜。似乎除了我，大家都明白“老妈咪”的意思，而且都很兴奋、很投入。我虽一头雾水想不出“老妈咪”跟卷筒纸有何关系，还是依样画葫芦地跟大家一起去缠绕，很快就完成了。结果另一组获胜，他们组的被绕者是个娇

木乃伊游戏

小的埃及女生，我们组被绕的女孩则是来自法国的高个儿姑娘，她差不多有一米八零。用卷筒纸将一个人从头到脚严严实实地绕起来，岂不就是一具木乃伊！赢了的女孩高兴极了！他们还给她配上墨镜，她自己又请求在头上插上一朵红玫瑰。娇小玲珑的美女瞬间变成了木乃伊，大家都竖起剪刀手与其合照留念。大家忙得不亦乐乎，也笑得十分开心（**如图**）。

其实，我们对逝去的亲人同样充满感情，但这种感情主要是借助于各种节日的祭祀活动来怀念，始终带有几分悲情与肃穆。牛津人与死者之间保持的则是快乐和轻松。那次去同事 Maggie 家作客。用完午餐后，Maggie 夫妇说要领我们去一个神秘地方，走啊走，最后走进了一处墓园——当然也是他们的公园。Maggie 邀请我们去看英国著名作家阿加莎·克里斯蒂的坟墓。对死者的敬意让我们觉得多少总应该保持点儿距离。西方人则不同，美国人似乎也是如此。和我们一同去的美国学者也很喜欢阿加莎的作品，他干脆抱着墓碑将头从墓碑上伸出来和我们合影，还将舌头伸出来，就像个恶作剧的顽皮小男生进了儿童乐园似的。

对于生死的看法不仅影响到人的感觉，而且影响到人的思维方式。生者与死者如此亲密带来了古埃及先进的医学水平。在制作“木乃伊”的过程中，埃及人积累了不少解剖学的知识，初步了解到人体血液循环和心脏功能的关系，以及大脑对人体的重要作用。房东家的孩子有不明白的人体知识就去扒开木乃伊看看，这是多么直观的教具啊。生死关系影响的不仅仅是人们的日常生活和一般认识，也可能还影响了学科的发展方向。牛津大学的医学专业十分发达，国内来牛津医学院访学的教师和医生越来越多。一种专业兴趣的培养如果从孩提时代就开始做起，那是一种自然生成的兴趣；而我们对死者的敬畏之情则不仅加深了我们对生命的敬畏，或许对我国玄学和唯心哲学的发展也产生了一定的促进作用。

古埃及的医学成就直接与他们解剖尸体、制作“木乃伊”葬俗有关。其实英语“mummy”本源自波斯语 mumiai，本义并非“妈咪”，而是“沥青”，是一种涂抹于尸体形成木乃伊的防腐香料。古埃及人笃信人死后，其灵魂仍然依附在尸体或雕像上，所以法老等贵人死后，均用香油（或药料）涂抹制成木乃伊并将此作为永生的方法，这满足了古埃及人永恒藏尸的企盼和对死者深切的缅怀。制作木乃伊须将体内一切容易腐烂的组织取出，并快速地抽出体内的水分放入各种香料，将人的脏腑掏出，对头颅也是如此处理，将香料，防腐药物填入腔内，用亚麻布将尸体紧紧包起来，这对后来的外科手术的发展有直接的影响。我们的港澳台同胞，受西方长期殖民式统治，影响到他们的思维，他们对于人鬼关系的认识似乎介于中庸。当埃及文物展览来到台湾时，台湾师范大学生命科学系抓住时机设计了探索性课程“当木乃伊遇到科学”。

生生死死乃贯穿人生始末的大事，人鬼之情也是遍布世界各地的人之常情。生者对死者的不同态度是东西方文化不同生死观的直接反映。如何对待生者和死者，各国各地自有一整套民俗程序相伴。不管出于何种因由，遵守何种程式，态度认真是共同的，而这种认真才使得人类文化越来越精彩，越来越有意思。

第六章　交际礼仪

民俗中的交际礼仪主要是人际交往，相互信任是世界最美的通行证。吃喝招待，应酬答谢，公私分明其实并非牛村独有，但英国人的宾至如归、礼尚往来内涵与我们的理解还是有些偏差。而作为大学城的交际自然还包括校际交往。牛津剑桥之争，无论是秀肌肉的划船还是比内功的学术，自有其独特魅力……

（一）信任的能量

国外的学术会议食宿安排大多比较简朴，和我礼仪之邦的做派很不一样。住宿得自己决定，宾馆预订不算，用餐也都要自己解决。对于我这一个两眼一抹黑的外国人来说确实有点冷锅冷灶的滋味。英国汉语教学研究年会基本都利用假期，会议提供的住宿备选信息中假期腾空的学生宿舍最便宜，当然会成为很多中国学者的首选。第一次开会去了兰卡斯特大学。曲曲折折摸到住处后，赶紧掏出会议通知、护照、预订单等等准备办理入住手续，没料到前台只问了一下名字即给了门卡。我拿着钥匙问："不收押金？"服务员微笑着说："不必，您可以入住了，祝您愉快！”“是吗？谢谢！也祝您工作愉快！”于是开开心心地入住了。

房间不大，但明亮整洁，有无线网络，有淋浴、有热水，意外的是还有一个透明小包装内含几件简易的洗漱用品（小包很实用，我至今还留着）。还有个公用厨房，锅碗瓢盆齐全，油盐酱醋俱备，甚至还有咖啡茶等休闲饮料提供。散会时，我收拾好包裹准备退房，将门卡交还管理员后，静候一旁等待查房，没想到管理员却端住不动，我问：“查房了吗？”服务员再次微笑着说：“不必，希望您住得愉快，欢迎再来！”第一次碰到入住不登记离店不查房，很意外，但很愉快！不只是愉快，而是有点受宠若惊之感。入住交押金、退房须查验对我们而言都已是习惯流程，甚至未仔细想过为何要这样。这种种举措是否基于对顾客（陌生人）的一种不信任呢？而建立在不信任前提下的人际关系总会令人不适以至不快。在我看来当下全球最大的危机恐非经济危机、安全危机，而是信任危机。信则立，不信则废。为人、治国皆是如此。

回国后能开设“玲听”专栏，话题始终不离牛津村生活，一次次信任体验也正是灵感产生的源泉之一。未去英国之前，为寻找住处请教牛津大学语言中心主任鲍勃，他回信给我推荐了共富新村，说那儿地处市中心，房费也不算贵。我随即上网预订并去信致谢。这时有位同事提醒：“他那么热心介绍你去共富新村会不会是他的熟人开的？当心有诈！”虽没有退订但心中却有了疑惑，毕竟远隔千山万水无法现场考察，好在共富新村并无押金。这种疑虑一到牛津村自然消除心中却为曾对鲍勃怀疑而深感内疚。如今看来真的很庆幸能入住共富新村。这是一家不收押金的地方，也是一家不催交房费的地方，还是一个不断组织文化活动，每周提供免费英语课程的地方。我曾跟新村负责人后来的好朋友艾米聊起过：“有人拖欠日久，难道你不担心？”艾米笑着说:“不必吧,迟交一定有迟交的原因,但他们走时总会付的。这里住的可都是牛津学子,从未有过不结账就离开的。”

有人说信任是一种力量,更确切地说是一种相互作用力。你给别人多少信任你也能收获多少信任。信任别人的同时也是为自己建立自信。共富新村可能只是个案,但住在共富新村确实使我的牛津生活充满了快乐、自信。共富新村本不以营利为目的,不算贵的房费中还包含了所有工作日的早餐,以方便顾客。除此之外还组织各种活动,包括由不同国家的房客操办的美食品尝、游戏、读经、旅游等等,花样繁多。活动或由共富新村出资,或以售票的方式集资。我虽然只住了三个月,就参加过很多次,还为共富新村操办了两次活动:一次是饺子晚餐,一次是春节晚会。我之所以愿意做正是因为管理员艾米的信任。

信任一个人有时无需理由,正如在银行、邮局常有老者请我帮忙填个表、写个地址我会毫不犹豫一样,当艾米跟我说牛津的中国同胞越来越多,共富新村的中国房客也越来越多,她想搞一个饺子品尝会,问我能否帮助她时,我毫不犹豫地答应了。因为他们信任的目光诚恳的语气让你无法拒绝,其实我非北方人,平时亦不喜面食,包饺子一年也轮不到一次。但艾米的信任不仅显示了她的热心,也让我充满了自信甚至自尊。饺子晚餐非常成功,中国同胞配合默契,擅长包饺子的大有人在。那日在接连不断的称赞和感谢声中我成功地下了几十锅饺子。艾米说我总领全局有条不紊,像个将军,我禁不住要得意忘形了。春节晚会各人自带菜品就更热闹了,我在QQ群里一吆喝,应者颇众。2013年的春节,我们远在异国他乡,却能同时品尝到几十道同胞们自制的中国菜肴,而国际友人的交口称赞则使所有参与奉献的中国同胞自信满满开心多多。

信任不可辜负。自信进而自尊,不同于妄自尊大,而是以更加严格的自律为基础的。为了进一步了解英国百姓生活我住进了英国家庭。房东喜欢去社区的小菜场买菜，因为东西更新鲜。入住次日我便同去，这个菜场也就一间教室大，但买菜方式十分特别：所有来客，自行取菜，自行称重，自行算钱，自行付款；无人吆喝，无人收钱，无人监督，甚至连个把门的都没有；总共一个服务人员，负责补充货架。这是个名副其实的生鲜超市，胡萝卜、山芋上满是泥巴，一些瓜果顶花带刺甚至连藤带叶。坦白说，我拿起第一个金瓜时，不假思索就将藤叶揪掉了，拿起胡萝卜顺势敲了几下，泥巴掉了一片。可是，突然发现包括房东在内的其他顾客都是轻轻拿走，如实称重，不觉有几分尴尬。这种无人看管的菜场，这种看不见的信任或许约束力更大吧。英国的业主出租房屋时要交相应的家庭税（Council Tax），为此房东说房租要涨20英镑，我当然同意。后有同胞问我："你相信你的房东真会缴税了吗？"我果断回答："当然。"

信任有时像一缕清风，引人入胜，与人为善。英国人也会精打细算，牛津的车票有各种折扣。单程票很贵，但往返票却仅比单程多了一点点；个人票较贵，5人以上的团体票却难以置信的便宜；还有月票、年票、一打票（12张）等等实惠多多。我用牛津学者卡买过一打票，本来单程要5镑一张，买一打票后每张才划一镑多。牛津公交车司机兼做售票员。所谓检票即在票上打个洞。一打票不论往返，打满12个洞就用完了。师傅总是情绪高涨地跟每位乘客打招呼，大家笑容满面相互问候的同时司机接过票伸到打孔器下"噗"的一下后交还。动作娴熟可有时洞打了但圆孔上的纸块并未掉。我记得我的票用过四次了票上却只有三个洞，于是我第五次乘车时，跟司机说明原委并请他补打一个洞。司机连声说对不起（为自己或同事的粗心），并对我竖起了大拇指"Chinese，Nice！"

信任是一种美好的情感交流，被信任可演化为强烈的内驱力，催人奋进。中学时亲历的故事记忆犹新：语文老师指定课代表，大家都觉得没有悬念是甲同学，但老师不小心误指了甲的同桌乙——一个调皮的后进生，他语文成绩奇差作文老是写不出。同学们鸦雀无声等待老师更正，乙也惴惴地站起来："老师您错了吧？课代表应该是甲。"乙指着自己的同桌。老师这才意识到自己真的搞错了。但他一定神说道："没有啊，老师就是想让你做课代表，相信你也一定能当好。"乙抓耳挠腮地坐下，那天下课前老师就让他收了作业本送到办公室去。说起来也真神奇，乙的语文成绩突飞猛进，尤其是作文。原来语文老师常常给他开小灶，放学前他送本子时老师会随机命题让他口头作文，提醒他仔细观察然后直陈直感。就这样，到期末时乙已是名副其实的课代表了。可见，每个人都渴望被信任，而且每个人都会不辜负这份真诚的信任。

由信任到自信、自尊、自律、自强，都是信任在传递能量。信任是人生中的一道亮光。当代朦胧诗中我最欣赏顾城那句——"黑夜给了我黑色的眼睛，我却用它寻找光明。"这诗句表达的已不仅仅是信任而且是信念。坚信光明，崇尚美好，人生才有正能量。或许是我们曾经历过一个人人自危、人人自卫不暇的时代，当今信任危机愈演愈烈，甚至有人将诗句歪写成"黑夜给了我黑色的眼睛，我在黑色中摸索前行，寸步难行"。这种不信任甚至影响到国际友人对中国人的看法。当牛津的中文教授借书给我要我打借条时，我有些大惑不解。据说是有中国学生借书不还令教授伤心。我给他借条时顺便开玩笑说"古人云'读书人窃书不算偷'"，告知借书不还是情有可原的。教授哈哈大笑："原来这样！但读书人更要讲究诚信，不可以这样安慰和原谅自己的过错吧？"

彼此信任，不仅是一种最文明、最美好、最令人满意的人际关系，而且也是效率最高、成本最低的交往活动，它对人们拓展事业、增加财富、提高生活质量都有很大的影响。无论是生活中还是在工作时，相互信任才能共同发展，信任是生产力、软实力，有时也是战斗力。

（二）温情的面纱

大概是在中小学有了政治课以后，脑海中就对“西方”有了一个基本的认识：资本主义国家中人与人之间若“揭开资本主义社会温情脉脉的面纱，便是赤裸裸的金钱关系”。这个认识到学习巴尔扎克的小说、莎士比亚的戏剧时被强化到极致。如此只讲金钱没有情感的社会令人不寒而栗：西方社会好势利、好冷漠、好恶心！汉语中的“鬼子”一词基本都指西人或外国人。

但草木皆兵的同时人们又似乎觉得“揭开其温情脉脉的面纱”也是一件带着几分浪漫的举动，甚至有人想亲自尝试去瞅个究竟！说教的作用终究有限，20 世纪 80 年代起“崇洋媚外”的人越来越多，出国留学潮、出国旅游热、网上海淘族愈演愈烈！其实，每个时代都有勇敢的探险者，所幸反馈回来的信号大多为平安无事。像徐志摩的《再别康桥》等篇章简直就是脍炙人口、引人入胜了！80 年代起出国者愈来愈多、出国中介也愈来愈多，甚至留学中介、移民中介、海外置业中介也相继兴起。在出出进进之间，人们对面纱之后的探究热情愈来愈浓厚了。

本人第一次出国是在 2010 年之前，去的是纽约，到哥伦比亚大学开会，入住的是附近的一家连锁酒店。服务员热情洋溢的招呼并不奇怪，因为我是她的房客。奇怪的是那些素不相识的房客，见了也都热情地打招呼，害得我只好马上作出略带几分慌张的回应。那个小酒店坐落在寸土寸金的曼哈顿地区，房间小、走道窄，来来往往挤挤挨挨的有点尴尬。特别是那个袖珍电梯进进出出停停靠靠十分频繁。有趣的是大家虽然都互不相识但相互之间不是点头微笑就是轻声问候，电梯里虽然大家都收腹耸肩以免碰到别人，但“你好！”“再见！”之声不断，于是这陌生而又局促的空间在相互问候声中变得有点熟悉、温馨，甚至有点敞亮！陌生人相遇的礼节性问候产生了一种特别的温情，哪怕这种问候只是一个微笑或一个友好的表情，却可以立马缩短陌生的距离，使紧张的神经放松，使戒备的心理释然。

与见面时的热情招呼相比，陌生人之间的信任是一种更真切的温情。与美国人不同，在英国同陌生人见面，主动相互问候的似乎很少，这一点与国人颇为相似。但牛津令人感觉怡然的是彼此之间的那种简单的信任。牛村每日游人如织，但无论是逛街乘车还是购物旅游，背包背在胸前的绝少。更有趣的是商场的售后柜台，退货换货的人有序地排着队，秩序与收银处付款无异，不需要说明理由也无需辨认真假，更不会相互争辩，大家都安安静静地排队退换或退钱。

上文“信任的能量”已谈及信任的正能量传递功能。一个以信任为基础的社会当然是令人向往的，一个以怀疑为基调的社会则会让人如坐针毡，进退维谷。信任危机是很多社会问题的“预警”！语言中心有一台性能很好的复印机，只对中心教师开放，凭密码开机。我因讲座需要复印一些材料，问办公室能否在此复印。憨厚的詹姆士笑着说：“当然可以啊，你是我们的访问学者啊！”他当即将密码写给了我。因为研究需要，我想了解语言中心汉语学习的生源结构，希望办公室能提供这些学生的相关信息，包括国籍、专业、年龄，等等。温迪及时友情提醒：英国人一般不这么做的哟，因为涉及个人隐私。我这才想起来，跟詹姆士说时他好像真的沉吟了一会儿，尽管我已告此举目的，并承诺保密，莫非他真的不太愿意提供？疑问也只是在脑中闪了一下，几分钟后我回到办公室时詹姆士的邮件已到，各班学生信息如数发来，并祝我研究成功！意外和感动无需多言。我之于牛津不过一匆匆过客，访问学者的身份介乎师生之间。我的牛津访学研究项目之所以能顺利完成并提前完成，其中也离不开英国同行和牛津同事的大力支持和热情帮助，包括像詹姆士这样的无条件信任和配合。

信任之所以能传递正能量，还因其是一种温暖的尊严！牛津的信任让牛村充满暖意，也让牛人们更加自信自尊！比信任更进一步的则是陌生人之间的帮助。相比于国内，伦敦的地铁是老资格了，人家在1863年就有了地铁，比我们早了一百多年。但这个“百岁老人”不仅铅华褪尽，沿途的设施也不像我们这样配套齐全。比如有些站头只有楼梯没有电梯。有次从伦敦中转乘火车去外地开会，我拖着个大箱子在地铁站台上四处张望，却找不到电梯标识（lift），只好请问一位行色匆匆的乘客：“先生，请问您知道电梯在哪儿？”那人有点儿吃惊地打量着我和我的箱子：“啊哈，电梯？嗯……”突然拍着胸口说：“我就是电梯！”说罢不由分说帮我提起箱子从楼梯走了下去，我千恩万谢道：“谢谢电梯！”那人大笑着开心离去。对于一个匆匆过客，伦敦是什么什么中心其实并不重要，但这位“电梯”先生却一下子让伦敦变成了一座有情有义有温度的城市！其实在英期间，行旅途中只要我是提着比较大的行李，就不时会碰到人询问“您需要帮忙吗？”他们一般皆非执勤人员的例行公事，而是普通人看到别人需要帮助时的一种本能的反应。比较有落差的一幕是，我们回国那天，三个人带了大大小小9个箱子，车子到小区大楼下面，我们将箱子一只一只依次从无障碍通道推到电梯门口。为了少影响别人上楼，我们先将箱子排在电梯外面集中以便一次性上楼。有点遗憾的是，当第九个箱子离电梯门仅有一步之遥时，电梯突然被一位高大的帅哥开走了，对我们完全视若无睹，独自一人乘“专梯”飞升了！我们相视苦笑。当然，人家或许真有急事，而且这次只是偶遇而已。我们的生活中其实从来不缺少助人为乐者，一些目中无他人的冷面君或许是因为在一个冷漠的环境中呆久了。成语“助人为乐”很有哲理：它并没有强调要帮助别人，而是说帮助了别人会给你自己带来快乐。而无论是个体还是社会，快乐原则也是健康原则。社会充满快乐则社会和谐健康，人生充满快乐则人生安康。助人为乐也是互相信任的延伸，是人际之间温情向热忱的转化。一个社会的温度可以从陌生人之间的相处态度上表现出来，但陌生人之间的助人为乐是让社会保持温度和热情的有效举措，因而尤为难能可贵。

家人之间的关系也是我们常用来比较中西异同的主题。不敢妄说英国人的亲子关系冷漠，至少在我的英国房东家，我看人家每天卿卿我我唧唧哝哝比我们厉害得多。当然，房东的孩子还比较小。牛津同事麦琪的孩子大了，似乎该到谈婚论嫁时了，聊到这些，麦琪大笑：“我才不操心呢，谁管他们呀！恋爱结婚是他自己的事情！”所以每到假期，麦琪总是买上几本当年的畅销书和先生一起去国外度假。不过那次在麦琪家作客时，我看到麦琪接到孩子电话时眉飞色舞的表情，而且一接完就迫不及待地去和先生分享，我的直觉是：从根本上看天下父母没啥两样！让我感到意外以至于大吃一惊的是某日下午，我去克丽丝的办公室找她，推开门却看到两个小女孩儿和克丽丝一样金发碧眼，正吃着克丽丝削给她们的苹果。“她们是？”我好奇地问。“我的两个外孙女。”“哇！太可爱了！实在看不出您已是外婆了！”“她们放学早，爹妈还未下班，我只好抽空去把她们接到这里来。”“原来是两个小学生，各自还背着小书包呢！”克丽丝边说边用一块纸巾帮孩子擦手擦嘴。身为语言中心总管克丽丝有一间比较大的办公室，两小天使吃完苹果后自觉地各自找一处桌面写作业去了——看来小家伙已经训练有素了。或许克丽丝有过交代，在下班前她们只能呆在外婆的办公室，不敢乱跑！若不是这次敲门，我估计直到我离开牛村我也不会知道，甚至也难以想象：英国的第三代的照看有时也是离不了爷爷奶奶外公外婆的帮衬的！家人亲情其实世界大同！

中国的父母推崇天伦之乐，中国的家庭期待儿孙满堂，中国的爷爷奶奶退而不休，接送孩子上下学一丝不苟，以至于有老外质疑我们的年轻父母是不是不够“称职”，让爷爷奶奶老将出马，牺牲了他们的休闲娱乐，是否有点儿自私？这样的题目甚至在国际汉语教师资格考试题当中出现了。文化比较没必要一味求异呢。克丽丝案例只说明：幸福的家庭是相似的，忙碌的家庭也是相似的！谁又能说含饴弄孙的隔代情不也是中外相似的呢！地球本来就是个球，当地球变成村庄，中外之间的面纱随风飘逝，我们发现了更多的作为人的脉脉温情！

（三）吃喝的性质

“民以食为天”恐怕不只是一句中国俗语，还是世间常识，否则，很多教会的传播就不会从为“慕道友”们提供免费饮食着手了。吃喝本为人类正常的生理需求，只要不是胡吃海喝对身体总有益处。而在同一锅饭、共一壶饮之间人们心理距离自然缩短、情感与饮食共进、关系随咀嚼交融，因此吃喝也是情感纽带，我国民间戏称“亲戚”核心在于“请吃”理与此同吧？

汉语招呼语“吃了吗？”也许是先民曾经的饥饿岁月留下的语言胎记。现在世界上也许还有不少外国人认为中国人民依然都在忍饥挨饿。在英国房东家看到一本牛津儿童读物，“中国简介”那一节说我国是一个地方很大但耕地很少的国家，人口很多所以很多人吃不饱，于是只好到国外谋生。阅后我赶紧对房东的孩儿们说：“我可不是因为吃不饱来牛津的，现在的中国人大多不是吃不饱而是吃饱了没事干，不信你们就不会每天看到牛津满街的中国游客了。”房东一家哈哈大笑。

话说回来，我们确实一向对饮食十分关注和重视，这不仅造就了我国辉煌的饮食文化，也导致了一系列与饮食有关的社会问题。譬如公款吃喝风影响到政府的清廉形象，为此政府不得不明令禁止。其实公款吃喝在国外也并不鲜见，我在牛津一年也有幸享用了多次免费的美餐。

教工开学日，牛津大学语言中心四十几位教职员会在一座三层小楼中度过一整天。开会在顶层的大教室，茶歇和午餐都安排在一楼的“Roma Bath”里。Bath 是英国一个“精致而美丽的城市”（傅雷语），音译为“巴斯”，“浴池”的意思，位于英格兰西南部，是一个被田园风光包围着的古典优雅的小城。历史上罗马人在这里发现了温泉，并兴建了庞大的浴场，至今浴池里还是热气腾腾。语言中心的“罗马浴池”其实是一个大大的长方形的坑形活动场地。浴池四边铺一圈坐垫，一侧墙壁上挂着个大电视机。浴池中央有一张大大的长方桌。聚餐时为餐桌，排满美味；平时则是书桌，陈列一些图书馆淘汰的旧书或过刊，常有善于淘书者来这里转悠。平日浴池边上总有一些学生静坐低语，那是不同国家的学生在操练口语，期末时还是各个语种学生作业的展览场地。

开学日和结束日，语言中心都要宴请所有教职员工，浴池中央的餐桌上满满地摆着几十种小吃，原来的一张长方桌不够了，又加了两张，这样横贯浴池铺开；还是不够又加了两张放到浴池外面，专放各种酒水饮料和水果。场面堪称奢侈：各种荤素菜肴，各款精美糕点、各色三明治、各类水果切片。不过，留给午餐的时间并不富余，主任鲍勃借此介绍了包括我在内的新来者，也与大家一起分享了发生在暑假中的各种好消息。

牛津大学暑假长达四个月，很多老师都会在假期中安排一些学术或旅游活动。开学这天，午餐时大家交流假期见闻，会议上大家分享研究成果。2012年开学之日牛津语言中心的工作量非常之大：暑期教室全部更新了设备，投影都换成了“聪明板”，教师手握水笔可以在电子板上擦写自如，真正实现了无尘授课。确保每个老师都学会使用以后，开学从培训进入到学术研究交流环节，那天Maggie博士和大家交流了她的最新研究成果。她的学术汇报给我留下了深刻的印象。台下的每一位老师都被编入“被试”参与互动。还有一项议程也让我颇感意外：图书馆管理员露西亚很得意地走上讲台跟大家详细汇报图书馆的暑期变化。牛津大学的图书馆堪称世界一流的图书馆，不仅有一百多家分馆，而且始终保持着高效的服务质量及热诚的服务态度。在学术至上的牛津，图书馆管理员毫无疑问是一个极其重要的岗位。语言中心的周报中每次都有图书馆专栏。暑假里图书馆新进了大量的资料，借书设备又有更新，借阅程序大大简化：读者只要将书在借阅台上轻轻一放，无论多少皆可一次检录进系统。

集体会议之后是上学期各语种的校外督查情况反馈和组织集体备课，这是更为具体的有针对性的教学研讨。当然，这一天大家活儿干得多做得实，语言中心买单的午餐茶歇也让每个人都吃得香喝得美。我在牛津的三个学期，在罗马浴池中举行的大型聚餐就有六次。学期结束时，有人要离开，鲍勃致辞欢送，也给所有教职员工表示感谢并送上美好的祝愿。还不止于此，鲍勃还给每个离别者送上贺卡，贺卡上布满了大家密密麻麻的签名和祝福！

说得夸张一点，语言中心每天都在用公款吃喝。因为语言中心的厨房里永远有咖啡，有英国茶，冰箱里永远有新鲜的牛奶和橙汁。刚到时我问教务员詹姆士，“这是谁的牛奶？”答曰：“母牛的牛奶。”说完还学牛“哞”了一声。

每个星期三上午的十点半到十一点是早茶时间，大家一起喝早茶，牛奶、咖啡、饮料、佐以几样茶点。因为喝着茶吃着小点心，这是一个相对轻松的时刻，也是相互之间了解近况的机会，有时甚至还带点儿八卦的味道。谁家婚丧嫁娶谁家添丁加口都会成为谈资。正是在早茶会上我获悉那天是戴巴拉的生日，下午我给她写了张贺卡并送上个小礼物。戴巴拉激动不已，专门发邮件致谢不算，又来我办公室当面言谢。也是在早茶会上，我说了我的同胞初到牛津租房被骗的事情。正直的行政总管克丽丝马上给我提供了牛津法律援助中心的联系方式，并告诉走过去的路线。我曾经跟克丽丝说早茶会真是个充满关爱的温馨时刻，语言中心的这笔开销很有价值！没想到克丽丝说：“还行吧，不过一周才一次，我女儿的公司每天都有！”

共富新村是我刚到牛津的住处，是一家隶属于慈善机构的集体公寓，专门接纳来访牛津大学的各国学生和学者。共富新村的负责人艾米，经常组织各种活动，以使来自五湖四海的房客们充分感受大家庭的温暖。直接有关中国的次数也不少，我就协助艾米组织过好几次。当然她出资，我出力。其实也很简单：拿饺子会来说，我给艾米开了购物清单，邀请几位在访的中国学者助阵，忙乎一个下午，整出了上千只的各色饺子。

艾米对我这“总指挥”倍加赞赏。当她看到中国学者们严格按洗菜洗碗、切菜制馅、擀面滚皮、分类包装，男女分工有致，进展有条不紊，过渡衔接自然时，惊叹不已也笑得差点儿蹲在了地上。那次来吃饺子的各国朋友大概有四五十人，断断续续持续到晚上八九点。厨房里五六张方桌根本容不下，大家排到客厅里，蘸饺子用的油盐酱醋还有饮料一字呈流水作业状排开。好在大多数外国朋友习惯站着吃饭。我数不清下了多少锅饺子，也记不清多少人过来对我说好吃感谢的话。艾米也对我崇拜极了，她说饺子好吃极了，说只要我愿意过两周再搞一次。我当然婉拒：虽然饺子价廉物美，折腾一次也得花掉两三百镑，关键是咱中国人也不能总是白吃。共富新村并非黑心商户，入住共富新村的房客大多对它印象甚佳，离别时恋恋不舍。共富新村经常组织各国美食品尝或外出旅游，共富新村小报上常常登载房客们素朴动情的留言。有位来自清华的女学者在此住了整整两年，离别时用专业而又优美的舞姿表达了她对共富新村的留恋于不舍，大家都被深深感动了，善良的艾米眼中泪花闪闪。

记得幼时课堂上，政治老师总是告诫我们要警惕资产阶级思想“温情脉脉”的外衣和糖衣炮弹，在牛津生活了一阵以后，我发现至少在这里温情脉脉的似乎不只是“外衣”，连衬里也保持者同样的质地！语言中心考试期间，罗马浴池旁多了张桌子，一块“考生专用”的字牌旁边放着饮料、饼干、三明治、面包等，——原来是语言中心在考试期间担心有学生饿着肚子考试，专为他们准备了一点零食。乔治说以前还曾准备过红酒给学生提神，结果有学生空腹喝酒竟然喝醉了，反而未能参加考试。

不过，你若据此就得出牛津公款吃喝风盛行的结论那就大错特错了！到牛津不久的某个周末我接到语言中心通知：下班后去某餐馆聚餐，而且行政领导全都参加，但出乎意料的是吃完时要大家每人交份子钱。开始时还觉得甚至有点上当的感觉，后来发现“AA制”也挺好：吃得心满意足也没有任何心理负担。同样是共富新村组织的中国年聚会，自带食品者凭票给艾米报销，更多的客人都是买票入场，每人十镑，可谓价格不菲！

不难发现：牛津的公款用度是界限分明的。吃吃喝喝，只要出于公心，益于公众，归于公益，用公款无可厚非。业余聚餐，一律自掏腰包。不过自费并不是为了刹住吃喝之风，因为人是群体动物，吃喝聚餐更是一种心理需求，是一种生活样式。牛津大学不止一个学院或部门有周五晚上集体去酒吧的传统，牛津更有所谓的世上“智商最高的酒吧”、“文人名人造访最多的酒吧”等。牛津的酒吧下午四五点钟就饮客盈门，晚上更是家家客满。去牛津的酒吧坐坐真是一种享受。人们并不讲究吃啥喝啥，一杯咖啡、一瓶酒是陌生人的开场白。英国人对于酒吧的热爱似乎达到了痴迷的程度。这个平时有些不苟言笑的民族，往往下午很早就坐到酒吧开始“神聊”，聊到深夜还意犹未尽。共富新村临街的房客经常抱怨夜深时有醉汉在窗下大声喊叫或呕吐，这其中是否有牛津学子就不得而知了。

（四）来往的礼仪

从礼仪之邦出去的人应该保持相应的风度，要给人家留一个彬彬有礼的好印象。公派出国的访问学者临行前都要接受一番跨文化交际礼仪训导，老师提醒出去时最好要备一些有中国特色的小礼物，拜访或者回礼时会用得着。当然，老师也说了，给外国人的礼物无需太贵重，贵重了即有贿赂之嫌。于是，风光类的明信片、光盘、中国的小手工艺品等成了首选，买了一大包，占去了箱子一多半的空间。回国时东西更多了，多出了一大整箱，不过其中除了一张语言中心集体赠送的明信片外无一件英人回赠的礼品，皆为自购的书籍、衣物以及大半箱带回国内赠与亲友的礼物。

古人云："来而不往非礼也！"据此开来，似乎英国朋友有些失礼哟！但细嚼一下却发现了古人的智慧：强调"来而不往非礼也"，却未评点"往而不来"。"来而必往"是一种自我规约。往，乃我心欲往，既往则应心安，至于对方是否有"来"相报，那是别人的事情。中华礼仪的大度和自律精神由此可见一斑。

礼尚往来，有来有往自是热闹。细想人们送礼无非三种情形：或求人或谢恩或留念。"礼尚往来"强调的正是通过馈赠或互换礼物而实现人际关系平衡。礼的作用真不可小觑：恩恩怨怨可以在来来往往中和谐，曲曲折折可以在来来往往中通联，是是非非可以在来来往往中化解，所以，谦谦君子往往乐施于人但断不肯随便收礼，而戚戚小人则往往乐于收礼甚至贪得无厌。前者是一种美好的人际状态，后者则很可能是人际交易的两讫。其实往来之礼也未必都有形有式。人际关系的平衡可以有不同形式的体现：尊老爱幼是一种平衡，知恩图报是一种平衡，投桃报李也是一种平衡，钱权交易、官商勾结、沆瀣一气，等等其实也是某种平衡。平衡乃是一种稳定或良好的状态，那么一旦有所失衡就需要以别的形式来弥补或调节。

每个国家或民族都有自己表达礼貌的方式。在英期间我所递送的小礼物，收获多多的是英国朋友真诚的谢意！语出诚心与礼出诚心同样可以实现交际的平衡。为了完成访学项目我曾对英国所有高校的汉语教学情况进行过调研，借用参与学术会议的机会发出了近七十份问卷，每份问卷随赠一张中国名胜明信片。做问卷的人收到明信片都很开心，问卷当天即悉数回收。但令我意外的是爱丁堡大学的一位老师，来年再遇时竟然告诉我她非常喜欢我送她的明信片，我愣了好一会儿也没想起来送给她的是哪一张。类似的事情也发生在牛津同事麦琪身上。2012年的圣诞节我给麦琪送了一张贺卡，留言中真诚感谢她对我的帮助以及对她授课风格的高度评价。次年春天应邀去她家作客时，意外地发现我的贺卡端端正正地立在她家壁炉上方的台子中央（大抵类似我们的客堂神柜），麦琪低声对我说："亲爱的凯瑟琳，我太喜欢你的贺卡了！我把它放在这儿，天天看到它！"我真的好感动！

求人办事的送礼多少会有些尴尬，但其目的往往在于获取更大的利润或利益。"拿人钱财替人消灾"也是一种平衡，当然也时有得人钱财而不作为的事情发生。之所以要求人，往往是因办事中遇到了阻碍或被某种游戏规则所限制。当我为了研究给牛津语言中心的同事发出课堂观察请求的邮件时，几乎全都表示欢迎，除了一位综合课老师。"早茶会"（Coffee Morning）上，偶然碰到大家在吃蛋糕唱生日歌，原来正是那位老师过生日。吃了蛋糕，说了生日快乐，众人纷纷散去。作为中国人总觉得人家生日应该有所表示！正巧包里有个青花瓷图案的名片盒，迟疑一下还是顺手包起来送给了她。她激动出乎我想象，一再对我表示隆重感谢，说她非常喜欢如此优雅的中国礼物！更令我想不到的是第二天，我又收到了她的邮件——一封情真意切的感谢信！文字是英人敬重的正式的表达形式，大感意外的是信的结尾处，一句"欢迎您观察我的课堂"让我喜出望外。小小糖衣弹命中率甚高，看来我天朝的交往礼仪生就具有营造和谐人际关系之功效！

英人收到礼物时习惯当面颂扬几句，当那种赞美发自内心时，同样十分动人，效果不亚于收到回赠。到牛津语言中心第一个见到的是主任鲍勃（我们未曾谋面，但是多次往来邮件已俨然是老熟人了），寒暄之后，我送给他一个竹节样的可以旋转的笔筒，顺便说了竹子的中国文化含义。看起来有几分严肃的鲍勃，反应令我大吃一惊。他毫不掩饰自己的喜出望外，道：“啊哈！好精致啊！你怎么知道我正缺一个笔筒呢？！”办公桌上确实没有笔筒，他立马将桌上长短不齐横七竖八躺着的笔们统统搜罗进筒，还顺势用手一推，笔筒快乐地转了起来。出乎意料的是鲍勃竟然坐上办公椅单脚用力一蹬，自己和椅子也高兴地转了两圈。年逾花甲的他像个快乐的孩童，一扫英国人的傲慢和矜持，我也禁不住哈哈大笑，相互之间的陌生化为乌有。

我们有很多传统节日都是晚辈尊亲敬老感恩谢德的机会，所以节日期间小辈送礼孝亲，长辈设宴款待，大家其乐融融。教师节是学生谢师的日子，每年我总会略备薄礼回师大去看看几位老师。有的老师会大秀厨艺以喂学生馋虫；有的老师则清茶一杯谈谈过往与现在；唯独中文系的老主任齐森华老师每次必有回礼，以至于爱人笑我是打着看老师的名义去收礼。齐老师的做法打破了师生之道的某种平衡，因而也超出了寻常“往来”的游戏规则，以至于有几次我真的不敢再登门，只是电话问安，齐老师也说：“通个电话足矣，不要跑来跑去的！”但说真的，师生之间的促膝谈心和电话里的寒暄几句毕竟不是一回事儿！毕业久了的师生多像志同道合的朋友，师生之间可以一杯清茶神聊半日，撇开来来往往的世务俗趣，分享为人为师的酸甜苦辣。而且，每次见面实际上齐老师也特别开心，告知我拉拉杂杂的每一篇“玲听”，他都会认真审读给我鼓励，也常常一语道破学生文字背后的小小用心，于是师生相视大笑。如此这般的想来，与齐老师往来的“节礼”也只是一个仪式载体，小小礼物构筑的是更高层次的精神愉悦。

我的旋转笔筒还给过共富新村的管理员迈大爷。搬进英国家庭这事要特别感谢大好人迈大爷。笔筒的包装盒大得有点儿夸张，那天迈克下班帮我把行李送到房东家，他接过礼盒笑着说：“呵！这么大个儿！”我说：“只是个笔筒，旋转时可以看到上海几个著名的景点，欢迎您去上海旅游！”“是想出去走走，也很想去中国看看，但是我太太卧病在床，我哪儿也去不了！”“哦，是嘛！对不起！”我有点儿尴尬，觉得送错了礼物。“没关系，我很喜欢！也希望我太太能尽快好起来，跟我一起周游世界！”迈克说完双手在胸前画十字。后来在教堂遇到迈克推着轮椅，他的太太因患风湿病已经好几年不能走路了，但她有天使般灿烂的笑容。个子小小的迈克动作娴熟地将身材高大的太太抱上抱下。回国一年后收到共富新村负责人艾米的邮件，告知迈克的太太去世，而且迈克也即将退休。迈克是共富新村资历最老的员工，已经差不多工作了40年。艾米还透露共富新村正策划送给迈克一份退休大礼——一次中国旅行，她联络了很多在共富新村住过的中国学者，想让迈克的中国之旅处处有熟人、有亲人。我很高兴甚至很激动，共富新村是我刚到英国时的“家”，迈大爷来访，故交相见一定开心，我更高兴迈克终于能亲眼目睹笔筒上的上海风景了。但至今未等来迈克，原因不得而知。或许重情重义的迈克在太太走后已经没有了旅行的心思？不管他能否来中国，唯愿老先生安康！

共富新村的艾米，是个年轻姑娘。2013年寒假打算到北京旅行，虽然我那时已经搬出了共富新村，但还是给了她一张北京旅游英语光盘，只为分别留念，这是个好姑娘！一有空就组织活动让共富新村充满活力和温情。艾米拿到光盘高兴得和我热烈拥抱！我的英国房东以及她的两个孩子，在我离开时都有礼物相送以示留念！临行前我甚至还给房东一家赠送了两次汉语课，从未接触过汉语但又十分好学的一家人，别提有多高兴了！她们有拉丁课，不过每次都付费的。我对马瑞娜说：“我们有缘同住一个屋檐下，就是一家人，一家人不谈钱！这是我赠送你们的告别礼物！”看得出房东那一刻真的有点动容！我以为她或许会送我点儿啥作为纪念！结果有点小失落，细雨中她一家人一直将我送上汽车，依次紧紧拥抱！马瑞娜说：“以后来英国，欢迎你再来家里喝茶！”“会的。”我笑着挥手，为刚才自己心里闪过的那个小小期盼而惭愧！

国际交往或人际交往其实都是有来有往，只不过有时有形有时无形，有时用钱物有时用心神。也不论是求人的还是答谢的或者留念的，来来往往构成了川流不息的历史，也留下了许多美好的记忆，这或许还是人类馈赠给自己的一分厚礼，正如“一带一路”，本为先人古道，如今重新发现，再续前缘，是经济纽带，更是沿途各国与中国往来的礼仪之路。

（五）待客的分寸

“宾至如归”是我们一向推崇的待客之道，平常在很多酒店宾馆大堂之上都可见到此匾高悬。宾至如归的词典意义为“形容招待客人亲切周到，客人到此就像回到自己家里一样”。英国人民待客同样追求“宾至如归”，但需要说明的是，他们的“宾至如归”意思应解释为“对待客人亲切周到，就如同对待自家亲人归来一样”。到英国家庭作客，你很难感觉到“客气”，主人视你如同家人，没有过分的殷勤，更不会勉强你吃喝。

细细思量，倒觉得人家的做法或许更有道理。若要让客人如同在自己家里一样，不仅主人难以做到（因为客人来自四面八方不同的家庭，各有不同家风），客人自身也很难做到（因为客观上这里毕竟不是在他自己家里）。而若采纳英人宾至如归之义，我们的另一成语“客随主便”(“客人依随主人的方便或安排而行事”)也能顺理成章，否则两者很容易成为悖论，显得我们的客气变成客套了。客至客居皆需入乡随俗，这是交际原则也是生存智慧。因之，鄙以为，宾至如归之“归”应解释为家人来归，迎接宾客要像欢迎归来的亲人一样热情、真心，对待宾客像对待亲人来归那样真真切切、实实在在。不虚与客套、不过分招待，客人看到的是更加真实的生活，体验的是更加纯朴的情感。《东周列国志》第 78 回云：“四方之客，一入鲁境，皆有常供，不至缺乏，宾至如归。”似乎也印证了我的理解。

迎接宾客如同迎接亲人来归，其实是一种文化情怀，也是一种家校互动。英国很多高校都免费为赴英留学者提供寄宿家庭(homestay)服务，即学校出资为留学生提供周末英国家庭生活体验，这正是一种达到宾至如归效果的举措。相比之下，牛津大学未提供这种服务多少有点儿缺憾。在国内接受培训时就听说到英国访学，如果你善于安排几乎每个周末都可以去不同的家庭体验。这对初来乍到英伦的外国学子零距离接触英国文化，无疑是一个十分宝贵的机会。其实，英国有现成的“家庭寄宿官网”，点进去，在学校名单列表中查到自己所在的大学名称，就可以直接报名了，家人可以随行(家人自费)。如果你的大学不在名单中，想体验自费即可。申请者对寄宿家庭有任何需求如语言啦、信仰啦、交通啦、无烟啦、宠物啦、兴趣爱好等等可以一一列出。人家会根据你的需求为你寻找合适的家庭。报名、确认、与户主联络皆是通过邮件完成，十分便捷。英国面积不大，周末往返即可。体验者周五到，在英国家庭过两宿，周日返校，跟普通的孩子周末回家差不多，不会影响正常的学习。

英国家庭寄宿分无偿和有偿两种。提供无偿服务的志愿者大多是性格开朗、待人热情的地道的英国公民，其中不少是鳏寡孤独或孩子不在身边的长者。他们满腔热情地接待来自世界各地的客人，同时也让他们的家在周末充满了欢声笑语。我的房东也是寄宿家庭志愿者，我搬出她家正是因为他们接到了接待几名寄宿生的任务。

国际教育中的Homestay也给异国他乡的学子带来了一份难得的家的温馨。我认识两个去过英国家庭度周末的中国孩子。一是北京小伙儿，一是上海姑娘。男生去了英国北部，女生则去了英国南部海边。北方的房东是孩子在国外工作的一对夫妇，女孩儿的房东则是一位年长的单身女士。两个孩子作客归来感触良多，都说在英国家庭所度过的一个周末胜过自己很多的道听途说，寄宿对自己认识真实的英国帮助太大了。他们不约而同地感叹："很真实、很亲切、很感人！"所谓很真实，就是没有故作姿态的客气；所谓很亲切，就是没有陌生感，如同回家一样；很感人，是他们在不同细节上都能体会到房东的用心和关爱。男孩惊叹房东先生的学识渊博，两天的相处，让他长了很多见识。房东太太则对他嘘寒问暖、关怀备至。他们带着他一起去教堂、会朋友，俨然当他是自家的孩子。女孩儿则更激动了："虽然这位女士没有孩子，似乎也不太擅长言语表达。但为我精心布置了温馨而又漂亮的女儿房！烧的饭菜虽不奢华，但非常可口、地道，太好吃了！谁说英国饮食文化欠发达！"英国房东的直截了当、热情和充满活力也让他们深受感染。虽然英国人看上去大多很内敛，甚至矜持，但他们视同家人的热情让每个人都感到舒服、快乐。这两个家庭都是基督教家庭，周日两个孩子也都跟着一起去了教堂，这是每个基督教家庭的周末必修课。另一天就是郊游或访友了。一次寄宿家庭的生活体验，使得这两个中国孩子在英国有了一次"回家"的感觉。当然，这个家并非自家，但"家长"的待客态度让他们感到十分自然亲近。很多寄宿过的孩子与房东还保持着联系，甚至回国后也未中断。除了过节时的问候，连自己恋爱了、结婚了的喜讯他们也愿意与远在英伦的“家长”分享。我的房东家的寄宿服务属于有偿的，她的任务一般是教会派给她的，寄宿者中以学生居多，常常会两三个一起来，而且时间有时很比较长，可能会在她家住上一两周。寄宿的小留学生要完成若干项具体任务，有一份详细的清单，如：语言学习、超市购物、制作饭菜、户外运动等等若干条。费用由教会支付给房东，当然教会的费用或许也是由某个学校付的。房东是两个女儿的妈妈，来她家寄宿的学生，多与女儿们年龄相仿。他们周末一起活动，很快就相互熟悉、融为一家了。我住她家期间看到一个法国小姑娘在她家的几天生活，那几天法国女孩儿完全是随茶便饭，客人不拘束，主人很方便。那个法国女孩儿还直接管房东叫“妈妈”，马瑞娜幸福地答应着。

当然，并非所有人都愿意且都能够让来客有宾至如归之感。也不是所有的英国家庭都能做到让外国人感觉宾至如归的。英国的寄宿家庭也是经过了严格的筛选、调查和走访后才最终确定的，房东绝大多数是基督徒，同时也是英国传统文化的拥有者和传承者。尤为关键的是，他们还需要有多元文化胸怀和跨文化交际能力。英国人通过寄宿家庭的方式传播自己的文化，通过与学校合作的模式将文化传播与学校教育融为一体，不得不让人叹服：这是一种行之有效的文化传播方式。所以，Homestay 以一种平实而又真挚的情感交流方式自然而然地实现了文化的国际交流与传播。而建立在宾至如归情感基础上的文化交流或文化传播效果也远远超过了说教和大张旗鼓的宣传。

其实，中国人一向以好客著称，针对国际友人的家庭寄宿体验活动，似乎也早有人为。报端银屏上也会看到一些中国百姓热情接待国际友人或来华留学生的宣传镜头。往往是热情的饺子包起来，沸腾的汤圆滚起来，或者火辣的秧歌扭起来，荧光频闪，气氛热烈。不过总体感觉热闹非凡，总给人或多或少的表演感。如果我们真的愿意让国际友人深入了解，我们不妨学一下老外的“宾至如归”，让他们看到中国人真正、自然的生活方式、体会一下原汁原味的日常生活。听说我们学校原先也尝试过让老师在家接待留学生的做法，学校还曾给予一定的补贴。后来不知为何停了，一说是留学生太多了应接不暇，一说是学校对家庭有面积规定（120平方米以上方可），达标者太少后来渐渐取消了。十年前刚教留学生时当时借住在师大一村50平方米的斗室里，并不知道学校有面积的限制，竟然让十几个留学生来家作客，吃饭的桌子很小，椅子也不够，小杌子都用起来了，床沿上都坐了人，但大家嘻嘻哈哈，开心得很。当他们问我：“老师，需要我做什么？”我一点也没有客气地给他们布置了任务。如今想来，那可不正是“宾至如归”嘛！事过多年之后有校友来访一见面就说起那次去我家的感受，说是中国小家庭的温馨一直历历在目。

由此看来，看似无策略的英国家庭寄宿行动实际上正是文化传播的高招儿。这一招儿既不乏真诚，也充满智慧。有人说一般的中国家庭不愿意给人提供寄宿，因为家里来了个陌生人很不习惯不方便，而且天天要招待客人，实在太累。这或许是大实话，礼仪之邦本无可厚非，但待客过于丰盛的餐饮，不仅容易造成浪费，还会让主客双方感到身心疲劳。而且，如果异域来客是以体验原味生活为目的，那我们过分的待客热情难免使双方拘束、心理距离被拉大。家庭寄宿并非为了展示，“素面朝天”的中国百姓生活在来华留学生眼里或许更加真实动人。如果我们像对待自家归来的孩子那样对待来华留学生，让他们体验一下中国的家庭生活，说不定这些外国孩子会真的很不习惯呢！但这却是真实的中国。有人提议中国的寄宿家庭交给某某公司来运作，商业模式介入到教育行为或文化传播之中，最终必然以盈亏来论效益，那样效益很可能变成了利益。利益驱动，文化交流难免跟着变味，希望我不是杞人忧天！

（六）不俗的竞争

“不俗”意为不能脱俗。或隐或显的大学之争已是人间稀松平常之事。牛津剑桥的赛艇传统经过了民间传说的演绎，使大学之争带上了更多的高校幽默和机智（如图）。其实大学之间不仅是必须的竞争对手，还常常是亲密的骨肉兄弟。“牛津是剑桥的母亲，剑桥是哈佛的妈妈。”这种“血亲”关系可以从至今源源不断前往牛津剑桥的哈佛学子身上看出来，那种“摇啊摇摇到外婆桥”的亲近和悠然动辄溢于言表。可以推想“老资格”的牛剑学子去了哈佛自然也有一种亲戚间走动的泰然吧。

牛津剑桥划船赛

有道是“五百年前是一家”，现在的大学大多是随时代变迁经过了几度调整、改制、撤并或扩展而成的，所以绝大多数大学之间都存在着或远或近的亲缘关系。比如我国，当代的著名大学大多与19世纪末的北洋大学堂或南洋公学都有着某种联系。当初“南北洋”交相辉映，开创了我国高等教育史的新篇章，就像中国大学的两只老鸡。但人间常情是：孩子大了脾气也往往见长，亲情色彩则越来越淡，甚至同根相煎的事情也时有发生，大学之间真可谓“爱恨情仇，一言难尽”。以交通大学为例，中国的“交大”，除了上海交通大学和西安交通大学，还有西南交通大学和北方交通大学（北京交通大学），加上宝岛的新竹交通大学共五所。五所交大都与南洋公学有渊源关系。四分五裂不谈，其间时有争执，实在令人扼腕。这与老校长唐文治的“四通八达”梦想相去甚远了！

时下我国有些大学之争有愈演愈烈之势，深挖一下恐怕主要还是由于深重的名利情结。高等学府一向被视为人间净土，象牙之塔。但近些年商业氛围的熏染，很多高校面对名利无法超然。细细寻思起来，大学的名利之争主要集中在名分、名号和名次三个方面。

一曰“名分之争”。名分一词，来自儒教。早先君臣、父子、夫妻的关系称为“名”，相应的责任、义务称为“分”。在名分的教义下，进行人伦价值的判断，人伦价值即“大义”。儒家认为，只要人人遵守这个价值观，就能够达到社会稳定和谐的目的；反之，如果违反大义名分的话，即使花费巨大社会成本也不可能维持统治。也就是说：明名分，序人伦，则社会安定，家庭和睦。可见名分是何等地重要！

大学间序齿排辈，职分脉络分明，本来不应有名分之争，但是行政化之下的大学名分都是由上级命定的，这就意味着一旦争得了名，也就将获得更多的利益配额。名不正则言不顺，言不顺则分不清，分不清则事不成。所以，有名的大学不用愁，无名的大学愁白了头。为了进“211”，为了上“985”，为了升格，大学削尖脑袋，挤得头破血流。我国高教系统大多为公办体制，也就是说我国绝大多数高校只有吸引上级的眼球才能得到相应名分和政策倾斜、经济资助等等，为此高校就不得不干出点“名堂”来。但高校的名堂也得由行政来评鉴，于是高校不得不奉迎上级、期待垂青，往往是领导喜欢干什么就干什么，领导让干什么就干什么，也自然形成了大学对行政的依赖、对政要的攀附、对名人的热衷以及擅长形象工程等积习。什么是名分？有领导莅临指导就有了名分，有政要路过就有了名分，甚至有名人造访就有了名分。

事实上，大学在追求这些所谓“名分”的过程中，大学的本真也就渐渐丧失。大学要的是学术品格和钻研精神，牛津培养了大量的诺贝尔奖得主和首相，但大学精神从未丧失。当年的在任首相布莱尔在牛津求学时曾因私事说情而碰壁，当他发牢骚时，牛津大学毫不犹豫地取消了授予他荣誉博士的计划。哈佛一脉相承了乃祖风范，要求学生“以柏拉图为友，以亚里士多德为友，更要以真理为友”，哈佛培养的总统和富豪之多无与伦比，但是哈佛大学绝少把富豪和总统挂在嘴边沾沾自喜，反倒是那些总统富豪们面对哈佛大学，甘愿低下高贵的头颅以示敬重和谦卑。高等教育的精神对一个国家一个民族具有引领作用，从人类文明演进看，那些历经百年千年的名校之所以长盛不衰，正是坚守了自由独立的办学宗旨，不向世俗谄媚，始终挺着学术的脊梁，孜孜不倦为社会造就栋梁之才，因而赢得了世人的由衷尊崇，成为名副其实、众人仰慕的“大学”殿堂。

二曰“名号之争”。大学的名号多来自地名、特色专业名，或者创办者命名的。牛津剑桥用了地名，哈佛用的人名。名正言顺固然有理，但一些大学频繁改名则显得缺少执持，也给世人不少纷扰。汉语特色、华夏之风、文章之美在我们的大学名号上也有所体现。前些年刮了一阵大学“改名风”，要么前面要贴上“国”字标签以显档次，要么后面续上“大学”二字以显气派，要么把地市名直接升级为“省名”……总之，就是贪大求全，听起来高大上，叫起来响当当！最好是能让考生对校名一见钟情，随即以身相许。以我们东华大学为例，几番更名以至于每与客人交谈总要释名在先。还不止于此，“东华”叫了十几年，竟然还是有作为老上海的出租车司机只认“纺大”（中国纺织大学）不知东华！传闻校庆时有老校友返校，断然面对校门而不入，声称这并非他们的母校，从而住在对面宾馆与老同学会一会了事！当初听了颇觉校友有点儿小题大做，到牛津村后看到那么多老掉牙了的建筑，问同事怎么不修一修、改一改，难道牛津缺钱？同事答曰：非也，牛津大学是所有牛津学子的家，牛津大学的任何改变都要周知校友，别说学校名号了，哪怕校舍有一点改动都要征得校友的同意。这个过程颇费时日，因此，我们看到的牛津总是那么一副老旧的面孔。

当然，大学更名有时也是为了与时俱进。学校管理者追求“高大上”一时忽略校友感受还能情有可原，如果改得连在校师生都不乐意那就是极其麻烦了。大学改名原因杂多，《京华时报》的马九器先生解剖得比较直白：“一些改名乃至纷争的本质，还是利益作祟、面子作怪，与学术倒没有太大关系。名字高大上了，一是图资源，二是图生源，三是图政绩。”文章乃有感于四川的泸州医学院上书教育部要求更名为“四川医科大学”，而四川大学则向教育部发起“反更名请愿书”的争端。据说与四川大学合并的华西医科大学历来被称为“川医”，烽火燃起因虑及“川医”名号花落别家……在我看来大学名号没啥改头也没啥争头。一些世界名校一直怡然自得地用着并不气派的校名，比如美国的加州大学伯克利分校、麻省理工学院，又是“分校”又是“学院”，实在难见一丝豪门品相！而牛津人则喜欢将牛津唤为“牛村”，似乎越来越土了。

三曰“名次之争”。名次即大学排名，虽然历史不长但很受人们关注。有世界排名，也有国内排行榜。世界大学排名起源于美国，1983 年《美新》杂志率先推出全美的大学排名，现在每年一次，面向学历教育。2004 年，英国泰晤士高等教育和 QS（Quacquarelli Symonds）合作推出世界大学排名，2009 年起参照汤姆森路透社数据排列推出独立的 THE 世界大学排名（The World University Ranking）。2009 年 QS（Quacquarelli Symonds）也推出独立的世界大学排名。其他比较有影响的如荷兰莱顿大学世界大学排行榜，西班牙国家研究委员会发布的 SCImago 大学排名等等。国内的世界大学排名最有影响的是，上海交通大学 2003 年推出全球第一个世界大学排名（ARWU）。除了综合性的大学排名，国内大学中还有各种单项排名。既有官方的数据，也有民间的序列。仅以留学生教育为例，现在同行们很为关注的是“学生规模排名”，学生规模中尤重学历留学生规模。

大学排名对于大学的形象推广与其国际合作对象的行销上，有着深远的重要性。对于研究水平、学术项目和师生的交换，对未来的学生来说，具有指标性的作用。据统计有 57% 的受访者说机构的排名影响着其他高等教育机构的科学家是否愿意与他们合作；而 34% 的人认为排名将影响着学术或专业组织是否接纳他们为会员。坦白说，目前世界大学排名中，有一席之地的中国大学尚为数不多。于是国内大学排名就尤受关注，不管是哪种排名，最重要的是“榜上有名”。“金榜题名”乃人生伟大理想之一，大学情同此理。一旦名列前茅，有些大学往往会情不自禁地在各种场合拿出来晒一晒，自觉光彩照人。

设想在没有大学之争的漫长岁月里，大学按照它的本性向前发展。在大学没有刻意于名分、没有太在意名号、没有紧盯着名次而只是专心致志做自己的时候，大学反倒是真正的大学。当然，我已说过大学之争是必须的。大学之争也不怕世俗化，就怕庸俗化。

第七章　节日民俗

“节”之所以成为节，是因其是一个个令人难忘的时空标志。牛津人对传统节日的仪式感的珍视令人刮目相看，也出乎意外。古城里的古老传统以古老的方式被顽强地传承着。无论是学院的迎春狂欢，还是女娃娃们的当炉做饼，也无论是寻常百姓的节日细事还是名人的纪念日的隆重庆典，牛村民俗节日的异域风情都是最为浓厚的……

（一）鸡蛋的节日

数来数去，在牛津期间坚持每天吃的不是大米也不是面包，更不是土豆，而是鸡蛋。在共富新村时免费早餐也供应白煮蛋。自己买通常是 4.99 英镑买一板 30 枚，吃一个月，或白煮或糖水或油煎或隔水蒸或跑蛋皮。白煮蛋我会蘸点香醋，糖水蛋滴两滴麻油，煎鸡蛋要加点儿香葱，炖鸡蛋则放一点儿仙贝或几根银鱼，跑蛋皮则要两面金黄时起锅，然后切成一丝一丝的。房东看我这样，很是好奇，总是夸张地深吸一口：“哟，闻起来好香哦，看来味道不错吧？”我能感觉到有人在分泌唾液，所以常常主动请她尝上一口。当然每次也仅限于给她一丁点儿或一丝儿——浅尝辄止，食多不知味。房东从不吝啬她的夸奖，尝后总是将“不可思议”、“奇迹”、“妙极”之类言过其实的谀词送与我，连我烧的紫菜蛋花汤她都要“叹为观止”！我淡淡地笑着说：“鸡蛋对中国人来说是一种很普通、很寻常、很温馨的食品，我们还有专门吃鸡蛋的节日呢！”我边说边盛了小半碗看上去如丝似缕的蛋花汤给她。“英国也有哇，快到复活节了，你留意一下，街上到处都是彩蛋，鸡蛋是给人很多快乐的东西。”房东马上说。

听房东这么一说，我真发现最近牛津的超市、巧克力店，还有地摊儿（牛津一样有地摊儿，但都集中在露天市场里）都摆出了很多彩蛋。不过，我从未将此和鸡蛋联系起来，总认为那是蛋形巧克力而已。房东说其实大多英国百姓家里的彩蛋是真蛋。复活节早上，家里会把早餐用的蛋分放在几个盛有不同颜色的食用染料的锅里煮，这样端上来的蛋不再是白色或浅棕色的，而是黄色或粉红色，蓝色或绿色的。这些彩蛋精美漂亮且富有装饰性，它们代表着人们的美好心愿，也是在与人们分享季节更替的喜悦。

英国大部分节日都起源于宗教。复活节发生在过了春分月圆后的第一个星期日，原是纪念耶稣复活的日子。实际上，圣诞节一过，复活节巧克力蛋便在糖果店里摆出来了。那些最小和花样最简单的很便宜，孩子们可以用自己的零花钱买。彩蛋有两种类型：一种叫方旦糖，长一英寸多一点，外面是一层薄薄的巧克力，里面是又甜又软的面团，然后再用彩色的锡箔纸包装成各种形状；另一种比鸭蛋稍为大一点的是空蛋，里面什么也没有，只是一个巧克力壳。复活节临近时，糖果店的橱窗里会摆满各种精美的彩蛋。对英国孩子们来说，复活节收到彩蛋是最开心的事儿了。

很显然，西方复活节的彩蛋其实大多只有蛋的外形而并无蛋的内涵，而我们的鸡蛋却个个货真价实。幼时与鸡蛋有关的记忆都是甜蜜温馨的。在家乡最普遍的是立夏吃鸡蛋。艰苦岁月里，很多人都会“瘦夏”，所以在立夏节气到来时，先补一补。韭菜炒鸡蛋自然是美味无比，涨（煎）鸡蛋（及鸡蛋糕）要是和肉皮一起煨，起锅时再洒点儿青蒜末和香油胡椒粉那叫一个香。大人立夏吃了蛋基本意味着正式进入农忙了。对孩子来说立夏是个很好玩儿的节日：立夏那天，老家大大小小的孩子脖子上都会挂一个蛋网，内装一个鸡蛋，用鸭蛋、鹅蛋的也有，但以鸡蛋为正宗。先说这蛋网，条件好的人家用彩色毛线结成，而大多数孩子的蛋网是妈妈捻的棉线结的。蛋网织好以后，到田边打上一把蚕豆叶，和蛋网一起搓揉直到网子变成翠翠的绿色，将它轻轻挂起晾干即成。蚕豆叶已经成了一个个柔柔的小绿球，但可别扔，将它小心理平、展开，在开口的一端，使劲儿一吹，就是一个小气球，叶子脉络分明可见，非常漂亮！而注视叶子慢慢鼓起的眼神满含欣喜和满足。一片片吹过去，不厌其烦，笑声不断。如果你揉叶子动作太重了叶子很可能有洞漏气，或者力气太小都吹不出那椭圆形的叶球。这是立夏前做好的准备工作，记不清女孩儿几岁开始学织蛋网了，似乎从来就会。记不清男孩儿会不会织蛋网了，只记得他们吹豆叶神勇无比，往往一气呵成。

立夏一早，大人们煮好鸡蛋，装入蛋网，孩子或将蛋网套在脖子上，或扣在书包旁，或提在手中，每个蛋网下面都留着长穗穗，随着孩子们一蹦一跳，一飘一飘的很神气。那时候因为难得吃一次鸡蛋，谁都不会一早就将这个宝贝吃掉。更别说还有即将开始的更加精彩的“斗蛋”节目呢！有时候等不及到学校，在上学路上遇到小伙伴，斗蛋就开始了。斗鸡蛋，蛋头对蛋头（略尖的一端），蛋尾对蛋尾。两蛋先轻轻碰一下，再渐渐用力。斗鸡蛋大多都在本班内进行，很少有班际赛。不用排秩序册，一般半天时间就会斗完。我整个小学阶段有两次得了冠军，荣获“蛋王”称号。我把蛋王挂在床头，好几天都舍不得吃，直到妈妈说再不吃蛋就要臭了，才很不情愿地一小块一小块地将蛋壳敲碎，一小口一小口地品尝我的“蛋将军”。斗蛋其实也有技巧的，我的切身体会是：鸡蛋是否经得起敲打固然与蛋壳的坚硬程度有关，但也与握蛋手势和面积有关。如果你只用三根手指捏着鸡蛋去斗，十有八九一触即溃。

立夏吃蛋是为应节，生日吃蛋则是对孩子最大的优待了。儿时家乡有句俗语“大人一顿饭，小人一个蛋”。某日早晨妈妈给了其中的一个孩子一只熟鸡蛋，那就是说，那天是他 / 她的生日。妈妈一边给一边说：“今天是你生日，吃个蛋，希望你快快长高。”生日这天是不可以随便说话的，也不能哭，不能与别的孩子疯闹，别的孩子也要相让一点。还有，就是切记不能让高个子摸你的头顶，因为一旦摸了就长不过他了。兜里多了一个热乎乎的鸡蛋，感觉是十分的欢喜和满足。但有时候有恶作剧的小朋友会突然从后面摸一下你的头顶，于是，就会非常担心自己长不高，除了你趁他不在意时再摸回来。相互摸来摸去摸头顶，嘻嘻哈哈笑不停。即使摸不回来这种担心往往到第二天也就忘光了。我最难忘的是儿时吃生日鸡蛋时的感觉，因为兄弟姐妹中，只有你一人享此殊荣，为避开眼馋的目光，常常是一人在躲着悄悄吃。记得有一次，妈妈给鸡蛋时，不慎被小弟看见了，从那一刻起，他的眼光就盯牢了我（更确切地说是我囊中的鸡蛋）。实在受不了小弟馋馋的双眼，最后我只好在垂涎欲滴中先扳下一半给了小弟，当然也没有忘分给大弟和妹妹一人一小块蛋白，姐弟四人含笑细嚼慢咽。妈妈笑着说：“懂一份人事儿吃一份亏啊，丫头长大了！”后来过生日若干，吃蛋无数，竟然只有这个生日鸡蛋的滋味最为特别，至今难忘。

民间交往中，鸡蛋还是生子报喜必不可少的东西。在老家生了儿子要给亲朋好友送红蛋，生了女儿要给近邻远亲送喜糖。其实鸡蛋并不比喜糖贵重，为何有如此区别呢？细细想来，女儿带来的是甜蜜，儿子则意味着家族后继有人。传宗接代最直观的比喻莫过于蛋与鸡生生不息的更替了。由此看来，后来引进的生日蛋糕既甜蜜又兴旺，又不落重男轻女口实，倒是兼得两者之长了。难怪西风一吹，国人纷纷仿效，现在过生日恐怕是吃蛋糕者占了多数。

节日吃鸡蛋，其实也是首重其新生、易生以及再生等寓意。西方的复活节中，彩蛋是重要象征（**如图**）。这个节日是仅次于圣诞节的重大节日。按《圣经·马太福音》的说法，耶稣基督在十字架上受刑死后第三天复活，因而设立此节。复活节一般在3

鸡蛋的节日

月22日至4月25日之间。这段时间中国也有一个非常重要的节气和节日，那就是清明。清明节的日期一般在4月4日至6日之间。于是，很自然地，人们就会将这两个节日进行比较。作家郑渊洁就曾说："东半球清明节和西半球复活节比邻而居，相差没几天，都是和死有关的节。东半球死了就死了，死人给活人腾地儿，活人不忘礼让之恩，每年缅怀祭奠。西半球死了又复活，兔子般超强繁殖，破壳而出芸芸众生。东方崇尚对死人好，西方信奉对活人好。"(《清明节和复活节——地球日记》)其实东半球也有不少国家过复活节的，有次给留学生上课时，一位韩国太太带来了一包鸡蛋，分给班里的同学和上课的老师。每个蛋上面画了笑脸，或写上"God bless you!"(主保佑你)，我问为何，学生笑道："老师，今天是复活节啊！"

我们的清明既是节气也是节日，因此更像是名副其实的"复合节"，除了类似复活节讴歌生命的快乐主题外，更有慎终追远、感恩祖先、踏春赏景等多重主题。随着社会的进步，复活节的宗教色彩也越来越淡薄，作为一个民俗节日，娱乐特征则越来越明显，我们的清明节也有类似倾向。记得上小学时，每年清明节，老师们带着我们到烈士墓前，听前辈讲烈士当年的英雄事迹。听完后，老校长用略带哭腔的声音领着我们一起唱："无数革命先烈为了人民的利益牺牲了他们的生命……"校长悲摧的嗓音一起，不少同学已泣不成声。近似悼词的歌词，朴素却能走心的旋律一到清明就回响在耳边。在清明追思祖先，不忘祖恩为的是珍惜今天。而今天看来，清明的悲情更多已成为一种仪式化的情愫，在每年的特定时空让我们静思先人祭祀祖辈。或许清明本来就并非只有悲情，唐朝杜牧的《清明》诗就是最好的明证。再如"清明南风起，收成好无比"、"清明先后一场雨，胜似秀才中了举"、"南北山头多墓田，清明祭扫各纷然；纸灰飞作白蝴蝶，泣血染成红杜鹃”等谚语或诗作，都是既带悲情也不乏欢欣的。

小小鸡蛋实不凡。中国地大，不仅汉族的节日、生日里有鸡蛋主角，少数民族亦有，如满族有鸡蛋节，回族有鸡蛋会节。不仅有立夏食蛋之俗，而且很多地方还有端午吃蛋、清明吃蛋、中秋吃蛋的传统。由鸡蛋至于节日，由节日至于人生，甚而至于祖先、宗教，很多的日常其实本非平常，但人类的非常心意却要依赖日常得以延续、传承。感谢鸡蛋！

（二）牛津的“五一”

多年前有个外国朋友曾经对我说，“你们中华民族是世界上最认真的民族，无论是在情感方面还是工作方面，甚至节日生活方面”。我一直以为是句玩笑话，抑或是对中国人缺少幽默感的婉曲表达。到了国外才感觉到中国人真的认真。以节日来说，以休假的形式庆祝节日是我国的一大传统，对国际性节日也一视同仁。政府给“五一”“六一”以及“三八”等都放了假。国际性节日中“五一”节最受重视，因为国人一向崇尚勤劳，劳动最光荣，所以在中国仅有“五一”享受了法定休假一整天的殊荣。

但学生都喜欢放假却不一定喜欢节日放假。国内每学期都会遇到几次节假日，频繁的停课、调课、补课，有时弄得师生都一头雾水，更不用说是来华留学生了。他们大多对中国的传统节日十分隔膜，老师们讲解半天方能稍稍意会。但令我们吃惊的是到“五一”时，很多留学生对这个国际性节日竟然也是闻所未闻！我还曾奇怪留学生的节日文化常识怎如此匮乏，到了国外才发现我们所说的国际性节日似乎并不那么的“国际”，很多外国人对国际性节日确实不甚了了。

富有创意的母亲节礼物

“三八”节快到了，单位放假半天搞活动发奖金女同胞们真开心。可牛津的大小商店里毫无三八字样却设了母亲节礼物专柜。我问房东：“英国的母亲节就是‘三八’节吗？”她反问：“什么是‘三八’节？”我答：“国际劳动妇女节。”追问：“什么叫劳动妇女？”复答：“好像是因为源于美国的劳动妇女罢工吧。”“……”房东摇头。房东接受过高等教育，现在是全职单身母亲，她似乎只知道母亲节。3 月 10 日英国母亲节那天两个女儿分别给她送上了自制的贺卡以及自己挣钱买的鲜花，房东开心异常（**如图**）。

“五一”节到了，国内关于小长假的调休通知、旅游攻略、堵车新闻等等已经漫天飞，英国却一点动静也没有，英国的“五一”无假？！这一次我干脆去请教牛津的同事 GEORGE（乔治）。这位饱学的英国绅士直接给我讲起了英文单词“MAY DAY”的词汇意义。

GEORGE 说“MAY DAY”除了表示“五一”外，还是一个国际通用无线电求助信号，相当于“救救我！”用于危及生命时向警察、飞行员、消防队和运输等组织的紧急求助，电话用连续 3 次“MAY DAY”来与普通语音区别。原来是“五一”是国际通用求助语？我也是首次听说。

说了“MAY DAY”后，GEORGE 就隆重推荐我参加牛津的“MAY MORNING”活动，说这是牛津独有的迎春民俗，在牛津已延续了五百多年，于“五一”清早进行，类似于狂欢节。关于习俗“MAY MORNING”，此前在电影《Shadowlands》(《影子大地》)中曾看到，清晨集会，有人唱歌有人跳舞还有人跳河。不过并没有想到那个镜头会是现实生活场景，而且也没在意“MAY MORNING”短语。不过，牛津人能够狂欢实在有点儿出人意外。这里是学术殿堂，充满睿智但始终有几分矜持。整天安安静静的，连狗吠和鸟鸣都十分轻柔。牛津人狂欢是一种什么样的情状，很想一睹为快。

牛津管委会在网上通知：为了确保“MAY MORNING”的天籁之音不受干扰，当天早晨四点半到九点牛津市中心实行交通管制。挺隆重，看来真是个节日！出于好奇，我们五点就赶到了金色之塔下面，一队穿白色大褂的唱诗班孩子们(莫德林学院合唱团)已在登塔。不过，警察来得更早，尽管昨天已经在莫德林桥上树了警示牌，今早又来架起了防护栏，以阻挡想跳河的年轻学子。“MAY MORNING”跳河，据说这是上世纪八十年代牛津学子开创的一个新传统。听完圣歌之后，有人喝着烈酒，奋不顾身跳进了春寒料峭的泰晤士河中。每年都有因此受伤者，2005 年甚至有人致残。但牛津人每逢“MAY MORNING”疯狂依然，年年有人跳河。2013 年警署派重兵守桥，看来是要下决心取缔这一新传统了。

天已全亮，但曙色还未褪尽，塔下人声渐沸，许多人头上盘着花草树枝涌向金塔。当晨钟敲响六点时，突然万籁俱寂，鸦雀无声，圣歌《Hymnus Eucharisticus》从金塔顶上响起，蔚蓝色的晨晖中，人们凝神静听。据说这首歌已唱了三百五十多年，我无

五一清晨

法听清每一句唱词，但感受到了一份稀有的圣洁和宁静（**如图**）。

“MAY MORNING”仪式历时不长，圣歌之后是牧师主持的祈祷。祈祷未已，太阳的金辉已经锋芒毕露，人们对春天、对学业、对事业、对健康、对一切美好事物的祝愿随着朝阳的升起达到高潮，“MAY MORNING”狂欢正式拉开了帷幕，大学城牛津沸腾了：学生、观众、游客都在狂舞（**如图**）。老绅士们的棍子舞

手绢舞

牛津叹息桥

和手帕舞跳得别具一格，绑腿上成排的小铃铛清脆悦耳。几个想跳河的小伙儿被警察拦着，尽管牛津学子大都能言善辩，但终究抵挡不住警察先生一个“NO”字的威力。有人说：“跳河的传统以被明令禁止的形式被延续……”这或许还会延续数年，颇有意味。

不过，创新一向是牛津的精神，今年的“MAY MORNING”金塔圣歌结束后，牛津叹息桥横廊中又传出了另一阵歌声，引得观众在这里驻足仰视倾听（**如图**）。当我跟 GEORGE 聊起这一幕时，他大惊道：“这是个新传统！”我诧异：“传统还有新的吗？”其实牛津人在不断创造着新传统。意大利的叹息桥是生死之间的叹息，剑桥大学的叹息桥是考试得失之间的叹息，这两座都是凌驾于水上的实桥，唯独牛津的叹息桥下根本没有水，全凭你的想象和联想去开河。也许，以后的“MAY MORNING”真的会新增一项内容——叹息桥下听“歌咏”，不是感叹更不是哀叹，而是曲调平和悠扬，与清晨的空气一样清纯。

GEORGE 有几分自豪地说这是牛津人为庆祝春天到来而特

别举行的活动，顺便问我中国人怎么迎接春天。我说："我以为您知道，中华春早。差不多三个月前，我们有一个巨大的国际性节日，它的名字里就有春——"没等我说完，GEORGE大呼："哦，是的。SPRING FESTIVAL（春节）！""春季是中国人最重视的季节，您知道吗？中国的春节之后还有一连串的小节日都和春天有关。"轮到我如数家珍了，GEORGE听得眼睛睁大，胡子都翘起来了。

我并没有说大话，中国的春节是一个国际性节日，已是不争的事实。有华人群体的地方就必定会过春节。在牛津中国大陆的留学生已经成为第二大海外学生群体。听华人教会一位朋友说牛津村的十几万居民中，华人已经超过两万。牛津有两家中国超市，过春节时年货样样齐全。从根本上讲，节日的国际化程度是与国家的国际化程度相辅相成的。但能走进一地民众心里的节日恐怕最终还是那些真正属于自己的、根深蒂固的传统节日。

其实很久以来，世界上很多地方都是把"五一"作为迎接春天的节日。牛津的"MAY MORNING"就一个主题：迎春。记得马克思曾说过"世界历史形式的最后一个阶段就是喜剧"，狂欢兴许是喜剧的高潮。也听一些学者说英国旧的"五一"节内涵很复杂，但如今许多古老的节俗都已从英国人生活中消失。而牛津500年前的"MAY MORNING"民俗传承至今，在春晖初升之际用塔顶合唱和沿街狂欢的方式迎接春天的到来。对于正处于轮番考试和论文完稿答辩挣扎中的牛津学子来说，在春之声的天籁中纵情一下也真情有可原。更何况对一直矜持而缄默的牛津人有这样一个机会对天抒情，开怀迎春也是有益身心健康令人振奋之举！"MAY MORNING"发生的独特时空，再加上牛人独特的性情，使得人们对其情有独钟，让这个春晨的狂欢瞬间延续至今。

牛津的“MAY MORNING”八点多结束，九点钟以后，最热闹的高街和宽街上剩下的几乎都是外来观光客。老实说，五月是英国最美丽、最欢乐的月份，英国政府在五月有不止一个法定假日（BANK HOLIDAY）。不过牛津因为学制精短所以授课期间的法定假日牛津人从不停课。相比而言，我国给国际性节日以法定假，说明我们保存和保护节日文化的决心比西方更坚定也更有魄力，可问题的关键是到底什么是节日文化的核心呢？无论是家的节日还是国的节日抑或是引进的节日，我们都不得不深思这个问题。

（三）莎翁纪念日

威廉·莎士比亚生于1564年，卒于1616年，稀奇的是莎翁生日与祭日同在一天，出生和去世都是在4月23日，让人觉得人生似乎就是个起承转合的圆圈。所以每到莎翁的纪念日前后，莎翁的故里——斯特拉福德小镇总有一番纪念活动，不是纪念诞辰就是悼念逝世，让人们有充分的理由世世代代记住这个文学巨匠。2013年莎翁诞生449周年，莎翁故里要举行纪念游行，作为曾经的铁杆“莎迷”，本人当然毫不犹豫决定再去一趟莎翁故里。

游行上午十点才开始，我九点就到了斯特拉福德。真是“莫道君行早，更有早行人”啊。停车场上已是遍地小车，还有一排旅游大巴，往日带几分慵懒的英国小镇，今日也早早就醒了。阳光洒满了每一条街道，莎翁故居大门虚掩着。有人在门前分发黄色菊花和印有莎翁头像的小旗子。三三两两的人群或窃窃私语或匆匆走过，空气中弥漫着某种忙碌和期待。

十点钟敲响，故居木门“吱扭”一声徐徐打开，一个装扮成

莎翁纪念日

莎士比亚模样的老人走了出来，把一支鹅毛笔交给了一个学生娃。这就是传说中的莎翁授笔仪式！人们欢呼了，平凡的举动却似乎有一股魔力，象征了伟人才华的传承，也标志着游行庆典正式开始。听人说那个学生来自莎翁的母校——爱德华六世国王学校。这时候我才发现，游行队伍中其实有很多学生，从校服可以看出他们来自不同的中小学——他们是莎翁纪念活动最多的参与者。组织者挺聪明，接力棒只有传给这些年轻的学子，事业才是真正的后继有人（如图）！

莎翁生日庆典是由莎翁故里基金会组织的。2013 年的庆典活动为期两天。活动内容包括街道游行、国展旗仪式、普莱阁诺（莎士比亚贡献奖）颁奖典礼、乐队演奏等。游行队伍从莎翁出生的小屋一直走到圣三一教堂。应基金会邀请，这一天中国驻英使馆也派代表出席了活动，参与了队伍游行和展旗仪式。另外，孟加拉高级专员署、冰岛使馆、日本使馆、美国使馆、加拿大高级专员署和印度高级专员署的署长等高级外交官也都应邀出席此次活动。

不过，说实话，纪念莎翁的游行并无心理预期中的庄严和隆重，甚至让人觉得有些随意。虽然所有的人都手捧鲜花，但游行队伍很像一群散兵游勇，并无严谨的方阵，走走停停、不紧不慢，而且一路谈笑风生。

这种随意和轻松还表现在游行队伍中有不少婴儿手推车，一路咿咿呀呀的童声不断。仿佛这不是莎翁的纪念日而是亲子聚会。实在难以理解家长们为何要不辞辛苦带着如此幼小的孩子来参加游行，我禁不住问了一位年轻的妈妈，没想到人家说："哦，我们都爱莎士比亚！不，不！我不可以把他扔在家里，我很高兴带他一起来，我也希望将来我老了他能带我来。能看到这么多人，这么鲜艳的花，这么好看的舞蹈，你看他好开心啊！"妈妈说着哈哈大笑，娃娃似乎也听懂了，张着无牙的肉嘴咯咯笑个不停。

有很多志愿者、慈善组织工作人员以及一些演员在游行中表演各种节目。其中一支乐队反复演奏着《祝你生日快乐》，而十几位白发苍苍的老人则跳起了英国传统的莫里斯舞。说到老人，他们在游行队伍中也占了相当数量，头上的白发让人觉得他们可能都是资深的莎士比亚研究专家。老先生们西装革履、拄着文明棍的样子实在是帅！还有几位老者由晚辈推着轮椅在队伍中行进。游行队伍中还不时看到残疾人的身影。不知是哪个代表队的引导员就是一名残疾青年。阳光中他满面笑容，高举着旗子，一跛一跛地带着一群人前行。

最活跃也最抢眼的要数莎翁戏剧里的人物。他们穿戴各异，装扮奇特，有天鹅、有仙女、有王子、有公主，有巫婆……孩子们

纪念莎士比亚游行

见了兴奋不已，争相低声叫唤着他们的名字。最最兴奋的那位扮演莎翁的演员（很遗憾我叫不出他的名字）。个子长得不高，表情极其丰富，明星范儿十足。他走一路招呼一路，不停地与人握手、比划、诉说。还有维持秩序的那些高大警官们，他们一边吹着哨子一边做着手势，密切关注着行进的队伍，还不时与观众交流点什么，脸上一律都洋溢着笑意，看上去实在毫无金刚之色。（如图）

整个莎翁纪念游行中唯一能让人感到有几分严肃的是在教堂，庆典游行在教堂的礼拜中宣告结束。莎翁是虔诚的教徒，加之生祭同日，洗礼和葬礼都在圣三一教堂。他的坟墓就建在教堂里，既免除了风霜雨雪的侵扰，也方便其接受平时信徒们的瞻仰和敬意。

莎翁的父亲约翰原是经营羊毛、皮革制造及谷物生意的杂货商，1565 年担任小镇民政官，3 年后被选为镇长。莎士比亚七岁时被送到当地的一个文法学校念书，在那里念了 6 年，掌握了写作的基本技巧和较丰富的知识，除此之外，他还学过拉丁语和希腊语。后因父亲破产，未及毕业就走上了独立谋生之路。曾帮过父亲做生意，当过肉店学徒，还在乡村学校教过书，干过多种职业，生活的艰辛后来却成为创作的财富。莎翁并非故乡的幸运儿，同样是在斯塔拉福德，他曾因偷猎获罪而不得不外逃。他先在伦敦剧院当马夫、杂役，后入剧团做过演员、导演、编剧，并最终成为剧院股东。24 岁左右开始写作，是从改编前人的剧本开始的。当然，最终他成为了伦敦一家顶级剧团的演员和剧作家。莎士比亚虽受过良好的基础教育，但却未上过大学，据说因此受到当时剧坛的一些“大学才子”们蔑视，曾被嘲为“粗俗的平民”、“暴发户式的乌鸦”，但莎翁最终以自己的实绩赢得了包括大学生团体在内的广大观众的拥护和爱戴。

在 1590 年至 1612 年间流传下来的莎翁创作有 37 部戏剧、2 首长诗和 154 首十四行诗。由此莎翁名利双赢，创作蜚声剧坛，经济情况大为改善。1596 年，他以父亲的名义申请到“绅士”称号和拥有纹章的权利，他先后三次在家乡购置了可观的房产、地产。这是真正的衣锦还乡了！但这和他的文学成就无关，死后能安寝于教堂正是因为莎士比亚在教区内拥有地产权。莎士比亚一方面广泛借鉴历史记载、小说、民间传说和老戏等已有的文化艺术，另一方面深刻观察人生，了解社会，掌握时代的脉搏，这使他得以塑造出众多栩栩如生的人物形象，描绘广阔的、五光十色的社会生活图景，并使之悲喜交融、富于诗意和想象。而诗歌则打通了莎翁与上层社会的关系，使这个平民剧作家获得了观察和了解上流社会的机会，进而走进了贵族的文化沙龙，扩大了他的生活视野，为日后的创作提供了丰富的源泉。到知天命之年，既富且贵的莎翁干脆选择了叶落归根，退守故乡，度过了人生最后时光。

在斯特拉福德能感受到更多的是莎翁的真实而不是伟大，是其寻常而非超凡。莎士比亚的墓地在教堂祭坛左侧的地上。他已在此静静地躺了近四百年。左侧墙面像龛里有一尊彩绘莎士比亚雕像：手拿鹅管笔，白领红衣黑坎肩，形象相当平庸，并不引人注目。地面立着黄色的烛台，仔细看一看，会发现烛台下立着一个牌子，黑底白字，写的正是刻在墓地石板上莎士比亚自撰的遗嘱：“看在主面上，请勿动我墓，动者遭诅咒，保护受祝福。”（**如图**）说这是遗嘱更像是在警告，一根蓝线在地上框出一方领地——也许莎翁已预见到后人或许会骚扰他的安宁，字里行间清晰可见莎翁作为平民的机智、敏感与自卫意识。

“不做作、去粉饰”是现实主义创作的最高原则，这同样也体

莎士比亚墓

现在莎翁的纪念活动当中。想必莎翁所乐意看到的也是人们真实的快乐和敬意。或许正因为真实、寻常，莎士比亚才愈加让人感到亲近。他的家族后继无人，但他的事业后继有人。在莎翁故居，已竖起了200多个国家的国旗，每一面国旗都代表一个国家翻译了他的作品。寻常的人不会孤独，莎翁生前身后都与他的故土、他的亲人、他的乡亲们在一起。

浓厚的平民气息，是莎翁纪念日活动最为显著的特点。自然、真切的故土文化滋养了莎士比亚的一切基因，也成就了莎翁的性格与创作。斯人从兹去，但他曾经居住过的房屋，曾经发生过的爱情，曾经创作过的故事，都停留在了斯特拉福德小镇。斯特拉福德也因莎翁而闻名世界，小镇的浪漫恬静和受人憧憬在很大程度上都和这位文学巨匠有关。因为莎翁，戏剧变得如此的精彩而又富有魅力；因为莎翁，爱情显得如此的绝美而又浪漫缠绵；同样是因为莎翁，小镇变得如此动人而富有磁力。不难想象，莎翁纪念日世界各地定会有各式各样的学术研讨或纪念活动，听说我们东华大学也新成立了莎士比亚研究会。而在莎翁故里，你会深切感到真实的莎翁其实并不爱呆在象牙塔内，他不仅走进了寻常百姓之中，也走进了学生心中，甚至还走进了小婴儿的眼中——名人纪念日变成普通大众的节日，纪念获得了更为普遍的意义和生命力。

第八章　生产商贸习俗

牛津村本是起于农耕，牛津之“牛”乃辛劳耕作之牛。英人有浓重的乡村情结，乡村是英人永远的精神故乡，牛津村至今保有不少农耕文化的印记；煤炭曾经是英国城市化的助推剂，对英国经济的功不可没；英国人将文化与钱币很好地融合在一起，其传承文化之用心，渗透到生活的旮旮旯旯……

（一）牛津之“牛”

对牛有份特殊的感情，只因我是农民的孩子，曾亲身体验过中国农民对于耕牛的钟爱和膜拜，也曾亲眼看到过老牛离世前连续三日的告别泪滴。尤为难忘幼时的一次经历：首次骑牛不慎从牛背跌入牛腿之间，几近吓傻不能动弹只会嚎哭的我，如果不是老牛足下留情伫立久久纹丝不动，这个世界上早就没有了我。

“牛”本是名词，在动物或者家禽里因体形、力量较大，脾气较倔，几能和山林猛兽抗衡，一直是人们心目中一个较有权威、令人敬畏的牲畜。可随着时代的发展，农村的城市化，农业的机械化以及农民的工人化，农村犁地之牛已属鲜见，“牛”的含义逐渐由动物名词衍化为形容词，衍生出的“厉害”、“倔强”等义项更为普及。今日仅限于牛奶、牛肉等饮食词语之中一见“牛”的本义。现实生活中习见的“牛人”、“牛劲”、“牛市”、“牛精神”、“牛脾气”、甚至于“牛逼”（粗俗的口语）等热词，多用牛之引申义，与名词牛字本义之关系日渐疏远。

“牛人”一词，最早见于《周礼·地官司徒第二》：“牛人，中士二人、下士四人、府二人、史四人、胥二十人、徒二百人……牛人掌养国之公牛，以待国之政令。”[①]可见，牛人即司牛的人员，属于行政管理岗位，其“手下”还不少。周代以礼治国，牛人一职事关国礼，地位显要。不过今日之“牛人”的含义已全然不同于史册。人们常常戏称牛津人为“牛人”，兼得“牛津学人”和“很牛之人”二义。牛津对应的英文为“oxford”，即“牛的渡口”，不过这个渡口不是渡人的，而是“渡”牛的，其实也不能叫“渡”，仅仅是牛从水浅的河段涉水而过。当然，人也可以骑在牛背上过河。问题是英语词汇中“牛”字的名词含义有多个，牛津为什么偏偏用了“ox”，而不用“cow”、“bull”或者“cattle”呢？我请教同事Maggie，她先是哈哈大笑，继而严肃地说道：“还真是个问题，只是我们从未思考过。”于是大家聊起了英语不同牛字的区别。“ox”是干活儿的牛，相当于中国的耕牛。“cow”是母牛、奶牛，“bull”是公牛，突出好斗勇猛之意，“cattle”则是牛的集合义。在牛津也有个社区叫“cowley”，“ley”作为后缀是草地的意思。由此可见，牛津之“牛”是跋山涉水拉车扛活的耕牛，而非绿茵漫步、休闲养生的母牛，亦非牛气冲天、斗志十足的公牛。仔细推敲牛津与“牛人”之间还真有几分人杰地灵，物主神肖（人与物性格相似）。

苦干实干之牛总是低调沉稳的。牛津的牛人不喜欢自己嗝吱

---

① 《周礼·地官司徒第二》（阮元校刻本），《国学宝典·经部·十三经》。

自己痒，虽然在牛津你很容易遇见真正的牛人。清晨去泰晤士河边漫步，晨雾迷蒙常听见河面上隐隐传来舟子奋力划桨的水声和教练的训诫。教练往往在沿岸小路上一边奋力蹬自行车，一边压低嗓门喊动作要领："划船如同人生啊，使劲！十足地使劲！放松，充分地放松，以便下一段能更好地使劲！"那纯正的牛津口音，语调轻松，语气幽默，让你忍不住想和他聊上两句，结果很可能你会惊讶地发现，所谓"教练"正是举世闻名的某某学家，说不定还获得过诺贝尔奖呢！这就是牛津的牛人，稀松平常而又非同寻常。

我们不能把牛津英语叫"牛语"，但纯正的牛津英语十分低调。这不仅表现在发音时口形保守，绝无美式的张扬，也表现在人们说话时语音轻柔。在牛津听了若干场学术报告以及诗歌朗诵会，我几乎没有发现一个英国人喜欢用麦克风。也听了不少英语课，但很少听到教师讲课时抑扬顿挫，字正腔圆。我刚进牛津课堂时，竖起两只耳朵不敢有分毫懈怠，因为稍一疏忽，就完全"lost"（找不着北）了。这种轻声轻气的英式发音让人感觉到英语好似一阵和风，接近耳语的音高让所有人不得不侧耳倾听。当然，和声细语中的牛津教室、办公室也很少能让人感受到一般校园常见的那份笑语声喧的勃勃生机。

牛人不仅说话调低，办事也很实在、低调。语言中心授课时间安排实在得连前后两门课之间没有缝隙，低调得连课间都没有铃声。很难想象，伍德斯托克路12号这座貌不惊人的三层小楼里能容纳一千五百余名学习各种语言的牛津学子。我从教也超过四分之一世纪了，却是平生第一次看到这种无缝对接式的排课：前一门课宣布下课开门的同时，下一门课的师生已在门外候场。

一般老师考学生时多少会觉得自己颇牛，而牛津的老师考学生竟也同样没什么牛气。尽管牛津大学已是学界翘楚，世界顶级，但她同样一丝不苟地执行着"外考官"制度。所谓外考官，就是校外督查员，即由校外同行对本校老师所出的试卷，甚至平时作业考核，进行评估、督查。牛人的试卷照例须经外考官审阅后方能采用。外考官制度堪为英国高校考试制度的一大特色或亮点。由第三方考核可以规避不少因考试而产生的弊端，除了对试卷命题的科学性进行考量使考试更加公平外，也有利于缩小不同大学水平之间的落差，这或许也是英国高等教育整体水平位于世界前列的原因之一吧。外考官其实就是教学质量督查官，注重质量的牛人对外考官的意见十分重视。2012 年秋语言中心的开学那天，我就看到法语教学组的外考官专门来和牛津同行开教学质量分析会。

不过，出乎我意料的是牛津大学对学生的奖励同样无牛气或者说很小气。语言中心一年一度的学生作业汇展是件大事。师生对此可谓非常重视，那几天罗马浴池里里外外排满了各个语种的学生作业（**如图**），连教师办公室门外也都放满了。行政主管

期末作业秀

克丽丝兴奋地告诉我，到那个周五就会揭晓今年的Winner（胜者），到时候会有几百名学生在这里静候评选结果。

“那么，谁来做裁判呢？”我问。

“我们的外考官啊。”

果然，周五上午一位风度优雅的中年女士在语言中心主任的陪同下一件一件极其认真地审阅了学生作品。下午，主任在学生的期待目光中走到舞池中央，宣布了今年的优胜者名单，并颁发获奖证书和奖品。只有最大的赢家可以得到奖品，我对奖品充满了好奇，低声问克丽丝是什么，她回答说：“两张电影票”。“啊？！”我竟然脱口而出说了中文：“这也太小气了吧？”幸好她听不懂。学生们却欢呼雀跃，我脑海有点乱，眼前忽闪过国内留学生一学期一次的结业典礼：浩浩荡荡的领奖队伍。比之于牛津，我们的评奖机制很不相同，可能目的也不同，但显而易见的是我们的奖品不知要比牛津要“牛”多少倍。咱们的“大方”传统在有了一定的经济实力后被演绎得更加淋漓尽致了。而牛津的不同在于他们更为注重精神上的优胜，对于物质奖励则以十分低调甚至于吝啬的方式来处理。难怪英国，绅士很多，但未必都是有钱人。其实，奖励首先是精神上的愉悦和肯定，大奖、重奖喜人也极易伤人，尤其是对年轻人重奖可能未必是好事儿。君不见多少年少的体育、演艺明星被重奖打击得一落千丈，甚至身败名裂者也不乏其例。

牛人对奖励的悭吝也说明了在过程与结果之间，他们更看重过程。同样是鼓励学习，牛津每年用于资助学生搞学术研究的经费则“牛”得惊人。无意间我和牛津国际政治关系学院的一位博士生聊起他的学位论文选题，他说来来往往中国很多次，因为研究的是中国基督教，牛津大学资助了他四万两千英镑的研究经费（折合人民币四十二万多元）。后来了解到更多的研究生论文，他们的选题都得到了学校多少不等的经费资助，不少学位论文的资助经费甚至超出于我们的国家社科基金额度。对这种现象，我只能理解为牛人或许更重视让学生先学会拉车、拓荒、辛勤劳作，认为只有如此才可能有所收成。而收获的成果造福社会已是有目共睹，牛人所需只是小小愉悦一下自己的精神，一如"ox"终日辛劳，而在别人欢庆丰收时，它却心满意足地在一旁嚼着老草，回味无穷地反刍自己的耕耘人生，保持着沉稳的绅士风度。

低调，也是谦卑，鲁迅先生的写照"俯首甘为孺子牛"，用于描绘牛津大学的老师也十分恰当。这种服务孺子的精神不仅体现在对学生身心的关心、爱护，更体现在学校的管理和教导以及课程设置方面。语言中心虽然不是实体院系，但在课程设计上也花了很多心思，努力让课程服务于牛津学子不同的学习需求。Maggie 的学术论文写作课程完全是为写毕业论文的学生量身定做的，也是每年最受学生欢迎的课程。从选题确定到框架搭建，从遣词造句到表达技巧，从个人语料库的建立到他人材料的规范使用，井然有序的任务型教学让课堂的每一分钟都显得紧张活泼，卓有成效。而最后阶段针对每个学生论文的专题讨论更让学生直接受益。可谁能想到，这位一辈子服务于牛津的六十多岁的资深语言学博士却只是牛津大学的兼职教师！或许在我们看来连铁饭碗都还没有的兼职教师竟然如此一丝不苟对待工作，实在有点令人费解。Maggie 教研相长，被列牛津研究人员名录之中，在 2012 年度因其出色的学术成果获得了著名的"Horowitz Prize"。我由衷地对她竖起了双手大拇指说"牛！"

正如老牛对于土地的忠诚，牛津活跃着一批像 Maggie 这样的兼职教师，他们钟情于学术，专注于教学。也许对许多牛人来说，教学和科研是一种自我实现，是常人孜孜以求而又难以达到的人生境界。但正因为牛人的一茬一茬耕耘，一步一步跋涉，一批一批渡送，才成就了顶级学府 Oxford（牛津大学）。

（二）炉中之煤

我和煤炉没有仇但只要一提煤字我就会胸闷肺燥上火，当年刚成家时在青工楼过道里烧煤炉的痛苦情状如在眼前。小时候在农村烧柴火灶有很多乐趣，毕业后在城里工作了要烧煤炉做饭，没想到竟是活受罪！最难熬的是换炭时，每次都是一阵狂咳，五脏六腑翻江倒海，涕泗横流唾星飞溅，真是不堪回首！学《炉中煤》所得的一点敬意和美感早已荡然无存！所幸很快就换烧液化气了。没想到在英国的房东家竟然又再次遭遇烧炭：房东家冬天烧壁炉，她每天都要生炉子。于是我不得不到三楼回避。

"家里不是有暖气吗？你们还觉得冷？"我站得远远的企图劝住她。"不是冷，是喜欢壁炉！感觉很舒服、开心！""舒服？！你们不怕中毒吗？千万当心哦！"我同情地看着房东。"中毒？怎么可能！"她的笑脸被炉火映得红扑扑的。牛津冬季漫长，房东每天都哼着小曲定时生炉子，其从容不迫镇定自若的样子让我好生佩服。凭心讲每天的围炉时光确实是房东母女的幸福之时，一家人超级放松也超级温馨！客厅有沙发但谁都不坐，两个闺女基本都是趴在壁炉前的地毯上写作业或者做游戏。妈妈常常背靠沙发坐在地毯上看书或跟孩子一道游戏玩耍。我纳闷的是她们日日与煤炉为伴依然活蹦乱跳，无一声咳嗽。

我有点动摇——难道英国人的生理结构和我们不一样？她们就不怕一氧化碳甚至一氧化硫？不可能，即便是钢筋铁骨也怕一氧化碳的！那，就是英国的煤炭和我们的不一样？不过外形上都黑乎乎的看不出任何差异。而且房东烧的还不是那种相对美观的蜂窝煤球而是那种不规则的黑炭块，就是以前被称为“老鼠屎炭”的那种实心炭。有人定期送“老鼠屎”到门口，房东总是喜滋滋地用一个小提篮拎到壁炉前。“烧炭炉是非常呛人的。”看到她取回煤炭那么开心，我一边友情提醒，一边不自觉地靠了过去。“不会啊！这个煤炭可能和你们的不一样吧？我们英国人爱煤炭，总是要努力把它做得更好、更干净、更安全，不信你闻闻。肯定没问题的。”房东有点自豪地抓起一块“老鼠屎”送到自己的鼻子底下很深地嗅了一下，然后又伸到我面前。“哎哟！煤炭要烧了才有气味的！”我皱着眉屏住呼吸勉强笑道。“真的没问题，别担心！”房东和往常一样麻利地生好了壁炉，去准备晚餐等孩子们回家了。

后来我发现自己好像真的没有难受，于是次日我跟房东申请让我来生炉子。“好啊！”房东开心地答应了。还是有几分惴惴的，我夹了几块老鼠屎放进壁炉，架在引火材料上，打火枪点火，再用一本杂志轻轻地扇两下就着了——其实很简单。但嗓子突然有点痒，我知道那是痛苦的记忆被再次唤醒了，马上喝口水把它压回去。没有了那种让人窒息的气味！炉火已经翩翩舞起，暖意扑面而来，凝望跳动的火苗，禁不住有点儿走神。抓起一块老鼠屎仔细端详——神了！凭什么都是煤炭，我们的一烧就咳得要死要活？一直问到一位牛津化学专业的同胞，她连珠炮似的回答其实等于没有回答：“本来就不一样啊！同样是煤炭，我们的更熏人；同样是汽油，我们的尾气重；同样是牛奶，我们的有三聚氰胺；同样的蔬菜，我们的有农药？同样的粮食，我们的转基因……”“说这些啥意思？！好像咱们国家不宜生存似的！你还是直接告诉我中英煤炭的成分或工艺技术到底有何不同吧！”“一堆分子式，恐怕你们文科生看不懂吧！关键真不在这儿，在于我们的很多生产商脑海里根本没有环保这根弦！加上政府关把得也不严！”她歧视文科生，谈话难以为继了。但房东提煤篮哼小曲闻炭香的动作像一幅幅温馨的油画击中了我，为何英国百姓对煤炭如此深情？这是英国百姓未加任何粉饰的日常情感，与郭沫若的《炉中煤》自是不同的。

“英国人都这么喜欢煤炭吗？”我直接问房东。“这是上帝赐予英国的温情礼物，我们为什么不喜欢？”房东本是基督徒，很显然，她的煤炭情感已经与宗教情感合二为一了。不过她说的是事实也是史实。英国煤炭资源十分丰富，采煤历史悠久，勘探技术高超。1846 年，英国煤炭产量就已经达到 4400 万吨，是当时世界第一大产煤国。那些燃煤的工厂，高耸入云的烟囱和机器的隆隆轰鸣，是那个伟大而光荣的工业时代的象征。1913 年英国煤炭产量达到了历史最高的 2.92 亿吨。不止于此，英国煤矿地区分布还很均衡，英格兰、苏格兰和威尔士均有。尤为幸运的是，英国煤炭的品质也较高。资料显示，英国煤炭资源总量为 1910 亿吨，且几乎全部是硬煤，褐煤仅有 4 亿吨（褐煤是燃烧热量相对低的煤）。19 世纪的英国经济学家威廉·斯坦利·杰文斯认为，大量廉价和高质煤炭使得英国国力超过欧洲大陆国家和美国。因此，煤炭是构成英国强大的地基，是推动英国工业革命的血脉。可以说，没有煤炭就没有英国的工业革命，也不可能有飞速崛起的强大英国和席卷天下的“大英”文明。①

即便不谈煤炭对英国经济的巨大作用，单看英国百姓壁炉前的笑脸，主妇深吸煤炭芬芳的表情，这些日常镜头就已充分说明英国普通百姓对煤炭的深情。其实，如今煤炭在英国家居生活中并不占主导地位，房东家日常烧煮都用电和煤气，只有冬季烧壁炉才用到煤炭。少用或不用煤炭实际上是英国政府调控的结果。

① 朱家俊：《工业革命时期英国煤炭工业发展历程》，《黑龙江史志》，2014年第19期。

20世纪50年代是英国煤炭使用高峰期，此后20年间煤炭用量就下降了一半。20世纪60年代后期，铁路、煤气制造工厂以及煤矿逐步减少煤炭使用，到20世纪70年代后期，这一范围扩大到许多家庭和工业用户。英国煤炭产量在二战后跌至每年2.2亿至2.3亿吨。而1984年至1985年矿工大罢工时期，英国煤炭产量已经低于每年1.3亿吨，到2014年更是降至1200万吨。与此同步，英国深层煤矿数量从1913年的三千多家，逐渐降低至零。到2014年年底，英国仅有数家露天煤矿依然运营。2014年，英国煤炭消耗量只有4900万吨，其中四分之三是用于发电的。按照英国政府2015年11月宣布的计划，到2025年将关闭所有燃煤电厂。这意味着英国这一主要经济体届时将与煤炭告别，彻底转入"后煤炭经济"时代。报载2015年12月18日，最后一批深井矿工恋恋不舍地离开了矿井，其情其景催人泪下。①

英国煤炭工业在20世纪开始逐步萎缩，一是与全球煤矿业的发展有关，英国煤矿无法与海外低成本的对手竞争；二是新能源不断出现，煤炭逐渐被天然气、石油、核能和风能替代；更重要也更直接的原因是20世纪伦敦和英国其他大城市先后发生严重的雾霾，人们发现工厂、家庭、铁路等大量使用的煤炭正是最大污染源。"毒雾事件"促使政府在1956年通过了《清洁空气法案》，明确在城市村镇设立"烟雾控制区"，限定区内只能使用无烟燃料。从倚重煤炭，到控制煤炭到最终下决心告别煤炭，空气污染问题是重要的催化剂，能源的成功转型则是关键。英国的做法引起世人高度关注：对于以煤炭为主要能源的国家，采取分阶段的方式实现能源转型看来还是比较切实可行的。不过，百姓生活毕竟不同于与国家战略，有些民俗习惯和生活方式可能会顽固

① 《一个时代的终结：记煤炭伴随英国国运数百年》，《环球时报》，2015年12月22日。

地保持千年不变的步调。英国政府取缔煤炭，英国百姓却不愿舍弃壁炉。壁炉莫非要成为英国煤炭坚守的最后一块阵地?

煤炭与壁炉仿佛是两个相依为命的英国老人。壁炉，是英人家居生活的典型传统。英国现代民居都装有电暖气，但壁炉之暖异于电暖气之暖。电暖气的暖是一种冷峻的暖，暖，但终究缺乏生命感；壁炉的暖则是一种生命的温情，这种温情既来自煤炭这个浓缩的远古生命晶体，更因为炉火的明艳而显得充满活力。壁炉与煤炭营造的是一种家的氛围，一种生活的审美，而这种氛围正是世世代代英国人所钟爱的、不愿舍弃的。据说近代史上大概有十年时间中英国的房子取消过壁炉。结果那种房子卖给客户后仍被许多人改造并加装壁炉，而且由此引发多起安全事故。于是设计师们又把壁炉作为不可缺少的房屋配置。英国政府为此还颁发了建筑规范文件，从那以后，英国民居无论是否存在其他采暖方式都必须配备壁炉。那种没有烟囱没有壁炉的房子被认为是有缺陷的，也是没有价值的房子。于是，壁炉回归，烟囱再起。

曾听温迪说过，地道的英国人家有浓重的壁炉情结，他们的住房是少不了壁炉的。所以，壁炉保留的是英国人的集体记忆。如果说房子是有生命有灵性的话，那么壁炉就是房子的心脏。随着人们对壁炉的热爱，想象力将更加丰富。领袖们认为壁炉象征着权力，军人用壁炉象征着力量，老板们认为壁炉象征着财富，朋友们将壁炉看作热情和友谊，恋人们将壁炉看作是爱情，年长的人将壁炉视为温暖和幸福。经济可以不停地转型，但文化却根深蒂固。煤炭与壁炉缔结的情缘或许是英国传统文化的最后领地。也许是为了保护这块文化领地，英国政府想方设法给老百姓提供越来越洁净的壁炉之煤。所以，我们也很乐观地相信，在英国，壁炉不会消失，煤炭也会永存！或许有朝一日煤炭换了新的面孔，煤炭的精神也会附着于其衍生的子孙身上永存于壁炉的内心！

（三）工农城乡

对农民、乡村的话题的偏爱使我在牛津村观察时常出现“乡村”、“牛”、“家园”、“乡愁”、“野菜”等等富有土气的词语，这种情不自禁的选择或许和自个儿的农民出身有关，底色难褪。最近在做农民工研究课题，禁不住又想到了英国的城乡关系及生活方式。在英国似乎除了伦敦都市味十足，其余地方皆是城乡界限模糊，工农差别微小。甚至，在不少英人的心目中还出现了“逆差”：即如安曼达所言“英人的最大梦想就是住在乡村有自己的房子”，故此牛津人更爱称牛津为“牛村”。乡村本是城市的缘起。痕迹随处可见。牛津本义为耕牛涉水的渡口，至今牛村原住民还保留着庆丰收的节日传统，牛津的草甸上依然还能看到一些牛儿在静穆地吃草、反刍。当然，这些泥滋味、土气息不仅没有影响牛村出落为世界顶级大学城，还辅助牛津培养出了一批又一批出类拔萃的世界“牛人”。

几乎全世界的城市都有个乡村父辈，只是年代远近不同而已。像深圳那样由政府助力而迅速由一个小渔村华丽转身为一个卫星城市是我们亲眼目睹的事实。即便如咱国际都市大上海也无法否认由乡而城的史实，当年黄道婆的棉纺技艺首先惠及的是她故乡的棉农、织女和绣娘们！“村”，为乡下聚居的处所，现如今的城市中星罗棋布的小区、园区大名，不少还都带着古老的“村”治胎记。我住的曹杨新村据说正是上海第一、中国最早的工人新村，至于奥运“村”、世博“村”、中关“村”等等，市人多好以村为名，或许并不是自觉，但其中的家园情、乡土印、农耕心其实是一脉相承的。

正如人类繁衍，社会发展中也循环着“养儿胜似父”、“一代强一代”的更替规律，城市的飞速发展和影响力渐渐超过了乡村，赢得了越来越多的青睐。但多年父子成兄弟，城乡之间情缘深。与我国的城乡关系有些不谐调不同，英国能实现城乡一家，工农无别，可能有两个原因：一是英国的城市化程度非常高。农村城市化了，农民市民的衣食住行生活方式区别不大。二是英国并未以“农”和“非农”来给公民户籍划界定性，工农皆为英国居民。所以，英人护照以外无其他身份证件，当然也无户口簿。人口管理是建立在户籍管理的基础上的，在英国，地址是除名字和生日以外的另一个重要的个人信息，社会福利，如医疗、教育、养老等等。所有的社会福利均以住址为基础，个人搬迁后，必然通知社会福利机构最新住址信息以享受社会服务。英国户籍管理，以社会福利为基础，个人申报，政府搜集相互补充，户籍管理看似松散，实际严格而又简明，政府无需建立庞大户籍管理机构，公安机关也不用充当户口管理的角色。所以，英语中也找不到“农民工”对应的翻译。取消户籍制度，福利一体化，看似很简单，不过至“简”之道也并非一蹴而就，其间也经过了长途跋涉。实际上英国历史上也曾有过“户籍制度”，当时称为“定居制度”，从 1662 年开始至 1948 年，上下求索一波三折，前后用了将近三百年的时间！1948 年英国劳工党制定出台了“国民救助法”，规定“为无权领取国民提供保险但遭遇社会变故而处于困境中的人提供补助”。从此，英国的“户籍制度”正式退出历史舞台。所有人都是国家公民，都是劳动者，都享受政府福利，城乡之间只是劳作内容、劳作区域、居住地不同而已。

国家户籍政策作用自然巨大，但英国的城乡关系之所以比较和谐，究其根本还是英国政府牢牢抓住了城乡之间的文化情缘，准确定位了城乡文化的价值功能，努力实现了城乡的文化平衡。云南大学任有权教授认为："和城市相比，乡村无疑处于弱势，这在文化上同样可以体现出来，因为乡村的文化属性和价值一般是由那些脱离了农业生产活动的人来定义的。乡村被刻意地塑造为城市的一种对立物，然而也正是在这种对立当中，乡村找到了自己的重要价值，即作为一种平衡和纠正城市文明的力量。在英国，这种文化定位一方面阻止了城市对乡村的全面侵蚀，另一方面也让乡村以特有的文化价值全面融入到城市文明当中，实现了某种意义上的'城乡一体化'。""一种对乡村生活的伊甸园式的想象根植于人类历史，并通过各种艺术作品流传至今。在城市化和工业化的英国，这种想象变得更加栩栩如生。乡村在文化上被定义为一种平衡性的力量，一个逃避或治愈工业社会弊端的途径。不仅如此，乡村还成了'家'的代名词，甚至是英国国家认同的重要组成部分。20世纪城市化以及现代农业的发展给乡村带来了前所未有的冲击。对此，英国政府和社会积极行动，采取各种措施，有效地保护了乡村的景观和文化。与此同时，大量英国人到乡村游玩，并有数量众多的城市中产阶级迁往乡村居住。因此乡村不再单纯属于农民，而是成为全民的伊甸园。"这是英国人文化梦想的一次提炼和张扬，实现了城乡精神上的一体化。

20世纪80年代我们也有首歌中唱道："我们的家乡在希望的田野上……"其实所有现代人的家乡都在那希望的田野上。对乡村、田野的定义可以反映一个民族的文化素养。其实天下大势分久必合合久必分，英国的城乡工农之间的合合分分也是一种顺势而为。户籍制度变革所影响的远不止于户籍本身，社会结构、国家经济模式、国民的心理状态都会随之波动。我们的城乡工农之间原先也是亲如一家。记得儿时常听到大人唱一首叫《工农一家人》的革命歌曲，大家唱得很起劲，不断复现的“工农本是一条根”旋律印象尤深。革命年代，工农一家，精诚团结，破旧立新。一条根的感情鼓舞了亿万工农，同心协力，在建设新中国、新家园中发挥了巨大的作用。坦率地说，城乡工农之间出现本质性的落差是在国家实施了城乡有别的户籍政策之后。城乡壁垒导致的不仅是贫富分化还滋生了工农之间的某种相轻。改革开放后，国家对新农村建设引起高度重视，三农问题被提上议事日程。农村有了希望，农民有了盼头，农业有了前途。但是，农村的发展与城市化进程中，国人包括部分农民在内对城市文化的认同度恐怕远高于自己的家园——乡村。

“乡愁”是一个伟大的命题。习近平总书记考察农村后提倡人们要牢记乡愁，其实“乡愁”岂止是离乡或被迫离乡的农人们需要牢记的，恐怕整个中华民族都应该深思我们的“乡愁”！户籍非农之后，一种“非农”的文化倾向也相应滋生。而我们的文化根本就是农业文化，非农之后，意味着整个民族面临着文化失落的危险。城市化加速，不少乡村文化被挤压、被污染、被边缘化，农民失地、离乡、无业，不得不再次进城打工，这部分农民的称谓也不断在变，盲流之后，又被冠以打工仔（妹）、打工者、农民工等等。城乡本来共有一片蓝天，但城乡二分后，城里的天与乡村的天就越来越不同了。一家人突然变成互不相干的两方，地位悬殊越来越大，平等关系被理论架空，曾经的守望相助变得漠然甚至相轻。老家苏北有句俗语好像叫“七世修个街爪子，三世修个城脚跟”，既说出了农民对城市的向往，也描绘了进城之路的艰难，但细细咀嚼却又嚼出了几分异味，嚼出了农民的精神胜利。几世修为方成市民正果，真是望“城”莫及！然而进了城也不过是个“街爪子”、“城脚跟”！那首《城里人，乡下人》，以乡下人的口吻对城里生活进行了调侃式的描述，不断惊呼“哎呀呀哎呀我的娘啊我的娘”！歌曲结尾很有意味：“不知是城里比乡下好还是乡下比城里强，反正城里人都这么说，乡下早晚也跟城里一个样。”城乡本为一体，城乡终为一体。乡村无需自卑，城市也无需自负。当人们将“乡村”与“落后、土气、贫穷、愚昧”等词捆绑时，暴露的则是一种浅薄和无知了。而一个对乡土、对农耕文明缺乏敬意的民族，可能会失掉根本的定力，成为一个没有文化归属感的游魂。

拙作未完，报端传出了很多省份将要进行户籍改革的消息，好消息！分久必合庆团圆，问题是城乡复合户籍鸿沟消失之后，政府及国人到底应该持有一种什么样的文化情怀及价值观呢？这或许又是一个更需要深入研究的课题。

（四）英国钢镚儿

很多家长出于种种考虑去国外访学时往往带年幼的孩子随行。访学牛津的中国学者中也有一些“小家属”，对未成年的孩子来说，此举或许更有意义——随父母国外访学一年半载，小小年纪就有一段海外的学习和生活经历，孩子开心，父母称心，可谓一举两得。

浙江有位丁老师就是带着刚上小学的儿子相互“伴读”的。孩子到牛津生活，无拘无束，自然自在，样样好奇。当然一年半载转瞬即逝，不少孩子刚习惯了英国的节奏就又要忙着适应国内的学业了。令丁老师意外的是回国后发现儿子还带回了不少英国钢镚儿。孩子喜欢硬币似乎并不稀奇，令丁老师惊异的是儿子竟然还能对钢镚儿上图案的意思说出点道道来。儿童对异地语言、生活适应能力往往是成人望尘莫及的，虽然只有半年，儿子耳濡目染了多少东西丁老师未必尽知，至少他没料到儿子的存钱罐里还装了一些英国故事回来。

各国钱币上的图案都有一些特殊的含义。现行人民币，硬币基本皆为一面币值一面花卉，纸币基本都是一面人像一面风景。来华留学生的中国文化课上，讲到中国山水我常常让学生掏出皮夹子看看人民币上的图案，顺势引入“桂林山水甲天下”“上有天堂下有苏杭”“不到长城非好汉”等名句。莫非正因为钢镚儿是钱币中的“儿童”，所以深得孩子们的喜爱？不过上海的成人似乎也是比较喜欢钢镚儿的，这一点与北方同胞有异。上海的钢镚儿流通频繁或许与公交车投币需要有关。记得刚来上海时上车听到“上车请投币，投币后请往里走”，一摸口袋却发现没有硬币，又没有富到五元十元一次性投进去不心疼的程度，只好像售票员似的守在投币箱前等着跟后上的乘客换零钱，好在很多人都是有准备的，每次都遇到热心人。不过硬币准备最为充分的恐怕要数我的导师陈勤建先生了。好多年前有一次大家跟陈老师一起乘车，又有没带硬币的，陈老师从口袋里摸出一把硬币，两个一数地投了几次，有个快嘴师妹掩口葫芦道：“陈老师成‘存钱罐’了！”师徒们哄堂大笑，陈老师竟然笑着从另一侧口袋里又掏出来一把，同门惊倒！不过自打用了交通卡，这种戏剧性场面就很少出现了。

话说丁老师公子搜集的硬币中有一些是纪念币，那也是他觉得英国钢镚儿最有趣的缘故。我国也发行过不少纪念币，但平日流通中难见其踪影，原因可能是数量十分有限，或者大多进了藏家的口袋。每次有新币发行对门阿姨都要去银行排队抢购，据说涨了不少。2015 年发行抗日胜利纪念币，她一早就去银行，因为限购她反复排了几次才买了一些，还赠予我一枚，真让人感动不已！阿姨叮嘱我一定要好好收着静候升值。我仔细端详了一番：

硬币一面是国徽，另一面为钢铁长城及和平鸽背景图上有个大大的“70”，上沿有一行小字——“中国人民抗日战争暨世界反法西斯战争胜利70周年。”正中“70”两个数字挺大，大到足以忽略下方那个小小的“1元”字样而很容易让人误以为是70元。英国的平日流通中还能看到不少纪念币确实比较稀奇，不过所有英国钢镚儿的正面图案都是女王头像。但女王头像也是同中有异：或是不同世代的女王或是同一女王的不同年代。现在的伊丽莎白二世在位已六十余年，硬币上不断变化的女王头像给人一种岁月感、真实感和亲切感（如图）。

盾牌系列硬币

普通的英国钢镚儿背面的图案也都有一段来历，以比较有名且常见的“盾牌”系列为例：一便士的背面图案是带铁链的城堡吊闸上饰以皇冠，它原是亨利二世国王勋章上的图案，最早出现在亨利七世银币的中央，后来用在半便士银币和三便士铜币上。二便士的背面图案是威尔士王子勋章，三根鸵鸟羽毛插在冠状头饰上，在查理一世时期，此图案出现在银币一便士、半便士的背面。五便士的背面图案为苏格兰徽章，带两片枝叶的蓟花托着一顶皇冠，蓟花是苏格兰的象征，自詹姆士六世起，不少苏格兰硬币都采用此图案。十便士的背面图案则为一只戴皇冠的雄狮，这是英格兰也可以说是大不列颠及北爱尔兰联合王国国徽的一部分，乔治四世时期的先令和六便士上首次出现此图案。二十便士

英镑硬币背面的女王头像

的背面图案为戴王冠的玫瑰花饰，玫瑰是英国的国花。五十便士的背面图案是坐在狮子背面的英格兰守护神，即不列颠女神，她戴头盔，左手握着橄榄枝，右手握着三叉戟，该图案首次出现在1672 年发行的半便士和四分之一便士铜币上面，自 1797 年以来出现在一便士上面，并出现在七个君主统治时期的各种硬币上。看一套英国钢镚儿，多多少少可以管窥一点英国历史文化。并且，这一套硬币集齐正好凑成一个大盾牌，和孩子们爱玩的拼图游戏一样（**如图**）。

牛津一载，随手用过的英镑硬币也不少，偶尔也会瞥一眼其图案。依稀记得看到过纪念 2008 年与 2012 年奥运会的和纪念蒸汽机的。可惜并无关注，故皆成过眼云烟。但若稍有关注就不一样了，小丁公子尚能如数家珍地说出：哪个是纪念 1707 年苏英合并的、纪念达尔文的、纪念狄更斯、纪念二战结束的、纪念废奴运动的、纪念杰姆斯金圣经的、纪念南丁格尔的、纪念英格兰世界杯夺冠的、纪念罗伯特·彭斯的、纪念那个 DNA 的……惊艳了！惊艳于英国市面上还能看到各种纪念币，惊艳于小小钢镚儿却也负载了宽广厚重的文化内涵，也惊艳于一枚小小钢镚儿能引发中国小童对英伦文化的兴趣。仅依此看来，英镑不愿进入欧元区不能不说也是一种文化坚守。而纪念币能持续流通，倒真是落实了纪念的本义。

国内现行硬币上只见过国徽或花卉，除了纪念币，鲜见有领袖头像。不过现行的纸币上则都是领袖头像，一律为毛主席。但对于孩子而言似乎只喜欢硬币，小小孩拿了钢镚儿往往径直送进嘴巴，而若抓了纸币很可能会将其撕碎。对儿童来说，钢镚儿确实是个好东西，很多超市甚至便利店门口装有大型电动玩具，塞一个钢镚儿进去立刻又唱又跳，孩子们坐进了配乐的汽车或骑上了大马而心花怒放乐此不疲。曾听做了奶奶的姐妹苦笑孙子每次经过家门口的超市必坐那头大马，毫不心疼爷爷奶奶的钱包。是啊！或许在孩子的眼里那一枚钢镚儿与快乐是同义词。投入一枚钢镚儿收获两代快乐，赚大了！所以，再节省的爷爷奶奶往往也不忍拒绝孙孙们的请求，于是小菜场上锱铢必较得来的几枚硬币，很快就转化为祖孙同乐的心满意足。而孩子对纸币的情感却远不如钢镚儿了，有个爷爷说不知为何小孙女见了纸币就撕，他实在无可奈何，愣是让孙女对着肯德基垂涎三尺了一回而狠心不买，将撕坏了的纸币摊给她看“纸币上的毛爷爷被你撕了，就没有好吃的了！”自此纸币果然得以保全。

对我们这一代人，钢镚儿所承载的快乐就更多了。小时候一分钱差不多是巨款。当年那首《一分钱》唱响了全中国。一分钱的分量，在歌声中被几代人细细掂量。“我在马路边捡到一分钱，把它交给警察叔叔手里边……”这不仅歌颂了孩子拾金不昧的品质，也是中国人节俭传统的真实写照。没有银行账户的年代、没有银行账户的人，大家一分一分地挣，一分一分地攒，却并不贪图一分钱。有了积余的分币可以放进存钱罐。儿时的存钱罐是富足童年的象征，不时地摇一摇，听到有响声，心里很踏实。但不是所有的孩子都有存钱罐的，我是上大学后才用自己做家教挣的钱去买了一头小花猪陶罐，攒到结婚都没有装满。以前的存钱罐设计差不多都像个貔貅，有进无出，钢镚儿从脊梁上的方孔投进去很容易，但要拿出来非常费事。我的小花猪作为随身嫁妆，直到生了女儿有次要急用才狠心砸了它。现在很多人对一分钱已不屑一顾，有人甚至嫌钢镚儿麻烦，还有银行直接在窗口放个功德箱以回收分币，仿佛不经意间人们都成了“款爷”！

在一分钱都珍贵的年代能将一分钱交公当然是巨大的正能量，如今拾金不昧的故事仍然时有发生，不过大多是捡到巨款的才报道。故事依然感人，只是少了《一分钱》的童稚和纯真气息。现在很多家长都早早就帮孩子开设银行账户。有了银行账户，存钱罐恐怕要渐渐退出人们的视线了。但鄙以为，和抽象的银行账户相比，存钱罐对孩子依然更具有亲和力。对孩子而言，存钱罐、钢镚儿，这些看得见形，听得见声，掂得出分量的实物或许会更有教育成效。任何时候都需要节俭的品德，孩子的钱币知识、理财技能以及正确的金钱观，都可以借助存钱罐得以生动体现。我的英国房东的两个女儿也各自有一罐。小女儿汉娜放学后常常要去姨妈家去当保姆——陪表弟玩一两个小时。一个小时6英镑，当场结算，回家后，现金叮当入罐，汉娜的笑脸上闪现出一份劳动者的光荣和收获的喜悦。母亲节时她用这些钢镚儿给妈妈买了卡片、鲜花和礼物。当然，钢镚儿给予孩子的不仅仅是快乐，小丁公子的存钱罐里就比一般孩子多了一段童子留学经历，又有谁知道这小小钢镚儿上到底附着了孩子多少小秘密、小计划、甚至小梦想呢！

（五）信用被盗

不知从什么时候开始，人们的生活中已经离不开各种各样的卡。仿佛在一瞬之间电话卡、交通卡、会员卡、社保卡、校园卡、银行卡、加油卡……充斥于人们生活的各个角落。方寸之间，一个小小芯片或磁条，神奇地链接着一个又一个肉眼无法识得却又无限宽广的虚拟世界。新卡到手心中总有些许兴奋又有几分紧张，还有几分神秘或神气。记得20世纪末，出门在外的学子想打个长途电话回家，都是IP卡和IC充值卡交替来打，两种电话卡套用会便宜很多。至于如何套用最为合算，传说盘湾里博士楼里有位计算机系的同学还专门设计了几套公式，据说还颇受欢迎！读书人为生计而精于算计，有点儿迂腐，但认真的生活态度值得肯定。30元买的电话卡可以打价值相当于100元的电话时长，于是校门口书报亭以及路边地摊上电话卡生意兴隆，好像师大前后门外的小区各有一部可以打长话的电话，每逢到周末和假日排队的一字长蛇阵尾巴甩出去老远。风霜雪雨严寒酷暑丝毫动摇不了学子念家的心。

电话卡与手机一道迅速普及，但银行卡的发展简直势不可挡，尤其是信用卡，各种广告简直无孔不入。出国前，我专门办了张英镑信用卡带到牛津，但到了以后发现那里大多数商店都可以用我们的Union Pay（银联支付），我干脆继续保持一直以来刷工行信用卡的习惯。到共富新村后又让我申请了一张巴克利银行卡用来存英镑现钞，于是我的钱包里正常装着两张中行卡、两张工行卡和一张巴克利卡，但可以肯定我的银行卡属于少的。

在英国购物刷信用卡比国内方便，因为根本不需要输入密码。密码本来是卡的钥匙，一把钥匙开一把锁，但不设密码之后，等于“卡”哨下班，大门洞开。夜不闭户，来往自由，安全隐患难免。英国人相信本人签名，但谁能相信英国超市的收银员能够辨认咱龙飞凤舞的汉字签名？来中国留学的留学生学了几年也未必能认识国人擅长的行草！像“厂、广不分，使、便混同”之类的错误更是司空见惯。国外收银员肯定大多是汉字“文盲”，即便做出认真比对的神情其实也都是做做样子罢了。有一次我还专门追问过审视我银行卡的收银员，因为很明显我银行卡上写的楷体，而收银条上随手写的草书。蓝眼睛端详了好一会儿说“ok”了，我笑着说：“您能确定你看清楚了吗？”那姑娘看看我后面等着交钱的长队笑着说“差不多吧！”所以，在牛津也时常听到银行卡被盗刷的消息。下面一段对话转自牛津访问学者QQ群，发生于2013年，显示时间为北京时间（未改），但为保护隐私，人名做了虚化处理，如有雷同，纯属巧合——

张某某　02:53:45　提醒一下大家，安全使用信用卡！尽量不要在不可靠的商家或机器上使用，也不要把信用卡信息暴露与人甚至告诉别人（例如电话付款）。许多网上购物只需要提供卡号、有效期和3位验证码（这些都可以在信用卡上看到），不需要提供支付密码。发现被盗用马上打电话给银行，注销卡片，并辩争被盗款额。

王某　02:54:27　怎么啦？

张某某　02:55:39　昨天发现信用卡被盗用，两笔各10英镑，今天去银行，说又有一笔新的374英镑。

张某某　02:57:18　打电话给银行，把原来的卡废了。又打给申诉中心，说这些是盗用的。

王某　02:57:48　啊，太猖狂了！

张某某　02:57:49　HSBC马上给赔付了。

……

赵某　3:02:39　还好有惊无险，谢谢张老师提醒！

张某某　3:02:54　仔细想想有两次可能透露信用卡信息的。一次是旅游的时候在华威取了一次钱，另一次可能性更大，是暑假给儿子报了一个夏令营，打电话付款时把卡片上的所有信息都给他们了。

张某某　3:03:37　没想到HSBC这么好说话。

张某某　3:04:51　它要坚持说是我自己刷的，或者把信用卡给别人用了，我也是说不清的。

赵某　3:08:24　真要多加防范。

张某某　3:09:09　是啊！被盗了是很麻烦的。光是电话那头的英语就让人发狂的了。

……

金某　3:36:01　谢谢张老师！张老师自己也加强防范。

陈某　9:12:06　最近我的 HSBC 卡也被盗用了。

陈某　9:12:24　正在跟银行闹，烦啊！

……

HSBC 即汇丰银行。汇丰集团总部设于伦敦，汇丰集团是全球规模最大的银行及金融机构之一。在英国汇丰银行随处可见，汇丰也是在英华人比较喜欢开户的一家银行，理由很简单——不少分理处的大堂里有中文服务助理。国内关于信用卡的纠纷充斥于耳，国外信用卡同样会被盗刷至少说明西方社会并非净土，包括心目中的学术圣地牛津，也说明绅士风度十足的英国人中既有正人君子也有梁上君子。我曾在《牛津民俗中的生态平衡》表达过这样的意思。而从对话时间看被盗频率，从 02:53:45 到 9:12:06，六个多小时的聊天里就有两人提及银行卡被盗刷的遭遇。而牛津访学群那时总共不到 100 位成员（现已五百多位）。由此你可以推算信用卡或银行卡发生问题的频度和几率。这样看来，国内荧屏报端频频曝光的信用卡被盗用被复制的案件就不足为奇了。

信用卡被盗刷常见情况分为两类：一是非本人拿真实信用卡刷卡消费（信用卡是真的，刷卡人非持卡人）；二是信用卡未离身，却被他人盗刷（刷卡人非持卡人，用伪卡刷卡交易）。信用卡被盗刷的事件并不少见，关键是持卡人损失应该由谁来承担？银行又该承担什么责任呢？盗刷案件频发，接踵而来的就是诉讼纠纷官司不断。《人民日报》2016年7月19日16版的一则消息显示“去年信用卡纠纷案超17万件”，准确数据是175577件。在国内的银行卡领域，现有的规范性文件，主要是中国人民银行及中国银监会制定的相关部门规章，如《银行卡业务管理办法》《商业银行信用卡业务监督管理办法》《电子支付指引》等。由于纠纷的复杂性和法律依据的欠缺，在司法实务中出现了不同的裁判思路。这就让信用卡案件更加复杂了。信用卡涉及发卡机构、收单机构、特约商户和持卡人多个主体，结果往往是持卡人要耗费更多的心力去面对、去奔波、去起诉，有人甚至陷入有口莫辩、欲哭无泪和欲诉无门的悲惨境地。

万幸的是牛津群里的两位同胞都很快得到了赔付，挽回了损失，后一位的赔付更具有戏剧性。英国银行办卡的漫长过程和工作效率，本人曾在前言中即有所披露。但银行的赔付速度之快、效率之高倒是大大出乎我们意料，甚至感觉有点不合英人办事的动作逻辑！可深思之后却对英国银行办卡过程中的认真、仔细、小心、谨慎有了新的理解：无论是储蓄卡还是信用卡都是一种信用的承诺。而且这里的“信用”既是持卡人的信用，同时也是银行的信用，因此，信用卡还是银行和客户之间互信关系的一个物证。建立信用，需要一个相对漫长的过程，如同“日久见人心”！而当这种互信关系受到威胁或遭到损伤时，只有尽快抢修，主动修复，方能保持双方的互信！因为互相信任是世上最美好的人际状态！银行卡业务中，信用卡被盗用或盗刷，持卡人作为受害方惊魂未定，银行自然要主动承担起信用修护的义务。否则发生问题后，如若有一方故意拖延或刻意设障，势必严重伤害双方的互信和情感。由此看来，英国银行的“闪赔”行动也算得上是一种明智之举。民之交、国之交亦有似于此。

继续看聊天吧，不过这已经是发生在三年之后即2016年12月我和陈某的微信聊天记录了——

笔者：10:16　在写牛津旧事，想起你说过你的信用卡被盗用过，后来怎么解决的？想知道下文和结果。

陈某：13:24　哦，那是我在一家英文学习课程网站注册了，报名了，消费了0.01镑一个月课程，但并没有得到“不取消就默认继续订课程”的提示，在后来的两个月里，扣了我90镑，其实那个课我没有上过一次。我同时向课程公司和银行写信抱怨了。银行首先回复，说他们赔我90镑，抱歉；课程公司后来也把90镑退还给了我。

笔者：是这么回事啊，这么说你还挣了90镑？（偷笑）

陈某：是啊，搞笑的是，银行找了个印度人给我打电话，我始终没听懂他的意思，愤怒地臭骂了一顿他们，最后他说我写e-mail给你吧……但还没收到e-mail我就收到90镑了（偷笑）。

柯玲：HSBC这是主动自罚了！你也太泼辣了！真得感谢牛村（合十），让我们记住那么多趣事和美好！

但不知为何，心头突然掠过一丝沉重，我便不想再说话了。

第九章　社会组织民俗

移民城市的民间社会组织中，地缘组织与业缘组织会比较发达。牛津的地缘情感在那些来自英联邦国家的学子、群体身上有着突出的体现。当然，牛津的中国学联、华人协会、教会的华人团契等因华夏血脉结成的团体在牛津的影响正日渐增大。业缘民俗中无论是大量的牛津兼职教师还是莎翁研究会一类的名人研究机构，抑或民间习见的百姓读书会，都表现得十分敬业，甚至十分专业……

（一）殖民的情感

要说在英国租房遇到苏格兰人或威尔士人房东，你并不会感到有什么奇怪，尽管他们的英语会让你听得如坠入五里雾中。但你若发现自己踏破铁鞋觅得的一处距离适中、租金便宜、环境优雅的居室，房东并非是你想象的英国人，而是印度人或巴西人，你可能就要有点困惑了：他们也是英国人？而这在牛津实属常见，英国的国际交流开埠应该比我们早得多，因而“杂处”现象也比我们普遍。这些英国房东并非如我等来此学习或交流的匆匆过客，而确实是大英帝国的永久居民。

大量移入英国的永久居民，从某种角度看也是“国际交流”的结果。国际交流大概有两种性质或两种形式：一是横向的平等交流，一是纵向的主从交流。横向与纵向之间有着质的区别。横向交流是指两个平等的国家或国家公民之间的正常交往，各自以独立的国格立世，无论相互是朋友或敌人，但平等是必须的，正如两国交战尚不斩来使，这是从古到今的国际惯例。两者之间可以以礼相待、和平共处，也有可能反目成仇、变友为敌，总之，这是一种若即若离，可即可离的关系。双方始终保持着一定的距离，要做到毫无戒备的贴心比较难。双方若是酒肉朋友更是如此，酒肉穿肠而过，一旦没有了好吃好喝的招待或礼尚往来不均衡，朋友很可能耿耿于怀，甚至出现危机。即便用“会盟宣言”或“结义公约”等形式来强化责任、深化情感，但出现危机、关系破裂或绝交的事还是时有发生。由此可见，横向的国际交流有时并不很可靠。

所谓纵向国际交流是两国之间并非或起初并非平等关系，而是存在着或存在过主从关系，即：一个国家是或曾经是另一个国家的殖民地或属国，两国之间有主从之分、尊卑之序。虽然当初的结交大多非自愿甚至带有威逼或强暴的性质，但若干年过去了，历史冲淡了血痕，既成史实也就默认了，即便是“狼外婆”也还属于尊长。所以，纵向的国际交流双方之间类似强扭的姻缘关系。如今的赴英留学生当中，相当一部分来自以前的英属殖民地国家。他们来英国如同走亲戚，护照大都是免签的。不像中国同胞出趟国不仅自己的家庭成员甚至连父母都要被彻底盘查，还要冻结一笔存款以担保你出了事不要花人家的钱。即便因公出差也要单位担保、公证处公证，手续不胜其烦。在牛津经常碰到来自“英联邦国家”的同学，所谓英联邦国家约等于以前的英国殖民地。英联邦公民毫不避讳甚至不无自豪地说自己国家以前是英国的殖民地。

历史上的“大英帝国”曾经有过56个殖民地国家，它们包括：大洋洲14个国家——澳大利亚、新西兰、瓦努阿图、图瓦卢、所罗门群岛、萨摩亚、瑙鲁、圣文森特和格林纳丁斯、圣卢西亚、圣克里斯多福与尼维斯、巴布亚新几内亚、斐济、巴巴多斯、基里巴斯；非洲21个国家——南非、尼日利亚、喀麦隆、莱索托、博茨瓦纳、加纳、马拉维、坦桑尼亚、津巴布韦、斯威士兰、赞比亚、乌干达、汤加塞舌尔、毛里求斯、莫桑比克、纳米比亚、塞拉利昂、肯尼亚、冈比亚；美洲8个国家——加拿大、伯利兹、圭亚那、特利尼达和多巴哥、牙买加、格林纳达、巴哈马、安提瓜和巴布达；亚洲10个国家——印度、巴基斯坦、马来西亚、新加坡、孟加拉国、马尔代夫、斯里兰卡、缅甸、文莱、民主也门；欧洲3个国家——爱尔兰、塞浦路斯以及马耳他。此外，还有美国的一部分（纽约州及周围）。

虽然我国未曾沦为过别国的殖民地，但半殖民地历史留给我们的也都是屈辱与惨痛。我们从不少资料和电影，看到帝国主义列强对殖民地国家或地区实行压迫、统治、奴役和剥削，殖民地百姓民不聊生。殖民过程实际上是一个大国在国外寻求并获得对经济上、政治上和文化上不发达地区的占有权的过程。虽然很多殖民地的宗教、文化、经济和生产力在殖民者的影响下甚至产生过较大的提高，但这也难以掩盖殖民者侵略、掠夺、剥削、压迫的本质。殖民国一般通过向海外移民、海盗式抢劫、奴隶贩卖、资本输出、商品倾销、原料掠夺等形式实行殖民。殖民者在殖民地大多比当地原住民享有优越的政治权力，有着明显的人种歧视、民族歧视，对原住民的人格和尊严造成了极大的伤害。所以，一旦殖民地民众的民主意识觉醒，一旦民族意识被激化，殖民地的独立斗争就越来越尖锐，这有点像被坑蒙拐骗的孩子懂事后往往负气出走甚而寻根复仇一样。随着世界性的独立运动的兴起，殖民者的日子越来越不好过，甚至其人生、财产也常常遭到极端的对待或毁灭，造成巨大的损失。

物极必反，适度松动反得安宁。大英帝国总算识时务，慑于日益高涨的殖民地民族解放运动，第一次世界大战后，不得不调整其与殖民地国家之间的关系。1926 年“英帝国会议”的帝国内部关系委员会提出，英国和若干殖民地国家之间“地位平等，在内政和外交的任何方面互不隶属，唯有依靠对英王的共同效忠精神统一在一起”。1931 年，《威斯敏斯特法案》从法律上对此予以确认，英联邦正式形成。1949 年，英联邦成员由需对英王效忠的原则演变为英联邦成员“接受英王为独立成员国自由联合体的象征”，英王是“英联邦的元首”。从此，以前的英属殖民地，大多蜕变为“英联邦成员国”。原英属殖民地中未加入英联邦的国家或地区仅有缅甸、爱尔兰、南也门和津巴布韦。虽然殖民地时代早已结束，但从以上数据，我们依然可以领略到殖民给英国带来的昔日辉煌，也终于明白为何英语至今稳坐国际交流第一语言的位子。

在我们的词典里“殖民”是个带有强暴、侵略色彩，并烙有痛苦印记的贬义词。我曾确信殖民地国家的人民对殖民者心中一定满怀不共戴天的仇恨和敌意。但现如今在牛津遇见很多来自先前英属殖民地国家亦即现在英联邦国家的留学生，他们在英国愉快地学习、生活，对自己国家的被殖民历史完全没有我所想象的苦大仇深。过度的设身处地，反倒让我们有点“满瓶不动半瓶摇”了。这种“殖民地自豪感”直接让我想到鲁迅先生的《论“他妈的”》一文。虽然剖析的是我们的“国骂”，结尾的句子用来解析中国人对殖民者的认识倒也是挺恰如其分的：“硬要去做别人的祖宗，无论如何，总是卑劣的事。有时，也或加暴力于所谓‘他妈的’的生命上，但大概是乘机，而不是造运会，所以无论如何，也还是卑劣的事。”殖民，不就是强行要做别人的祖宗吗？这在中国文化视野中永远是极其卑劣和恶毒的。然而，当殖民时代终结，殖民成为历史时，我们不能漠视当年强行扭结的殖民情感确实也是一种现实情感。不管你承认与否，英联邦国家之间的某种亲缘关系已是史实，如同生米煮成了熟饭。同样是在英国的外国人，来自前殖民地或现在英联邦国家的人大多感觉如同走亲戚，而其他非亲缘关系国家的来访者充其量是在访朋友而已。亲不亲，打断骨头连着筋，走亲戚者与英国的心理距离更近一些。事实上，英联邦国家之间关系十分密切，就教育方面看来，英国和这些亲缘国家之间大多可以互认成绩、学历等。如新加坡人，中学毕业即可取得“A Level”认证。A Level证书是被所有英联邦国家认可的；雅思成绩在英联邦国家通用；定期举行的英联邦国家运动会也促进了各地体育文化的交流和进步。

还是鲁迅先生先见过人：“偶尔也有例外的用法：或表惊异，或表感服。我曾在家乡看见乡农父子一同午饭，儿子指一碗菜向他父亲说：‘这不坏，妈的你尝尝看！’那父亲回答道：‘我不要吃。妈的你吃去罢！’则简直已经醇化为现在时行的‘我的亲爱的’的意思了。”以我个人在牛津的所见所闻，现在的这种他妈的情感似乎已不止“偶尔”和“例外”了，甚至让人觉得“他妈”、“咱妈”都是妈了。

余秋雨先生经文化苦旅长途跋涉之后，发现仅有中华文明坚守至今没有中断，并指出其主要原因在于我们的文字系统和不爱远征的民族性格两点。笔者则疑惑这是否也跟我们的文化贞洁观念有关？是否还因为当年我们拼死抵制“他妈的”入侵，才保证了中华文明的相对纯正？从语言上看，在这样的文化血统中，这句话自然要发展成为一句贯通古今、普及全民的国骂。只是，现如今不仅国骂骂义尽褪，连惊异、感服也日渐减少，径直成为一句直接抒情了，呵呵！

（二）大学的竞争

七八月招生季是中国最炎热的季节，也是高招竞争白热化的季节。自高教招生改革以来，各校招生部门一改以往高高在上守株待兔的做派，开始四处出击，甚至不惜放下身段明查暗访，三顾茅庐求才若渴。相应地，每到招生季也滋生出不少大学之争的花边新闻。往年如复旦交大，2015 年如北大清华。传闻越传越多也越传越离奇，口水战唾星四溅，互揭老底不择手段，几失大学风度。于是，有人调侃现在的“高招”乃高校过招。

大学之争争什么？似乎不应争在招生时。得天下英才而育之固然是为师者一大心愿，然英才愿意师从于谁，主动权则在他们手中。高校何必参与过多！可自从咱教育带上商业化色彩以后，招生部门压力大，重点高校甚至高职高专的招生几乎变成了抢人。商业模式倒也罢了，各学校公开秀出自家的魅力，任由学生挑选好了，可偏偏又出现一些怪招、阴招、损招，于是是非频出，舆论哗然。招生有了新闻，媒体也来支招儿了，援引国外名校如何规避招生冲突的案例以资借鉴，大英的牛津剑桥之争便成为首选话题。不过本人在英期间，高招中的生源争夺战似乎未曾耳闻，但牛津剑桥之间的明争暗斗、相互较劲的趣闻轶事则不绝于耳，而且这些好像已成公开的秘密。

牛津与剑桥合称“牛剑”或“牛桥”，它们之间的恩怨很像一对爱恨情仇难以界说的情侣，相互鄙视最明显的表现是双方都不愿意提及对方的姓名而鄙夷地称对方为“另一个地方”，仿佛这

剑桥大学徽标

牛津大学徽标

就是对方最大的贬低似的，这颇有点儿像情侣之间打情骂俏叫对方“坏蛋”的味道。据说，牛津人相信是他们统治着世界，而剑桥人会撇撇嘴：我们根本不在乎是谁在统治世界！当时的联邦德国总统理查德·冯·魏茨泽克是牛津大学的荣誉博士，1994年剑桥大学也决定授予他荣誉博士的头衔。对他曾接受牛津的荣誉称号一事，剑桥大学的人用一句话轻描淡写：“不要紧，一生中总要有改正错误的机会。”这实在令人喷饭。

再如两校徽标之嘲(**如图**)。近几年英国综合性大学的排行榜上，牛津一直排在剑桥之后，这多少让牛津人有些愤愤不平，于是就拿两校校徽说事儿：两校校徽上都有一本书，只是剑桥的那本书是合上的，而牛津的那本是打开的。于是牛人嘲笑剑人不用功读书，只拿书本装点门面，而剑人则毫不犹豫地回击说：“是你们读书速度太慢，我们早读完了，你们还在慢慢啃。”坊间还听闻一个牛津的学生和一个剑桥的学生一同上厕所。如厕完毕，剑桥的学生不洗手就走了出来。牛津的学生十分不屑：“难道剑桥的老师没教你们上完厕所后要洗手吗？”剑桥的那个学生故作诧异状：“难道牛津的老师没教你们上厕所时不可以把手弄脏的吗？”事实上好辩是英人一大传统，不过这种斗嘴皮子很像小孩子吵架，看起来都不甘示弱，其实也听不出多少歹意。

中学哲学课上老师教过事物之间是普遍联系着的，大学之争也是一种联系。我更喜欢人们用如下的句子描述牛剑及哈佛之间的亲缘关系："牛津是剑桥的母亲，剑桥是哈佛的妈妈"。1209年之前，世上既无剑桥更无哈佛，但已经有牛津大学。传说当年牛津市民与学生、学者之间的矛盾冲突，导致几名学生被绞死。情急之下，一些教师和学生以个人或团体的方式纷纷逃离牛津。他们在剑桥教会的帮助下于来到剑河旁安营扎寨，潜心文化传播和学术钻研，从而开拓出一片新的学术天地，方才有了剑桥。1637年，剑桥毕业生约翰·哈佛移民美洲，去世前将自己一半的产业和图书馆捐献出来建立了哈佛学院，形式完全仿照自己的母校。哈佛所在的小镇也被命名为Cambridge（剑桥）。对此，有人打趣说："一只不错的英国老鸟孵化出了美国巨鹰。"亲不亲，打断骨头连着筋。直到今天，每一年都有许多哈佛毕业生申请来两校读研，求学的同时也是寻根圆梦。

我国的大学之间也不乏这样的亲缘关系，有些还有着刻骨铭心的共同记忆。2014年去西南联大旧址参观，感慨万千，西南联大这所特殊时期的特殊大学，由北方几所大学患难与共、凝心聚力而成为联合大学，为新中国的人才、教育、建设以及学术所做出的巨大贡献，可谓璀璨夺目。大学之间若能始终坚持精诚团结，通力协作，中国的高等教育大有希望矣。

1209年牛津学生、学者为什么要逃到剑桥而不是别处？剑桥大学有关档案在1261年剑桥市民暴动中被烧毁，这终成不解之谜。但历史谜团并未影响两校之间互不示弱的传统，众所周知也堪称美谈的两校之争是两校一年一度的划船比赛。19世纪20年代，两名分别就读于牛津、剑桥的好友突发奇想：既然两家在学术教育上互不服输，不如举行一次划船对抗赛来较量一番。这两个学生都叫查尔斯：剑桥的查尔斯·莫瓦尔出身名门；牛津的查尔斯·华兹华斯是湖畔诗人的侄儿，老华兹华斯曾是剑桥的学生。1829年的3月12日，剑桥向牛津发出了挑战，从此这项赛事的传统就被保留下来，直至今天。除了因为两次世界大战而中断过之外，一百八十多年来从不曾取消过一次！

每到春天，两校中上一年的失败者就向对方发出挑战，于是新一届的比赛又被挑起。从1836年起，牛津大学将深蓝定为队服颜色，而剑桥则选用了浅蓝色，这个传统也一直延续至今。2015年两校对抗赛的同时，伦敦有五场英超比赛和英国赛马大会举行，但赛艇现场观众还是达到了25万。更多观众通过电视收看直播，赌博公司也会开出赔率。2015年，还是女子首次参赛。其实，两校之争早就不是一场简单的比赛，作为英格兰民族知识界的双驾马车，两校划船比赛已成为一种文化符号，早已沉淀为两校人的集体记忆。漫步伦敦泰晤士河南岸，有两块刻有字母UBR的石头，正是University Boat Race（大学划船赛）的缩写，分别是比赛的起点和终点。然而划船只是两校之间看得见的角逐，牛剑之间的“内力”较量远不止于此，而且看来还是一场没有止境的对抗。

牛津、剑桥之争已成为双方存在的必须，正如作用力与反作用力相互依存，生命也是需要对手的，没有对手就不可能成长。竞争也未必是一种你死我活此消彼长的关系，它同样可以开创一种双赢的局面。两校之间或许正因这几百年来互不服输的竞争，才促使这两所世界名校不断发展。就像希腊神话中变成双子座兄弟的卡斯特和波鲁克斯一般，牛津、剑桥是英伦大学中无与伦比的星辰，它俩不仅校徽上同中有异，校风、校训、校制也是异中有同。一位牛津老师曾说过：“Oxford teaches you nothing about everything; Cambridge teaches you everything about nothing.”这可译为“牛津教你无中之有，剑桥教你有中之无”，其中真意只可意会。有人用“艺术的牛津，科学的剑桥”来归纳两校特色，恐怕不够全面。悠久的历史，杰出的地位，造就了同样心高气傲的牛津人和剑桥人。牛津培养的成批的重量级政要，剑桥哺育出的灿若群星的诺贝尔奖获得者，是两校最爱秀也最为引以为自豪的肌肉块儿。在中国人心中，《牛津英语大词典》恐怕是牛津的象征，剑桥印象则更多与徐志摩的那首《再别康桥》相关吧？数百年来，牛剑激烈地竞争着也同样真诚地互敬着。事实上两校在学术交流、人才流动等很多方面配合得十分默契，它们相互携手保持着顶尖高等教育水准。牛津人的傲慢恐怕比之一般英国绅士有过之无不及，但牛津人唯独对剑桥表现得特别尊敬，那种尊敬，似乎意味着唯独有与他们同样独特的人们相伴，才让他们感到舒服。

学生对学校特色的提炼有时具有超常的概括力。譬如沪上高校，学生中有“学在复旦、吃在同济、玩在上外、爱在华师大”之传言，仔细想想真有几分切合。再如昆明高校，亦有“民大考场、云大情场、昆工战场”之说，听后不禁哑然失笑。牛津、剑桥学子心目中的母校又是怎样的呢?《罗马衰亡史》的作者吉朋曾和朋友讲，他在牛津的三年是一生中最懒惰、最不出产的三年。《进化论》的作者达尔文也说，在剑桥什么事儿也没做。印度总理尼赫鲁的回忆录中，说他在剑桥求学的三年里，对于骑车、网球和赌博的兴趣远远超过了政治。他这样形容他的大学生活：三年的岁月平静无波，时光缓缓流淌，一如那慵懒的康河。那么，如此“无为”的大学究竟魅力何在？竟使得万千学子不远万里负笈而来？或许正是这种似有若无的竞争环境、氛围、传统无声无息地包围着他们，潜移默化地浸润着他们，依靠内在场力鞭策着他们。牛津、剑桥都是具有这种巨大的同化和异化力量的大学。尽管自己的学生如此调侃，但健康的大学之争依然如故，总让人感到阳光明媚，前景灿烂。

（三）莎翁研究会

莎士比亚可以说是我认识的第一个外国大家。20世纪80年代初，在盐城市伍佑中学读书时，语文老师给我们每人发了一本自编的课外读物《莎士比亚剧作选》，同学们看得爱不释手，不仅知道了莎翁的十大悲剧、十大喜剧，而且还让脑瓜子里充满了精灵、巫婆、罗密欧、朱丽叶、李尔王等等。现在想来在一所农村中学能遇到这样的语文老师真乃平生之大幸。因为当时恢复高考不久，人们大多心思都用在提高升学率上。那时候五六十人的班级仅有几个能升入大学的，很多农村中学动辄被“剃光头”（无一人考中），而伍佑中学是农村重点，一个班竟能有百分之三四十的人升入高校或中专，这种情况在当时真正是凤毛麟角了。不过那时正式编制的教师工资每月也就五六十元吧，愿意花时间花精力花金钱去编书、写书，并且不是编高考复习资料而是在常人看来百无一用的文学书，能这样做的老师实属难得。后来听说这一批老师其实“成分”都不太好，有历史问题。不过平心而论，在伍中学习语文，倒感觉是真正地在学语言文学。一个普通农村中学的学生说起莎士比亚能够滔滔不绝，这种优越感一直保持到大三学外国文学时。大学时代真的可以博览群书了，不过常常一天一部长篇，食而不化，结果反倒像过眼云烟，远没有中学看过的记得牢。而到了英国一下子感觉离莎翁近了许多。来牛津后又发现莎翁故居近在咫尺，从牛津去莎翁故居交通十分便捷。牛津中国学联每年都会为新来的同胞组织莎翁故居一日游。

莎士比亚故里是一座古老的英伦小镇叫斯特拉福德（Stratford），坐落在英国中部沃里郡的埃文河畔，秀美怡静、清新自然。它不仅孕育了天才的诞生，而且赋予了莎翁极具魅力的创作灵感和极致浪漫的爱情故事。莎翁的故居就在亨利街的北侧，是一幢两层木砖结构的英国都铎式建筑。就在来莎翁故居的前一日，在乔治的英文课上还刚刚聆听了英国著名话剧演员朗诵的莎士比亚的十四行诗："Shall I compare thee to a summer's day?"深情的韵律犹在耳边。踏着木制楼板，感受着空气中莎翁的音容笑貌，内心的敬意越来越深。莎翁故居中保存了当年莎士比亚的一些遗物以及他的家人所用过的物件；楼上房间中一张旧床，正是莎士比亚诞生的地方。那间坐落于绿树丛边的优雅山房是莎士比亚夫人的旧居，屋内同样保持当年的模样，火炉旁的靠背长椅，相传是莎士比亚婚前与其妻互诉衷情的地方。时过境迁，曾经的甜蜜和温馨仍能在触摸间依稀感受到。

在斯特拉福德小镇共有五处莎士比亚故居，莎士比亚出生地、安妮哈瑟韦小屋、玛丽亚登故居和莎士比亚乡村博物馆、荷尔小园和纳什故居，都各以独特的视野展示这位文学巨匠、戏剧泰斗的生活环境时代背景。地灵人杰，莎翁作品中的芸芸众生大多生活在这样的环境之中。埃文河是斯特拉福德的母亲河，平静而舒缓，质朴而含蓄，它赋予了莎士比亚创作的源泉，也记载了莎士比亚众多传世之作的诞生。其故居的周围点缀着赏心悦目、精致秀美的小花园，有些盆花还能出售（如图）。

节日中的莎士比亚故里

莎翁的祖上是制作皮手套的，这个工艺至今还在。游客想买手套也行，从“高大上”到“短小俗”各式各样，满足各色人等的需要。有位学哲学的同胞仔细地看着那些琳琅满目的手套，突然发问：“请问，这里真是莎士比亚的故居吗？”工作人员鼓腮瞪眼看了这位仁兄好一会儿，突然哈哈大笑，说：“出生地，他生在这里，后来去了伦敦，但他又回来结婚，死后也葬在这里，当然是真的，绝对是真的！这也是通过了权威研究会——英国莎士比亚研究中心认证的。您——为什么会提这样的问题？”我们这位老兄倒也毫不避讳，道：“对不起，因为在我们国家，有很多假的名人故居……”“您是哪国人？中国？”不知是什么原因，我突然觉得脸上挂不住了，赶紧继续前行参观，不想再听下去。

斯特拉福德小镇是莎士比亚的出生地，英语“Birthplace”一看就懂毫无歧义。但汉译为“故居”后就不一样了，对一个人而言，他的出生地只能是一处，而故居却可能有多处。汉语中，“故里”、“家乡”、“故乡”、“老家”、“故居”常常混为一谈。更有“原籍”、“祖籍”等词语容易混淆视听。改革开放以后，随着国人经济意识的强化，国内的名人故里之争几近白热化。比较近的名人，比如周恩来总理，出生于江苏淮安，原籍浙江绍兴，于是两家就都说是总理故里。本来很清晰的问题，却无缘无故地起了争议。原因为何？

中华民族是个故土情怀深重的民族，光宗耀祖、衣锦还乡也是国人的一种人生理想，其情可感。但人的籍贯、故里或者其他类似问题终究是个史实问题。既然是历史问题，就应具备历史考证的严肃性。要让名人故里之争走向理性，唯一的办法是在学术层面进行论证。其实，名人故里之争在其他国家也曾有过。英国也曾有各种各样打着莎士比亚旗号的旅游景点，但大家公认的只有经过英国莎士比亚研究中心认证的名胜古迹才是货真价实的。莎士比亚的出生地只有一处，那就是斯特拉福德镇。提出不同看法必定有所依据，要通过真正的学术来证明，并由权威的学术机构去认证并引导民众。当然，为了防止历史研究滑入功利陷阱，这就要求专家学者们实事求是，顶得住某些压力，真正做到“主持公道”。

我国地大物博，名人众多，故里之争此起彼伏，随意搜罗一下，就发现有不下40条名人故里的官司。例如，黄帝：河南新郑，陕西黄陵，甘肃清水；炎帝：湖北随州，湖南株洲，陕西宝鸡，湖南会同，山西高平；尧帝：山西临汾、长治，山东菏泽、定陶、曲阜，河北顺平、唐县，浙江兰溪，江苏金湖县、高邮县、宝应县，湖南的桃源、常德；舜帝：山东诸城市、菏泽市，浙江余姚市，山西垣曲县、永济市，河南濮阳市、湖南宁远县；姜尚：山东、安徽、江苏、河南；朱熹：福建尤溪、建阳，江西、安徽；诸葛亮：河南南阳，湖北襄阳，山东临沂；赵云：河北临城县、正定县；老子：安徽涡阳，河南鹿邑，甘肃临洮；孙子：山东广饶、惠民、临淄；庄子：河南民权，安徽蒙城，山东冠县、曹县；司马光：山西夏县，四川郫县，河南光山；魏征：河北晋州、馆陶、巨鹿，四川广元，陕西；杨贵妃：陕西华阴，山西蒲州，河南弘农，广西容州，四川导江；曹操：安徽亳州，河南永城、安阳；武则天：山西文水，陕西西安，四川广元；屈原：湖北秭归、江陵、临江，湖南汨罗；朱元璋：安徽凤阳、明光市，江苏盱眙县；曹雪芹：河北丰润、辽宁辽阳、辽宁铁岭、江西武阳……①

也真难怪那位同胞对外人那么直言不讳了！饶了古人吧！名人活着本就不易，为何死后也难求安寝？如果仅仅是学术争鸣还情有可原，但发生名人故里争夺战的最根本的原因恐怕还是虚

① 《盘点中国名人故里之争》，https://wenku.baidu.com/view/378561e116fc700aba68fca6.html。

莎翁故居

荣心和孔方兄“阴魂不散”。在国务院的文化产业振兴规划中，文化旅游业已被划入文化产业，通过发掘名人故里来发展文化产业无疑是事半功倍之举。因而，有些地方争夺名人故里是“醉翁之意不在酒”，并非为发展文化而是以营利为目的。经济利益驱动使故里争夺战愈演愈烈，包括近年一些文化遗产保护项目的申请与评选，宗旨本为弘扬优秀传统、守护精神家园，但有些地方却举“文化”的幌子，行交易之实。故里之争一旦变成利益驱动的面子工程，就难保与名人有关的件件桩桩不染上商业化色彩了，其中甚至包括了学术，结果必然会导致真伪难辨、铜臭熏天（**如图**）。

（四）民间读书会

牛津是个大学城，读书人多不奇怪，令我好生奇怪的是牛津很多人一直执着地保持着阅读纸质书的习惯。不少牛津人坚持认为，只有这种掂着有分量，翻着有声音，闻着有墨香，看着不伤眼，读着有营养的文字纸张集合体才称得上是“书”。在牛津的日子里，无论是乘汽车还是坐火车，总能看到有人在读书。有一次在基督教会学院门口候车亭我甚至看到整齐地排着一队老老少少的读书人，他们似乎不是在等车而是在等着进阅览室！

牛津街头的乞丐也读书。牛津乞丐中既有定居一隅的蹲点者，也有来往于街头巷尾的游走者。我经常看到蹲点乞丐专心读书。有一次我经过那位每天与狗同榻而眠的乞丐先生面前时他竟然因埋头阅读而全然未觉，没再说“善心的女士，有零钱吗？”我瞄了一眼，书挺厚。突然有点感动，悄悄抽了张五英镑无声地放入他的聚宝盆，匆匆离去。虽没听说过“读书人行乞不为丐”之类的话，但读书人之间易于亲近是真的。也许因为读书，这位乞丐面前常有一些牛津学子逗留，他们忽略了那衣服被褥上的异味，有的和他开心地聊天，有的分一些食物给他的狗。更为难忘的是我刚到语言中心上班时，在最靠近的那个路口每天遇到一位穿安全背心的老先生跟我打招呼。他背篼里也装满了杂志，手里拿着一本翻阅着，我以为他是送杂志的志愿者。每天相见时我们总要微笑着相互问候“早上好！亲爱的，祝你全天精彩！”“早上好！先生！”几个月后从牛津同事处得知他是个乞丐，我愣了好一会儿！更蹊跷的是从那以后我再未见过这位老先生，心中不禁有几分挂念。

最让我惊异的是我的房东。某日她告诉我晚上家要来客人搞读书会活动，说我有兴趣欢迎参加。我以为听错了：“什么会？”——“读书会。”随即问了一连串的问题：“成立多久了啊？”——“一来牛津就搞了，近十年了。”“是几个家庭组织起来让孩子们一起读书吗？”——“不是，跟孩子无关，是我的几个朋友，我们自己读书。”“你是组织者？”——“当然。”“和教会

《毒木圣经》

有关吗？读者都是基督徒吗？”——“无关。只要喜欢读书就可以参加，不一定是基督徒。”“今天读什么书？谁推荐的？”——“The Poisonwood Bible（《毒木圣经》，**如图**），我选的。”“成员要缴费吗？”——“不要。”“你作为组织者有酬劳吗？”——“没有。”“有管理者？要汇报吗？”——“不用。”“你有活动记录吗？”——“没有。”……

我的问题携带了过多的惯性思维：房东是全职家庭妇女，我们印象中家庭妇女无非做一些洒扫烧煮缝补之事。我确实曾看到她忙碌之余喜欢蜷于沙发一角阅读，也听她说过去图书馆云云，但我真的没想到她还是读书会的组织者并有些年了。房东选书也颇有眼光，《毒木圣经》是美国著名女作家芭芭拉·金索佛（Barbara King solver）的一本世界性的畅销书，曾创造了热销两年半狂卖370万册授权十余国的出版神话。震撼我的不只是一位家庭妇女去组织了一个读书会，还因这种读书活动既不是为了孩子，也不是信徒之间的读经，他们只为自己而读书。

二月差不多是牛津最寒冷的时候，那天外面特别冷，路上积雪几天未融化。房东开了暖气，但下午又早早生起了壁炉，煤加得足足的，火烧得旺旺的。孩子早早做好作业上楼上网去了，房东家没有电视。读者们如约而至。房东准备了温馨而简单的晚餐，一共来了两位男读者，一位女士因孩子生病来电致歉。七点半左右开始了，房东给每人斟了点红酒。我这才注意到，平时有点不修边幅，甚至有时蓬头垢面的房东今天似乎特意修饰了一番：完全是一个谈吐优雅的职业女性打扮，撑起了平时很少戴的眼镜，头发由马尾改成披肩，甚至还戴上了首饰。温和的灯光下偶尔闪烁一下，显得有点俏皮。几个人就这样围炉而坐、放松地倚着沙发上，轻声交谈着，各人说着自己的直觉，间或端起地毯上的酒杯呷上一小口。

我静坐在一角旁观，坦白说一开始是冷眼旁观，并未真正从内心放下文学博士的身段，但不知不觉中就被吸引、情不自禁参与其中了，他们从小说的情节结构谈到人物形象谈到故事背后的社会根源、文化冲突，这样不知不觉过去了两个小时。人人直抒己见，但无一引经据典，一起分享作品中自认为美好的东西，交流相互间不同的看法。我突然发现，紧扣原著，畅所欲言，言为心声，这不也正是专业文学批评者孜孜以求的境界吗？当文学真正走进民间，当阅读成为日常生活，文学批评已无专业与不专业之分了。心中产生了一股抑制不住的感动，这种感动不是作为教书匠看到有人读书时的欣慰，而是在得知读书是英国普通百姓日常生活内容之后，对英国文化中一种根深蒂固的东西的敬意和震惊。

读书会的事我后来也和牛津的同事聊过，都说这在英国很正常，在牛津很普遍，这是很多英国百姓生活的一部分。据说牛津每个村子都有三四个读书会。家庭读书会一般都以读小说为主，其他文体有其他的交流形式（我还观摩过民间诗歌会）。家庭读书在英国历史悠久，古代题材的电影中时常看到，但民间读书会的出现其实并不太长。有趣的是同事说民间读书会的兴起是在数字化作品盛行以后。有人发现人们的阅读能力在下降，据说男性尤为突出，写作方面也有此苗头。而英国女性则有阅读的传统，于是有研究者呼吁回归阅读，于是乎民间读书会就出现了，其间还可能与公共图书馆的推动有关。非常有意思的逆向平行：一方面数字化潮流席卷而来势不可挡，另一方面民间读书会如雨后春笋，生机勃勃。英国人素有爱书的传统，英国人似乎对纸质书存在着某种精神上的依恋。反思自己，我们很多时候读书并非为了自己，这或许与对我们“读书”的误解有关——

首先是常把“读书”和“学习”混为一谈。英语的 reading 和 learning 或 studying 之间词义有较大差别。汉语的“读书”和“学习”则常常通用。广义的“读书”就是“学习”，狭义的“学习”相当于“读书”。古语“万般皆下品，唯有读书高”、“读读读，书中自有黄金屋”、“要想出人头，唯有书中求”等等其实都是说学习可以改变命运和人生，是广义的“读书”。可惜的是后人多对“读书”作狭义理解，一味强调读书忽略人更多的其他潜能，培养出了不少只会读书的高分低能儿。就连毛主席教导的“好好学习，天天向上”也常常被只被理解为“好好读书”。

其次是三更灯火五更鸡，正是少年读书时，常常把读书只看作是青少年的事儿。在网上检索一下我国的“民间读书会”，会发现相当一部分读书会的目的主要为引导或指导孩子们读书。绝大多数人认为读书是孩子的事，是学生时代的主业。青少年处于学习阶段，自然需要读书，但当读书和吃饭睡觉等日常生活一样时，读书就没有特定对象了。所以，当家长训诫孩子“好好读书”时，有时也不妨自问一句：我自己还读书吗？

再者是常把读书变成一种风雅“秀”。我曾问过房东“你们读了多少本书了？”——“一个月一本书一次活动，很多年了，不少了吧？”是啊，为自己而读书谁会在意读书数量呢？正如谁会去统计自己一生用多少顿餐一样。网上看到某市也有个民间读书会“六年……32 本书，650 多篇读书笔记，26 次月谈会，21 次在线讨论……”确实挺了不起，但数量是否能反映人们享受阅读的程度呢？读书一定得读出个子丑寅卯来吗？一旦读书成了任务，它的趣味性就渐渐失去了。这个民间读书会的经验是“自发组织，自觉坚持”。假如某个会员就是只读不写型的，那写笔记岂不是成了他的难题？民间活动本来是粗茶淡饭保平安的健康生活模式，现在总想把它弄成精蛋白，弄不好因噎废食岂不等于逼人退会？同胞一向做事认真，最后定要分出三六九等。也许鼓励读书的初衷是对的，但读书本来并不是为展示和竞争。如果读书真的像一日三餐那样被生活化、常态化，谁还去组织评奖呢？谁还在意这个奖呢？

读书可以是一己之乐，自得其乐。民间读书会好的是可以与人同乐，分享快乐，快乐是最高宗旨。写出《幻境》的 Jack Lewis 当年正是参加了牛津的读书会（The Inklings）而改变了他整个人生。至于到底读出了什么，让仁者去见仁，智者去见智吧？读书只有见解没有答案。当读书带有太多的功利性时，就必然会扩大或缩小书中很多东西；当读书不是为自己而读时，我们也很难做到畅所欲言。那天我看到房东自己的《毒木圣经》书中夹了不少小纸条，而那两位书友则弄了很多折角。我突然想到我

读书会上的房东

们的点评先贤们如金圣叹、毛宗冈、李卓吾，他们对小说的精彩点评不知是否和三五成群的读书活动有关？因为喜欢而读书才是真正的读书，真读书方能有真见解。目前的读者中，有人为作者而读，也有人为读者而读；有人为升职而读，也有人为因退居而读；为自己快乐而读书的人恐怕微乎其微。与其他爱好相比，为自己读书的生活其实是透射着宁静和美好的生活，那是一种从内到外的气质美。那晚，室外天寒地冻，室内温暖如春。房东手拿书本，撑着眼镜、呷着红酒，侃侃而谈的形象让我觉得她是那么的高雅不俗。浮躁的时代尤其需要这样的时空来调剂人类的心灵（**如图**）。

（五）尽职的兼职

2015春的开学之初，系里几位兼职因故突然离职，教学秩序几近瘫痪，抓狂救场，四处搬兵，勉强运行后我感慨良多。近年因为汉语热的升温，来华留学生与日俱增，面对如此“商机”，高校当然不能袖手旁观，各家纷纷设立汉语培训部门，相应的汉语言专业也应运而生。留学生来了，教学楼有了，可教师在哪儿？广招人马倒也不难，中文、外语甚至政史等专业的毕业生都可以担当汉语教师，但人们对此“商机”是否可以常驻高校，是否可以永久火爆始终心存疑虑，权衡再三，大家发现多聘用兼职乃权宜之计。2008年年底我曾对汉语言专业师资现状进行过调研，当时沪上11所高校中，除了上海交通大学、华东师范大学学历教育未用兼职教师外，9所学校中，兼职教师与在职比例从6%到81%不等，兼职教师占50%以上者就有4家，而有单列汉语培训机构或部门的学校情况自然比这要严重得多。于是大量的在读研究生应召而来，略加培训就粉墨登场了。说实话对高校来说，留学生语言培训确实创收不小，而且无形之中也对推进我国高校的国际化进程有一定意义。但“学校搭台、兼职主打”模式也给原本专注于教学科研的高校带来了不少困扰：在职教师或耽于繁重的教学任务无暇科研或囿于繁杂的管理事物转轨为教学行政人员。甚至有人不禁自问：大学到底应该干啥？咱还是大学老师吗？

牛津大学语言中心跟我们十分相像，但他们只服务于牛津大学的师生及亲属，面向社会的语言培训归到继续教育学院。不过语言中心几乎无在职教师，兼职比例比我们还高。他们是名副其实的中心，甚至没有自己的专业（我们至少还有个汉语言专业）。一番调查后发现根本的不同其实并不在于教师性质，而在于英文“兼职”含义本身，这不仅导致了人们对兼职的感知差别，也决定了兼职者心态的大相径庭。

汉语“兼职”一般是指在完成本职工作以外，在业余时间内与其他单位建立地工作关系。相对的词语有：全职、在职或专职，皆为人事系统中的在册在编者。兼职属于双重劳动关系的一种。但是由于兼职所建立的劳动关系属次要劳动关系，因此并不为我国法律所禁止。由此可见，汉语中的“兼职”应为当事人主业之外的业余的、次要的职业。可事实上目前我们的兼职汉语教师大多还是待业者或在校生。因为是业余的，所以，兼职常常被人们看作一种辅助性的谋生手段，有时也被看作不太专业，不能负起全部的岗位职责。所以，人们往往觉得在职者更称职，兼职不过是临时而已，人们一旦有了自己满意的主业往往便不愿兼职。因为是次要的，得之未必雪中送炭，失之也未必雪上加霜。说得直白一点：对于当事人而言，兼职往往只是临时性的，无需尽全力地工作；对于用人单位来说，兼职则是临时补缺性质的，一旦缺额不空，或者遇到情况需要裁员，首当其冲的当然是兼职。因此，相比而言在职者往往有几分优越之处。

英语的“兼职”和全职分别是 Part-time job 和 Full-time job，意思是部分时间工作和全部时间工作的职业。对英国就业者来说，工作就是工作，但选择兼职还是全职，看个人喜好，并无优劣高下之分。有永久和临时（Permanent/temporary）之分的是职位而非职业。牛津语言中心的老师皆因喜欢这个职业而在此工作，所以，他们都是兼职，有人已兼了几十年。

今天的主人公麦琪（Maggie），就是牛津大学的一位兼职。麦琪的办公桌和我的紧挨着。我有任何疑问只要偏过头去说“Excuse me”，她马上回头看我——眸子炯如火。她是我的“活字典”。英语疑难杂症、牛津所见所闻，任何不解都可以向她求教。如果是她也不确定的，那她定会认真求证后再解答。

去观察麦琪的课堂，由好友温迪推荐。温迪是语言中心的汉语兼职人员，是中国同胞。她的推荐理由很有趣：“我不认识她，但每次经过她的教室门口总看到学生意犹未尽地围着她，我觉得她的课一定很精彩。”当我邮件询问麦琪是否同意我随班听课时，很快收到她的回复：“欢迎！任何时候、任何课堂都对您敞开！”这样的热心让我这个新来者倍感到温暖，这样的气度更令我生敬。麦琪教的是学术论文写作，是一般人都深感枯燥单调的一门课，但麦琪的课却上得生机勃勃甚至妙趣横生。课堂组织严丝合缝，其教学步骤清晰分明，教学方法切实可行，师生互动频繁得力，实例皆来自学生。我为她的用心教学而感动，也动辄被课堂气氛所感染。课后麦琪闪着明眸，认真听着我词不达意的点评，微笑地看着我，大幅度地点着脑袋，连声说“对——对——对！你是听课的行家！”这简直让我有几分自鸣得意！麦琪主讲的三门课我全程跟踪一节未缺。

学术论文写作课的节律与牛津学生的毕业论文步调堪称绝配！麦琪的课讲完了，同学们的论文也修改完了。牛津有这样的课程设置很让我感动。而这门课的设计者正是麦琪。如果不是一个深谙高教学术写作教学规律，没有研究过高校课程设置的人，是很难设计出这样贴心的课程来的。当然，麦琪主要把的是语言关。她对学术写作中语言精准度的要求，对学术语言技巧的娴熟运用让学生折服。而对学生论文一丝不苟的批改、平等的讨论甚至平和的争辩，则使这门课上达到了深度交流的境界。

兼职的成果，麦琪的教材

很快得知麦琪编的教材已经由牛津出版（**如图**），我很吃惊这位兼职教师还是牛津大学的研究员。麦琪的研究完全建立在她的教学实践基础上。六十多岁的麦琪教的另一门课程“语料库与学术论文写作”是学术论文写作的入门课。资料的搜集整理和利用既是学术论文写作的基础也是关键，这也是一门与时俱进运用现代教育技术较多的课程。在她手把手的指导、引导之下，每个同学都自建了语料库，成就感不言而喻。这个语料库至少包括 50 篇和自己学位论文选题相关的学术论文。但麦琪的教学却并未满足于此。她还对每个学生的语料库进行了详细评估。2013 年牛津大学语言中心第三学期第一周《简报》上，编者发了“喜报”，祝贺麦琪获得了著名的霍洛维茨 2013 年年奖（the

Horowitz Prize）因为麦琪的论文《适当的词汇和有趣的搭配：EAP 学生自建语料库评估》被评为 2012 年度最优秀的论文。我尝化用夫子之言为“教而不思则罔，思而不教则殆”，麦琪就是教思互补、教研共进的生动例子。

教学与科研是高校教师的基本职责，但一般我们只对在职人员提这样的要求，兼职汉语教师能认真上好每一节课已属不易。而麦琪除了具备高校教师应有的责任心外，更令我生敬的是其师者胸怀。此乃师德，与兼职或在职性质无关。五月底正是英国美景如画的季节时，麦琪邀我们几个访问学者去她家作客，因为我们的访学任务临近结束。这一天我再次体验到了学生时代受到老师关爱的幸福感，但也直到那天我得知麦琪只是牛津大学的一位兼职！麦琪夫妇俩不仅为我们准备了一桌丰盛的午餐。餐后还带我们去访问著名英国侦探小说家阿加莎·克里斯蒂的坟墓。即便是在阿加莎的墓地，麦琪也没有忘记自己是个严谨的师者，她说墓碑上的文字拼写有一处错误，让我们指出并订正。我们围着石

麦琪纠错

碑研究半天也没有找出，麦琪哈哈大笑，径直指出错处（**如图**）。

麦琪是雷丁大学的语言学博士。她热爱教书，就教了几乎一辈子，也就开心了一辈子。麦琪每一天都充满活力，她说她很幸福，因为她一直在牛津大学兼职。记得我刚听说麦琪是兼职时，心中竟然有一种说不出的怜惜和悲哀，皆因当时自己陷于汉语“兼职”语境之中。可麦琪确实是一位兼职老师，并且是一位幸福的兼职老师。而且，牛津大学有一大批像麦琪这样的兼职教师。当然，英国的兼职教师之所以能如此的敬业、快乐，也跟英国完善的社保机制分不开。麦琪无需为生计考虑太多，对金钱也没有太多的奢求，牛津大学对教师按教课时间计酬并无在职兼职之别。这或许也是值得我们借鉴的。

我们目前的汉语教师兼职队伍中，组织认同是个重要课题。但组织认同的前提是职业认同，职业认同的前提则是使命认同。一个真心选择了教师职业的人，兼职或在职身份其实已无多大意义。真正的教师，只有全身心全人生的投入，哪有“兼”心？！而带着某种功利目的进入教师队伍者，则很可能人在职心却缺席，实质上还是一个“兼职”。麦琪以教学为本，以教研为乐，她参加相关的教学会议，自费参会，不享受任何资助。她用自己的学术真诚广交同行。国内外多所高校的语料库都对麦琪免费开放，麦琪也对她的学生开放。麦琪在自己的兼职生涯中收获了自我实现的快乐。

当然，我们的身边其实也不乏这样的老师，像当年师资严重匮乏时期活跃于一线的那些优秀的代课教师以及如今不断为人们发现的“最美乡村教师”，他们的身份或许连兼职都不如，但他们却是真正的全职。心若在梦就在，天地之间有真爱，向天下这样的老师致敬！

（六）牛村中国风

对于很多中国同胞来说，牛津大学是个可望而不可即的学术殿堂。像钱钟书杨绛先生能双双去牛津留学，实属罕见。据说在1604年，牛津图书馆里开始有中文书了，1687年，牛津来了第一位中国学者，名叫沈福宗，此后几百年间来到牛津的中国学人屈指可数。但跨入21世纪，随着改革开放、祖国地位的日渐提升，出国求学深造旅游的同胞越来越多，牛津的高街、宽街上随处可见成群结队的中国人！来牛津的中国学人也在迅速增长，以访问学者为例，2012年7月来牛津大学的中国人的QQ群才三十多人，到目前已近五百人了，其中还未包括卓尔不群的那些学者们。目前在牛津的中国学人除了来访学者，更有在读学生。据牛津大学内刊在2012年年底的统计，来自中国的留学生数量上已居全球第二（仅次于美国）。

“中国人来了！”最具视觉冲击力的要数接踵而至的中国游客。他们基本都是手持相机，不断“咔嚓”（牛津处处美景，确实皆可入画）。我住在共富新村时，因为对面就是著名的基督教会学院，每天在房里都能听到有人说汉语。大超市就更不用说了，有个周六，我在乐购排队，无意发现多条结账队伍竟然是清一色的中国同胞。这些还都是流动人口，听说牛津的十几万常住人口中华人已超过了两万，其中相当一部分是香港同胞。

牛津其实只是英国一个与中国相距数万里的耕读小镇，对绝大多数牛津人来说，中国像一则遥远且神秘的神话，是一头半睡半醒的雄狮，是一条令西方人生畏的巨龙。牛津的可贵之处在于，它是名副其实的大学之城，总能以严谨平和的学术态度对待新异。牛津人学统长于人文，中国研究方面既有中文系，也有中国研究中心。中国学研究越来越火，据说每年都有不少排队等待录取的候补者。要是国内，大学一旦发现了热门专业而且生源不断，绝不会坐失良机，无论如何也要与时俱进、申请扩招的。可牛津人做事常常不善变通，愣是保持着一成不变的步点，每年不超过15人，还宁缺毋滥，这多少显得有些钻牛角尖，过于矜持，不够活络了。

实事求是地说，汉学尚未成为牛津大学真正的显学和热点，但中国人来了，关注中国的牛津人自然渐渐多了起来。中国奇迹般的历史发展轨迹，也使越来越多的牛津学生产生了了解中国的欲望，学汉语者越来越多，研究中国的兴趣越来越浓。因材施教，尽量满足学生专业学习需求和学术探究的兴趣，这是牛津课程设置的一大特点。所以，语言中心办起了汉语培训班。语言中心的语言课并非单纯的语言课，九个语种的语言教学更像是一扇扇文化交流之窗。汉语教师温迪说上课的最大乐趣就在于课堂上总能遇到爱提莫名其妙问题的“小牛人”。我去听课的那天温迪教了几个简单的汉字，包括中国的“中”。学生基本都是来自北欧国家的身板挺直宽肩阔背的帅小伙儿，因为都是零起点水平，教师基本用英语释义，强调汉字见形知义的特点。一位帅哥发问：“‘中’是中国的简称，中国就是中间的国家？所以中国总喜欢中立？”另一位帅哥继续：“听说中国人认为自己是中心？”第三位帅哥接着追问：“中国人都认为自己是最重要的？”神情中明显带着几分不以为然。温迪不愧是教坛高手，始终面带微笑侧耳倾听，然后不紧不慢、轻声细语而又不卑不亢地给每个学生讲了一通汉语“中”字的不同含义，带出了“中原、中立、中和、中庸、中正”等一连串汉语词语，甚至将中国的外交政策、民族性格、处世哲学等等，讲了个酣畅淋漓。讲得蓝眼睛们目不转睛。

一个看上去简简单单的“中”字有这么多内涵，“小牛”们的中国文化兴趣暴增。

中国人来了，与中国人发生联系的牛津人也多了起来。中国学联组织的2012年迎新聚会上，代表牛津大学致辞的那位院长很自豪地说，他的儿子正在北京读书，他用跟儿子学来的几句汉语跟新来的中国学子们打招呼，将会场气氛推到了高潮。共富新村迈大爷的太太得骨病多年，几近卧床不起，后来他遇到了一位中医学者，特邀其上门诊治，针灸加推拿，效果显著。迈大爷每次说起中医心中都充满敬意，他期待着太太康复后能与他一起到中国看看。语言中心的一位同事龙年喜得孙女，同事们一起在贺卡上留言祝福，我直接称其为“小龙女”。为了避免误会我还专门跟这位新任奶奶解释龙是中国的吉祥物，没想到这位“龙奶奶”说她早就知道中国龙是可爱的龙，因为她媳妇就是中国人，儿子媳妇还是精心计划后方决定在龙年升级做父母的。

当然，中国人来了，研究中国的牛津人也越来越多了。专职中文教师、汉学专业学生之外，其他专业的学生也有不少以中国为论文选题的。我的英语“语伴”安娜的硕士论文题目是《中国公司的海外投资对提高中国能源安全的影响》。这个看似十分文弱的女孩选了一个如此大气的题目令我有点儿担心。我对自己国家的投资与能源安全之间是否有关系尚且不甚了了，这个德国女孩却如数家珍般的列举了大量数据和资料，说世界上几乎每个产油国都有中国公司的股份，真令我半信半疑，也对她生出几分佩服。为了做好这篇论文，安娜利用假期到中国实习获取了大量第一手资料。她曾在北京学过半年多汉语，此前还在中国的咨询公司工作过两年，主攻石油业务。这些是她自信能出色完成这个选题研究的实践基础。选题经过两位教授把关后确定，安娜还获得了学校的论文调研资助。又将利用圣诞假期专程赴中国对有关石油公司的高管和研究专家进行访谈，她对中国的热情有增无减。卡罗，我的另一位“语伴”，来自意大利，经济地理专业博士生，论文题目是《海外私人投资与中国政府机构的合作关系对地理环境的影响》。可谓是一个直击中国现实问题的选题。此选题经过三位教授审定方才通过，他不仅得到了牛津大学的经费资助，还得到了一个法国公司的大力支持。他特别庆幸自己在法国留学时选了汉语作为第二外语，说汉语是给他带来好运的语言。卡罗对中国的认知也是基于他学了汉语并有在中国工作的经历——世博会期间他在上海工作了一年多。基督徒菲利普斯对中国的研究兴趣就更浓了。这个不苟言笑的英国小伙子娶了一位在牛津上学的香港姑娘为妻。他们都是基督徒，都是牛津教会华人活动积极的组织者和参与者。菲利普斯的博士论文题目是《龙和羔羊：中国基督教与社会观点》。这个项目还得到牛津大学政治与国际关系学院四万多英镑的大额资助，使菲利普斯能够频繁往来于中英之间，深入调研中国基督教的现状，轻松搜集大量的一手资料。

建立在学术研究基础上的中国与牛津的关系变得越来越密切。中国既是牛津的学术研究对象也是一部分牛津学术研究的赞助者。牛津的中文教授席位为中国香港的邵逸夫先生所捐设。邵逸夫先生在 1994 年捐赠 300 万英镑建立牛津大学中国研究所，2012 年由逸夫老捐建的牛津大学中国中心大楼也已竣工。中国中心将凝聚牛津所有相关中国研究学科的学术力量，对中国进行更加深入全面的研究。2014 年 1 月 7 日，逸夫先生离世的日子，好友方晶通过微信发来了中文系“207 教室”的照片。仔细看教室，其实除了墙上有两张老人生前的照片，实在看不出与别的教室有何区别。牛人仅以此默默的方式纪念逸夫先生。邵逸夫先生大概是中国也是世界上最慷慨的一位教育投资和捐赠者了。

牛津没有逸夫楼，但牛津人心中会牢记这个中国老人。回国前，又传来好消息，听说又有更多来自中国的捐赠，牛津大学将增加中国留学生的名额，奖学金数额也会有所提高。毫无疑问将会有越来越多的中国学子前来牛津。

当然，“中国人来了”产生的未必都是正效应。颇让人觉得脸红的要数在比斯特购物中心的场面了。同胞在比斯特购物有俩字儿可形容：疯狂。什么大品牌，一线品牌，工厂店，国人到此大肆搜罗。服装鞋帽、箱包首饰，应购尽购，满载而归。中国人来了，牛津的中国元素渐渐多起来了。有的银行大堂里加设中文引导，汇丰甚至开设了华人专柜。中国超市多起来了，中国餐馆的生意红火起来了。在基督教会学院对门，还有一家名叫“上海30年代”的餐馆。不过相比于国内，牛津的中餐馆可谓价格不菲。刚到牛津时，温迪请我去火车站附近的一家中餐馆小聚。菜点齐了，问我：“喝啥汤？”“随便吧，青菜豆腐汤？”我随口一说。等到菜单上来，我惊呆了：青菜豆腐汤标价15英镑！这价格竟远胜于大鱼大肉了。我到底未能憋得住向服务员发问了：“小姐，你们青菜豆腐汤的价格是不是弄错了？半棵小青菜几条香菇丝外加两三片豆腐就要15英镑？这是中国最亲民的菜，国内很多店都免费赠送的！”小姐笑了，说：“这是特制菜肴的统一价格，我们的菜单上没有这您点的菜，是专门为您做的。”我后悔至极，深责自己快嘴冒失害朋友破费。不过，服务员还算够意思，她专门去请示了经理，最后收了7.5英镑。虽然我心里依然不爽，但也不好意思再说什么了。

中国人来牛津了，越来越多。但在牛津人眼里，其实还只是或轻或重的几抹中国色彩的点染印象而已。要真正让牛津人了解中国，还需双方付出更多的努力。牛津访问学者的“华文讲坛”开得不错，但还远远不够。在牛津，无论你是暂住的中国人还是常住牛津的华人居民，都承担着一份文化交流的义务；外国人了解中国，不论是自发的还是自觉的，都很有意义。因为只有走得近了，相互才能看得更清、更真、更实一些，这对人类文化的交流和沟通来说实在是一件大好事儿！

第十章　信仰习俗

不到牛津很难想象大学与宗教有如此胶着的密切关系。牛津大学不仅有令人肃然起敬的神学专业，而且每个学院都自己的教堂。亲眼目睹的牛津基督徒的生活尤为真切，有着明确的宗教信仰的牛津人表现得比较悠然而自信。其实信仰并不高深，对深处异国他乡的人而言，家国情缘、乡愁思绪也几乎变成了一种信仰……

（一）牛津基督徒

刚到牛津时，对这里教堂处处，钟声阵阵的氛围印象尤深，甚至感觉整个牛津城就像一座大教堂。不仅牛津城各个社区有教堂，而且牛津大学几乎每个学院都有。我住的共富新村方圆百米之内就有五个教堂。我曾很有把握地推断牛津人一定大多是基督徒。后来一位在教堂做事的英国小伙子告诉我："牛津有10% 的基督徒就不错了，不信基督的人越来越多了！"其略带悲观的语调让我颇感意外。因为国内近年来基督教发展十分迅猛，有人甚至为此担忧。来到牛津我反倒觉得比较释然，今天的教堂

基督教会学院

林立更多是一种历史遗存。而我也一向以为信教不信教其实不是最重要的，最重要的是为人得有一颗善心。向善是所有宗教的基本特征，所以从这一点来考量，我并不特别推崇某种宗教，而包含了很多宗教的核心教义的中国传统思想文化反倒显得更为明智一些了。

美国电影 the Blind Side（汉译《弱点》）讲了一个基督徒家庭收留一个流浪的大个子黑人男孩，通过呵护、引导、精心教育使其成才的故事。影片中有一场景令人动容：吃饭前，一家人坐在桌边手牵手围成一圈祈祷，大个子有几分犹豫后伸出了手。这个镜头不同于一般的饭前祈祷，在祈祷的同时还植入了“家”和“亲人”的观念，手拉手传递的是汩汩滔滔的血脉亲情。也由此我对基督徒的日常生活充满了好奇，但真正零距离接触基督徒还是在来到牛津之后。

几年前曾有个外国学生在我家过年，每次饭前小姑娘都要闭目默念，以至我们全家也都跟着屏住呼吸、大气不出。一般人都认为餐前祈祷是基督徒的规定动作。我曾应邀去一个英国家庭做客，三个孩子从两岁到九岁不等。饭菜来了，最小的上桌本能地伸手就抓，但被父亲强行制止，要求孩子说完“感谢主赐给我们米饭、鸡肉和土豆，愿主保佑大家！”但当我搬进英国房东家时，却一次也未看见过她们祈祷，更不用说在餐前了。终于有一天我憋不住问道：“你们一般在什么时候祈祷？”女房东对我的问题略感意外，随即轻描淡写地答曰：“想什么时候祈祷就什么时候祈祷呗！”我追问：“你们不在饭前，那是在睡前？早起？在卧室？”房东笑了：“并没有人规定什么时间祈祷，任何时候、任何地方都可以，只要你想祈祷。”还是没有正面回答我的问题。直到某日，我用洗手间时，不经意抬头看到浴缸正前方的墙上钉着一个硕大的金色十字架才恍然大悟。接着在卫生纸旁的一摞书中又看到了一本《每日祈祷》，终于明白房东一家为何每晚要在盥洗室里待上很久很久。也许人在沐浴时祈祷，将自己的身心完全袒露于主的面前，越发能够显示出对主的赤诚和毫无保留的自省。

其实，这依然是我的推测。还是房东说得对，只要心里有主，处处皆可为教堂。这和济公的“酒肉穿肠过，佛祖心中留”理出一辙。在牛津期间，我所认识的基督徒，宗教信仰的色彩其实并不很浓。基督徒行事并无多大特别之处，宗教活动只是他们生活的内容之一。通常情况下，基督徒都会雷打不动地参加星期天的主日崇拜活动。听一个朋友讲某人求职时因声明周日须去教堂而拒绝了一份很难得的好工作，结果反而得到聘用单位的赞许、额外录用和加倍器重。其意本在强调笃信基督会带来好运。不过，我却不止一次看到房东的孩子或因作业较多，或因要临时打工而放弃去教堂。房东自己倒是每周都去。但去教堂做礼拜也并非总是那么肃穆严谨。十点半钟开始的礼拜，房东有时也会因为有事忙到十一点多才去。

教堂活动的程序与一般人的想象或文艺作品中的呈现也有很大出入。牛津教堂活动也是文无定法：紧挨着共富新村的圣奥迪斯教堂是一个比较注重国别化特点的教堂。针对牛津大学有大量的国际学生的特点，这个教堂开设了“启发课程”，他们称作“Alpha Course”，实为基督教启蒙课程。据说该课程已经培训了三百多万名学员了。这也是一个遍及全英国的传教课程，授课时间基本与大学的步调相符。每周一次，讲解简单教义，提供免费晚餐。圣奥迪斯的启发课程每次都是三部曲：先吃饭后听课再讨论或分享。餐桌相对归类，如华人桌（Chinese table）、法国桌、国际桌等。“Chinese table”由会说汉语的人负责，2012 年 10 月开学季的启发课程开学日来了很多中国学生，华人桌首次出现了一桌坐不下的情况。共富新村对面的基督教会学院的大教堂被称为 Cathedral 而不是 Church，是牛津最庄严的大教堂，据说正因为有了它，牛津才超越了“镇（town）”而获得“城（city）”的资格。而共富新村后面的艾比斯教堂，主要根据牛津学子的学历层次分成了研究生、本科生等不同团体。听说这个教堂的学术性比较强，我只去看过一场节选《圣经》内容改编的话剧《马克》。演员皆为教徒和所谓的慕道友。艾比斯往北走几步到西大门购物中心又会看到一座教堂，名字已忘，我只记得是一个针对儿童的教堂，牧师像老师一样比划着讲解教义，还要求孩子一起学着做动作。艾比斯往南走几步就是牛津华人教会的教堂了，华人教会主日活动的第一个节目为“欢迎新来者”，主持人会郑重地读出每一位新来者的姓名，大家会以热烈的掌声表示欢迎。有一些来牛津访学的华人基督徒，到了就自然来此服务。

不同教堂的礼拜程序也有差异。大教堂有唱诗班的童男童女们秉烛吟唱，和声清越，仪式庄严。但其他教堂似乎多已用电视机取代唱诗班了，语言中心的乔治甚至建议留学生们去教堂学习英语，还说既可以与本地人说话又可以看电视机上的英语字幕学唱歌。

我跟房东一起去过她的社区教堂。那个上午房东家两个孩子因故未去。到了教堂发现孩子似乎要比大人多，因为每个家庭都有几个孩子。一周未见面的孩子们相遇无比兴奋，叽叽喳喳像一群快乐的小鸟。不过，他们很快被服务人员领到别处去了。有几位带孩子去牛津访学的中国家长都说他们的孩子特别喜欢周日去教堂，因为不仅可以认识很多小朋友，而且还有吃有喝有玩，有老师讲故事、画画，从带回来的作业看，孩子的活动也都围绕圣经故事。

房东所在的社区教堂里没有电视机和投影仪，当礼拜进行到学习《圣经》的章节时，我意外地看到了共富新村的管理员迈克，他站在台上领着大家读《圣经》，迈克因经常与国际学生打交道，他的英语语速适中、发音标准、吐字清楚、音色浑厚。迈克读完《圣经》的章节后就离开了。我以为他出去了，其实他是到门口摆摊去了。原来，周六共富新村房客们刚搞了做蛋糕义卖的活动，大概有不少存货，所以迈克带到教堂来卖了。切成不同的小块，标了价格，都比较便宜。

与朋友聊天是主日崇拜那天雷打不动的节目，因此所有教堂的周日活动都留足时间让大家聊天。大人跟大人聊，孩子找孩子聊。我也去和迈克的太太丝丽雅聊了起来。这时的教堂里很热闹，因为仪式一结束，孩子们就回来了。像变魔术似的，地上突然多出一大块垫子，孩子们在上面嬉笑着、打闹着。还有孩子抱着垫子四处追逐、翻爬。这时我才发现，原来这个教堂的每排座

教堂里的垫子

椅后都插着一块垫子。这些垫子既是祈祷时的跪垫，也是孩子们的玩具，还可以拼接成蹦床任由孩子在上面跌打腾挪，更为重要的是，它还是基督教教义传播的一个载体。

丝丽雅看我对着坐垫把玩拍照，便略带自豪地说，整个教堂中的坐垫全部是这个教区居民手工编织、缝制的（**如图**）。这一发现让我格外惊喜，我仔细看着每一块垫子，确实皆为手工针织，设计很精美，英国精湛的民间编织技艺可见一斑。图案都和基督教有关，而且很少有两块是相同的。这本是孩子跪拜时用的垫子，但形制一样，花式不同。宗教仪式结束后，孩子们拿它当积木、当掩体、当床垫玩得不亦乐乎。这不就是寓教于乐，自然传承吗？

聊天的人陆续散去，迈克的面包也全部卖完，夫妇俩愉快地回家。巡视我的房东，我发现她还在跟一个好友聊天，无疑对房东来说，星期天的教会活动是她生活中非常重要的交际交流活动。十年前离婚后她一人带着孩子们过着忙碌而充实的生活。

主日，不管是对大人还是孩子，都特别重要，文化的传承、社交活动、甚至小型的贸易可以一举数得。虔诚的基督徒十分热爱义务劳动，尤为喜欢当志愿者。共富新村每周一晚上的免费英语课堂都是基督徒在当义务教员。他们当中有老有少，有退休的牛津教师，有在读的牛津学子。免费英语课堂中除了老师还会有几位辅导员，协助课堂教学和服务，定时定点一丝不苟，始终如一地保持着热情，这些基督徒用他们的诚意和努力帮助新来牛津的客人。在牛津，这样的免费英语课堂有多处。

（二）我是 CCP

跨文化交流中偏听偏信现象比比皆是，正如余光中先生所说："当你不在中国，你便变成了全部的中国。"同理可得：在自己的国家，你是一名共产党员，在国外你就成了中国共产党。在国外，个人形象就是国家形象，党员个人做派就是党的作风。无需拔高，这是实情。民间交往中对党派问题有点儿讳莫如深。现如今中外交流频繁这种现象应该少了吧？可事实似乎并非如此。我的英国房东初次听说我是"CCP（中共党员）"时，那个表情至今印在我脑子里。

民间交往非两党谈判没有必要一见面就亮明政治身份。才到马瑞娜家时，得知我是老师，她非常开心，听说我是大学教授，赞许有加。我们在一起生活很是愉快。早晨送走孩子们上学，常常一起用早餐，一起收听电台早新闻。当然，我就着榨菜享用我的麦片粥和白煮蛋，她则吃抹着黄油的面包片夹着培根喝着牛奶。那天收音机里播了一则中国新闻，说一位共产党高官因贪污落马。马瑞娜突然问我，说："你是 CCP 吗？"我说"当然。"没料到马瑞娜的表情突然凝固了，吃的面包忘了下咽，说话也不自然了。我笑着说："意外吧？""是的，非常意外。"马瑞娜过了好一会儿才缓过神来回答我。我吃完了，马瑞娜却还在细嚼慢咽，似乎吃的不是面包而是骨头，喝的不是牛奶而是中药。"别太紧张，CCP 和普通人一样啊！"我依然笑着，对马瑞娜做了个鬼脸挥了几下手，就去语言中心上课了。

令我意外的是第二天孩子们上学后，家里只剩下我俩用早餐时，马瑞娜突然又弱弱地问我："你真的是 CCP？"

"真的！我是 CCP。"我笑着说"难道你觉得我不像？我入党 15 年了。"

"不不不，不是。"马瑞娜有点慌乱了。

"那是为何呢？"我追问。

"我……我从来没有看到过一个真的 CCP！更没有想到在我的家里会住着一个 CCP！我的上帝呀！"她边说边在胸前画十字。

这一来我倒有点儿紧张了："怎么啦？你不喜欢 CCP？"

"没有没有没有没有。"马瑞娜一连说了好几个没有，矢口否认。

我知道英国人最怕落下种族歧视、性别歧视、信仰歧视等口实，马瑞娜即便不愿意我再住她家，也决不能承认是因为我是 CCP 这个原因。接下来的几天里，马瑞娜与我有点若即若离，似乎还带着几分怯生生的样子。其实，那天看到马瑞娜惊慌的神色我也在思考到底出了什么问题。慢慢地我也似乎明白了一些。记得在国内教初级班留学生时，让学生练过一个句型"……和我想的不一样"，学生争相发言，于是"中国和我想的不一样"、"中国人和我想的不一样"、"上海和我想的不一样"等句子纷纷出现。我不仅产生了好奇，追问"你们想的中国是什么样的呢？"

结果让我差点儿笑喷。

一非洲学生说："来中国以前，我觉得中国人个个有功夫，会飞。来中国以后，一次也没有看到！"一日本学生说："来中国以前，我觉得中国人都是穿长袍马褂的，来中国以后没见过那样的衣服。"一北欧学生说："来上海以前，我觉得中国人出行都坐着人力车，到上海以后才发现中国的交通这么发达、这么方便！"大笑之余我不禁感叹：国际交流中有如此之深的隔膜！即便是一衣带水的邻邦、相互之间因为缺乏交流产生的笑话、误会不知有多少。一鳞半爪的中国影视，一叶障目的道听途说，面目全非的几则新闻，往往就构成了外国同胞对"中国"、"中国人"的全部印象。在从未踏出过国门的外国百姓心目中"中国共产党人"是啥样的还真不敢想！

在接下来的日子里，马瑞娜试探性的问题越来越多，也越来越深入。她先问我："什么样的人可以成为CCP？"我说："共产党员那可不是随便想当就能当的，他们都是品德优良，积极进取，不计较得失的人……"我说得头头是道，马瑞娜也渐渐地带上了几分神往。但她的眼神倒让我清醒了几分，我立马修正道："共产党员应该是这样的人。"其实心里有点儿气短。如果我们的党员真的都是这样的，我们的队伍真的那么纯洁，我们的党就无需一次次地整顿、整风了。我突然灵机一动，转而问马瑞娜，"那你以为CCP是什么样的人呢？"马瑞娜看着我欲言又止，我连忙鼓励她"但说无妨"。没想到她第一句话就让我愣住了——

"我听说CCP是有着奇怪的思想、奇怪的行为的一群人。"

"奇怪？"

"对，他们最恨外国，常常称我们为'敌人'，他们只觉得自己是'人'，称所有的外国人为'鬼'。真的很奇怪！"我听罢哈哈大笑，立马解释："'鬼'在汉语中有很多意思，也可以指聪明、机智的意思。你从未看到过一个中共党员怎么就相信了所谓的‘敌意’?”

“我哪敢接触CCP？听说他们都很危险!”

“说‘奇怪’是因为你们从未见过,‘危险’又从何说起呢?”

马瑞娜看着我径直“控诉”:“听说CCP不欢迎基督徒,曾经赶走甚至迫害过很多的基督徒。他们也常常不讲信用,很多CCP政府官员都是请客送礼,非常腐败……”我是个颇有民族自尊心的人,没等马瑞娜说完我做了个手势插话进来,当然我还是面带微笑说:

“我不得不打断你,中国历史上确实驱赶过基督徒,但那也是有历史原因的,不过,那时候还没有CCP呢？你说那些不正之风,也不仅仅是CCP有吧？也不仅仅是中国有吧?”

听了马瑞娜的话我多少有些震惊:看来接受过高等教育的马瑞娜并非对我们一无所知。古代秀才不出门便知天下事,何况如今是信息时代。我当然没有忘记宣传我党的宗教政策:“CCP历来尊重和保护宗教信仰自由;CCP坚决实行政教分离的原则……”这一次是我振振有词,继续滔滔了:“您可知道,现在中国宗教中基督教发展是最快的……”英国人一向认为打断别人说话是极不礼貌的行为,没想到,马瑞娜听了我的话竟然也粗鲁了一回,她径直插话:“哦,不不不,中国的基督徒和真正的基督徒还是不一样的。”说完脸上飘过一丝不易觉察的笑意。“有什么不一样?”我追问,而马瑞娜却笑而不答了。

这次对话,虽然谈不上唇枪舌剑,但已经有了点针尖对麦芒的味道。我充分认识到了要在国际社会树立一个真实、正义、正面的中国共产党人形象任务是多么艰巨！也意识到要让一个远隔千山万水的老外了解中国、认识共产党人还有多远的征途要跋涉。我也终于读懂了马瑞娜在得知我是一名CCP后的疑惑甚至恐惧。为了了解英国百姓的社区生活，也为了多交流，我和马瑞娜一起去他们的社区教堂，在那儿还遇到了我们共同的朋友——共富新村管理员迈克。共富新村也是国际性窗口，接纳了许多中国同胞入住，迈克对中国的认识了解要比马瑞娜多得多，中国房客喜欢叫他“迈大爷”。马瑞娜对迈克很尊敬，迈克看到我很高兴，当然马瑞娜对我也就放心了。

真正让马瑞娜把我当“家人”看待，还是在我帮了她做了一些“家务”之后。墙角的那幅木乃伊立体挂图，我刚去的时候发现其总耷拉着个脑袋，仔细查看后才知道原来是头顶的图钉掉了，我默默地拿出我从国内带去的工艺图钉帮它钉好，木乃伊头顶一朵小花，有了精神也更漂亮了。马瑞娜起初没有发觉，发觉后专门上楼来对我致谢。举手之劳毋庸言谢！

稍有难度的是楼梯拐角的那个窗帘，轨道一侧因膨胀螺丝松动而下垂，窗帘高低肩颇为难看。其实也不太难，重新找一根长螺丝拧进去即可，五分钟就可以搞定。这对高大的男人来说也许轻而易举，而我要用大小椅子垫脚，将厚实的窗帘卸下来再装上去，弄得满头大汗。全部弄好后，我对马瑞娜得意地说：“毛主席教导我们，时代不同了，男女都一样，男同志能办到的事情，女同志一样能办到。哈哈！‘毛主席’，听说过吗？CCP 以前的主席。”“知道知道，毛泽东。CCP 了不起，女 CCP 更了不起！谢谢！谢谢！”马瑞娜对我竖起了大拇哥赞个不停。没想到马瑞娜对 CCP 的看法改变得如此之快，但疑问也更多了：“CCP 对你们还有什么要求？”“做 CCP 对你什么好处？”“当然有要求，很多。最重要的是‘为人民服务’。所以，不用谢，这是 CCP 教我这样做的。和你一样，我们不是为了好处才当 CCP 的，而是因为信仰！”马瑞娜凝重地点了点头。

临别时，我和马瑞娜相互拥抱着说：“欢迎到 CCP 的国家做客，耳听为虚，眼见为实。"她却红着脸说："一定去！你说的我都相信，因为你是真的CCP。"说罢我俩同时哈哈大笑。不过，说真的，我说过什么我倒记不确切了！

（三）出国与乡愁

"距离产生美"在很多时候是正确的，但对置身海外的同胞而言恐怕就未必了。印象中少小离家去外地求学是人生历经的第一次长途，可到牛津时才发现，其实出国才是真正的远离。这段距离可能不是最长，但远得足以让有些人临时忘却自己的中国公民身份。印象很深的是有位同胞一降落到希思罗就在QQ群里欢叫："大英帝国，我终于来啦！哇！天这么蓝，草这么绿，深呼吸！"兴奋之状溢于言表，群内同感者热烈呼应，很快掀起了一小阵对空气污染、环境恶劣、雾霾严重等等问题的吐槽。

距离确实能产生美，民间流行过"一等公民漂洋过海"的说法，就是同胞美化留洋者的例子。牛津距中国万里之遥，从国内到牛津，恐怕不少同胞也顿感自己"高就"了，难免有几分得意。因为从牛津回望祖国，人们似乎并未因拉开了距离而感到更多美感。不过，完全忘乎所以者也不太多。其实，有时欢呼只是瞬间直感的释放，并不一定都代表赞同，正如责骂有时也不代表痛恨一样。在牛津一说起国内一些负面情况，很多人都是咬牙切齿的，有人甚至会用一副悲天悯人的腔调说："唉，没治了！"出国留学者的种种牢骚、愤慨，折射了中国知识分子的气质特征之一。事实上，"哀其不幸，怒其不争"是从鲁迅先生一代出国留洋的知识分子就常常怀有的一种爱国情绪。

来到国外，第一直觉的脱口称赞，有时更像是一种外交辞令，其实中国人骨子里大多还是有着深厚的乡愁情结——金窝窝银窝窝不如家里的草窝窝嘛。牛津同事曾笑谈一位来自北京的老师来此访学时，发现这里的三文鱼比国内便宜、好吃，于是每天必吃，说一定要吃足吃够才回国。嘴巴本是最大的无底洞，国家资助的些许访学经费当然禁不住顿顿三文鱼，好在殷勤的丈夫不断往她卡里打钱，并鼓励她要天天吃好喝好生活好。结果，访学期限未到，这位同胞已归心似箭，每日饕餮几乎成了她排遣乡愁的一种方式。

口腹之欲总归容易满足，解决水土不服则不得不假以时日，因此一般人出国总会尽可能多带些药，特别是消炎药。英国的NHS（英国国家医疗服务体系）限制很多，QQ 群里时不时有患者的呻吟，我中途曾回国一趟，临走时在群里问了有无带药的需求，没想到应者颇众。牙疼者说救命有望，更有几位说带来的药物已“弹尽粮绝”数日，连打道回国的心思都有了。其实国内消炎药也不好开，幸好遇到了一位实事求是、通情达理的校医，爽快地答应了我的请求。一到牛津村就通知领药，大家迫不及待如同见到久别的亲人，有位老师禁不住直抒胸臆：“啊！头孢，千万里我离不开你！祖国，我的身是你的，我的心是你的！”引得大家哄堂大笑。

过了水土适应期，出国的人们就会渐渐领会到在国外“自由”的含义。撇开大量出国留学的青少年不说，我们这些访问学者，特别是公派者，其实人人心知肚明：自己并非只为欣赏风景和呼吸新鲜空气而远渡重洋的，每个人都是依靠祖国和亲人的全力支持，肩负着一定的研究任务的。牛津访学者的自由就是没有人主动要求你、管理你、照顾你，你的访学你做主。你的要求、目标都是自己定，也是自己查。你的任务完成得怎样了也是你自己说，自己觉得满意了，人家为你高兴；完成得不好人家为你惋惜。由此可见，真正访学者的自由其实是更大程度的自律。我亲眼所见：华东理工的罗老师，其访学时间基本都是在牛津化学实验室中度过的，起早贪黑；中南民大的陈老师，其访学生活基本都是在图书馆中度过的，每日自带午饭跟在国内一样。在牛津做数学博士后的季老师，在牛津工作两年了竟然还未逛过伦敦，因为一放假他就径直从牛津坐车到希思罗飞广州了。也有人说难得出国何必如此，对于真的爱国者，乡愁会因出国而变得更加深沉，在牛津访学者中不乏努力干活儿为了早日回家的，更不乏“想家的时候更想为家做点事”，这种愿望离家越远越强烈。

子女教育一向是人生的头等大事，更是为人父母的义务。携子女出国的访问学者也不少。当下“拼爹拼妈”已至白热化，带孩子出国可谓先人一筹，一举两得。孩子在身边自然安心，但父母又在担心孩子回国时能否跟上进度。于是，不少父母将国内的课本带到国外并主动承担起教学任务。孩子同时兼修两个体系的课程负担自然不轻；父母更辛苦，每天辅导完孩子再忙自己的研究。有个带孩子来的年轻母亲说她在牛津从未在凌晨两点前就寝过。还曾听一个移民美国的同胞说：“中国人的优势不就是学习好吗？不就是数学强吗？”她为儿子的数学不好而忧心如焚，甚至打算将儿子送回国内读书。数学和物理是一切自然科学的基础，数学好的民族别人就不敢小觑。对中国教育说三道四者大有人在，但这位移居的同胞心中分明包含着对祖国基础教育某种的信任。

近来国人钟爱出国游，但很多出国游的同胞却是游翁之意不在玩而在购物，有人出去一趟恨不得将国外的精品店搬回家。记得某次在希思罗机场遇到西部某省旅游团，浩浩荡荡地逛免税店如同围猎。不过，如果你留心观察便不难发现另一种围猎——其实那些已经移居海外的同胞，从国内带出去的东西恐怕更多。曾听朋友聊起她们的国外亲友每次回国都如同难民打劫，几个巨大的箱子塞得快要裂开，像是在搞贩运，不知是国内东西太好太便宜还是外国真的草木不生？这样的同胞其实也很不易，他们或已遍尝国外生活的艰辛，但他们也颇受用国内同胞对他们的仰视。或许多捎点儿国货正是为了一份正宗乡愁的寄托吧？日后睹物思亲，这些富有故土气息的物什多少可以给他们一些祖国的温情。温迪恐怕属于少数不搞“贩运”旅居国外的同胞之一，她几乎每年都回国。对于回国她另有心得：“回国就是催肥呀，家里那么多好吃的，天天吃、不停地吃！”我亲眼见证了她两周增肥的奇迹：2013 年春天她回国两周，回牛津时腮帮子上先前深陷的酒窝几乎向外凸了！确实，对很多移居海外的同胞而言，最神往、最留恋的莫过于家乡的味道、母亲的厨艺了。味觉也是有遗传的，人的味觉基本都是被家乡培育出来的，那是一辈子都忘不了也改不掉的。什么是最好的？适合的就是好的。刚到牛津时，有同胞友情提醒：赶紧吃牛奶啊，这里的牛奶可以放心喝！我笑笑。儿时虽然生活艰难所幸母亲奶水富足，所以我一向对牛奶不感兴趣。牛津的海鲜是便宜，可惜我对海鲜过敏，所以随便什么鱼在我这儿一文不值。我最爱的是国内的河鲜和青菜，可在牛津从未看到过河鲜。至于青菜，只有中国超市有卖，但四五英镑只能买上两棵，压根儿吃不起。所以，在视频那头看家人有滋有味地大快朵颐，碧绿的青菜，乳白的鲫鱼汤，我禁不住垂涎横流了。

当下，出国访学人员逐年见长，国家的资助力度逐年渐增。访学结束归国行李谁都不会少，但访学者一般都不是猎取名牌儿的角色。归国行李首先要保证的是书籍资料能顺利回国，再就是给亲朋好友捎带的小礼物。一般学者离开牛津时，带不走的日用品，该扔的扔，可送的送，能卖的卖。所以，在共富新村，中国同胞入住几乎无需购置餐具、炊具，甚至在柜子里还能找到未过期的米面油盐酱醋茶。更有不少人留下了自己干净的被子、枕头，因为读书人都知道书的分量，而凉被的分量其实未必超过一本厚书。驻英使馆教育处还专门联络航空公司为留学归国人员争取到了每人3件行李重量可以到69公斤的优惠。不过，我亲眼见到清华的翁老师临走时海运了17箱书，真正令人叹为观止。

出国，改变的不是乡愁的距离，而是乡愁的内涵。留学者的乡愁不同于一般的羁旅情思，常常带有几分夸张，有时又会多几分壮烈，有时还带几分冠冕。这与宗教信仰颇有相似之处：如果说乡愁也是一种信仰，那几乎是先天的，人人无法割舍。QQ群是个非常便捷的表达空间：同胞有喜事儿，合群联欢！2013年有几位老师国家社科项目成功立项，QQ群里几乎嗨翻了天。哪位同胞身体不适，QQ群里一片嘘寒问暖；哪位同胞遭遇不公，合群帮着献计献策……还有，国庆时我们的庆祝极其热烈，春节时我们尽情聚餐联欢，牛津的春晚业已成为传统。出国了，自己作为中国人的感觉才更加强烈。对于西方，三毛说“西风不相识”，而徐志摩的“悄悄的我走了，正如我悄悄的来；我挥一挥衣袖，不带走一片云彩”很可能就是一种心理写实。走出国门，乡愁日重，反思也愈深，归来之后则应显得更加淡定和从容。

第十一章　语言民俗

世界上用得最广的语言是英国人的母语，英国英语在常人心目中毫无疑问应该是最为标准的。不过，在牛津大学的实际教学中却对各地的口音十分重视或者说十分尊重，这颇出人意外。对方言口音的尊重其实也是对区域文化的一种尊重。当然，语言的文化特性不仅表现在语音语调中，也表现在翻译介绍时。英国牧师对汉语的推崇也是对中国文化的尊重。而国际学术讲座，既是语言艺术的展示，更是思想的交流与碰撞……

（一）所谓“标准语”

什么是标准语？我们汉语的标准语即普通话，英语的标准语是什么呢？国人比较认可的是英式和美式英语。现在出国求学的人越来越多，英语是第一道坎儿，不少人担心自己的发音不够标准，包括很多英语统考高分者出国后还是常常不愿多说或不敢多说。在我们看来，牛津英语毫无疑问是标准语。《牛津英语词典》被认为全球最全面和最权威的英语词典，被奉为英语世界的金科玉律。然而，在牛津大学老师们的眼中，牛津英语不过是一种“口音”而已。在语言中心的高级英语口语课上，乔治给大家播放、对比了英国不同区域口音的区别，于是，我听到了牛津口音、伦敦口音、威尔士口音、苏格兰口音等等。作为老牛津人，乔治只是客观呈现，未表现出丝毫的优越感。仔细想来，其实任何一种语言都不过是特定区域的特定口音。

我们的普通话作为标准语，是汉族间以及不同民族间进行沟通交流的通用语言，以北京语音为标准音，以北方话为基础方言，以典范的现代白话文作为语法规范。但普通话在牛津很少被称为“Chinese”，大多数人更喜欢用“Mandarin”，据说这种译法来自葡萄牙语。普通话为我国官方用语或曰工作语言，也是联合国的六种官方工作语言之一。《中华人民共和国宪法》第19条规定：“国家推广使用普通话。”《中华人民共和国国家通用语言文字法》进一步明确了其“国家通用语言”的法定地位。所以，普通话对特定人群来说是必须掌握的语言，比如主持人，教师、官方发言人等等。20世纪八九十年代正是推普运动盛行之时，记得我还写过一篇叫《乡音的隐退》的电视散文去省里参赛，还获了个二等奖。说真的，那时真心觉得师范生不讲普通话就是“犯法”！

推普运动已历经半个多世纪，中国经济飞跃发展，尤其是进入21世纪后，国人的语言使用习惯实际上也发生了巨大的变化。2000年全国语言调查的结果：与家人交谈时18%的人用普通话；到集贸市场买东西，23%的人用普通话；到医院看病及到政府机关办事，普通话使用率分别是26%和29%；使用普通话最多的场合是在单位谈论工作，高达42%。此外，全国能用普通话进行交流的人口约为总数的53%。2010年国家语委又进行了一次“普通话普及情况调查”，抽样调查，结果显示能用普通话沟通的人在70%左右，与十年前相比增加了近20%，方言使用情况则没有发生变化。可见，对绝大多数的平民百姓来说，普通话正被越来越多的人掌握，但它还不是一种人人掌握的标准语言。

我的小学老师上课基本都用方言，仅有一位黄老师可以讲普通话（黄老师也是唯一一位毕业于师范学校的科班出身的老师）。黄老师讲普通话常常被人们开玩笑为“山东驴子学马叫”。不只是黄老师，连普通话也是常常成为一些民间笑话的素材。记得那时公社广播里的天气预报最后都会说一下“天气趋势”，这个“天气趋势”当时竟然没几个能听懂的。大人们说“天气嘘嘘”，孩子们说是“天气蛐蛐”。孩子们每天听着天气蛐蛐，模仿着广播里的标准音说话，然后大家相互指着说“山东驴子学马叫”，然后莫名其妙地傻笑半天，一直笑到肚子疼。比较滑稽的是我们竟然觉得，“盐城话已经是很标准的普通话”，我们模仿得已经很标准了。事实上，我的高考试卷上看拼音写汉字（那是高考语文的必考题）总分 8 分才得了 2 分。直到我上了中文系，知道了盐城话与普通话在调值、音位、音长等等方面存在着诸多差异，自此才开始有意识地学讲普通话。不过，讲普通话在家乡依然还是一个会引来异样关注的现象。记得有一次寒假回家，下车时不小心说了句普通话，马上有位大爷问：“姑娘你不是本地人啊？你打哪里来的啊？”竟然闹了个面红耳赤，感到几分惭愧。马上改口相告我是师范生在练习说普通话。大爷通情达理，道：“哦，哦，将来当老师，是得讲好标准语。当老师好啊！”

家乡人之间讲普通话会有种怪怪的感觉，因为对特定区域来说，当地方言才是真正的当地“标准语”。从文化渊源来考察，方言与文化之间有着天然的水乳交融关系，而普通话则是后天人为绑定的一种关系，尤其在非北方方言区，普通话与当地文化之间似乎总是一种悬置或游离的关系。正因为普通话与各地文化之间缺少这种先天的联系，要求每个人都发标准音就有了难度。

至于英语，乃是中华民族共同语体系之外的语种，与汉语之间联系十分薄弱。儿时农村英语师资严重缺乏，擅长精神胜利的同胞，理直气壮地嚷着"我是中国人，何必学外文，不学ABC，照样做中国人！"20世纪80年代之后，随着改革开放的推进，英语人才日显重要，普教系统的英语教育开始强化。英语水平考试除了全球性的托福和雅思之外，我国还专设大学英语四六级考试，针对出国留学人员的外语培训，我国也有相应的过关考试，如PETS（全国英语等级考试）等等。实际上，即便各类英语考试都通过了，不少人到了国外还是觉得实际语境中的听说交流依然存在困惑。刚到牛津时，开口说话总忘不了先打招呼："请原谅！我的英语不标准！"一般听者都会善意地安慰我："不，挺好的。"只有直率的麦琪，听了直接反对："凯瑟琳，别这样说。我们不知道什么是标准英语？谁的英语标准？所有语言都是一种口音，因为各地水土不同，口音一定会有差别。"英语高级口语教师乔治的观点与麦琪完全一致。为了说明英语口音区域差异的存在，乔治甚至在课堂上播放了几个不同地方牛叫的声音，所有人都听得忍俊不禁。原来，牛也有口音，动物界也同样存在方言，你能想象狗吠、鸡鸣、猿啼的"方言"吗？太神奇了！

由此看来，所谓的标准语其实总是相对于特定区域而言，或许将标准音理解成一个政治或行政概念可能更为妥帖。所以，世上很难有标准语，即便如英语，包括英联邦国家在内的说英语的一切国家似乎都没有规定过标准音。在英国本土，以前曾把受过教育的极少数伦敦人的口音看作"标准音"，即所谓RP（Received Pronunciation）口音，现在不同了，以英国广播公司BBC为例，近年的播音员明显带有不同的区域口音。美国英语一般认为受过良好教育的人在正式场合说的话就是标准英语。或许因为我们是个比较钟爱标准的国度，我们的基础英语教育中，不仅有所谓“英式发音”和“美式发音”，我们甚至还会用所谓的标准音去衡量外国人的英语。记得十年前刚接触来华留学生时，发现不同国家的留学生英语发音大相径庭。印度英语、日韩英语、甚至美国英语我几乎都听不懂。稍许能听懂的似乎还是英国人说的英语，这可能跟我所接受的英语教育有关。但有意思的是，这种互相听不懂的情况在来自不同国家、操着不同口音的留学生之间似乎并不存在。这些来自世界各地的留学生之间英语交流流畅自如，完全没有我们想象的困惑，我常常在一旁饶有兴味地欣赏这些南腔北调的英语，就像听中国同胞操着的南腔北调的彩色普通话一样，虽然口音浓重但相互交流无碍。所以，如果说英语是目前全球最为通用的语言的话，那么，它也是世界上拥有最多口音的一种语言。

罕见的一个标准语特例是德语。德国境内的方言也是各种各样的，从南到北按照地形的高低大致分为高、中、低三大块。但德国确实有标准语，即所谓的“标准德语”（Standard German），历史语言学上称之为“新高地德语”，它在14、15世纪作为一种综合若干方言特征的书面语出现，当时的目的主要是用于行政方面的管理。它随着宗教、印刷品的传播和城市化、工业化的进展而得到普及，但在19世纪之前它没有口语形式，直到20世纪才成为一部分人的第一语言。所以，有学者认为“标准德语”就是一个500年“没有母语者的语言”，分析“标准德语”语料时应该将它与其他方言材料区别对待。语料分析是语言学家的事情，与民众无关。我比较好奇的是，与汉语普通话不同，“标准德语”的普及竟然是德国民众的一种自发行为，政府没有采取任何行政手段。德意志民族的逻辑、思辨传统亦为世上罕见，莫非正因其民族超强的逻辑思维基因，使得在德国推行“标准”较为易行？德国民众甚至本能地将“标准”变成了一种内驱力？建立在德国“标准”文化根基上的标准德语较为便捷、自然地融入了德国文化之中。事实上，德国的“标准”文化远不仅仅表现在语言方面，在生产、生活、技术等方方面面都可显而易见地看到这种标准。

口音的存在源自方言的影响，方言是区域文化的表征。口音作为一种活态的文化化石会以各种形式从语言、发音中流露出来。标准语的口音其实正是特定区域文化在语言中保留的区域文化的“我们感”。

（二）夸大的翻译

被康有为先生称作“精通西学第一人”的近代翻译家严复，在《天演论》“译例言”中讲过“译事三难：信、达、雅”，此三字即后来被翻译界奉为圭臬的著名的“三字经”，对后世的翻译理论和实践影响很大，20世纪的中国译者几乎都受到过它的影响。“信达雅”既是原则也是标准，要求：翻译不仅要忠实准确地传达原文的内容（信——faithfulness），而且应做到译文通顺流畅（达——expressiveness），还应保证有文采，文字典雅（雅——elegance）。仔细想一下“信、达”应是基准，“雅”则是锦上花的高要求了，而且，锦上添花的尺度也很难把握，搞不好会使人眼花缭乱，甚至迷失真相。

不知道是谁把英国的“Stonehenge”翻译成“巨石阵”的，这个和长城、秦始皇兵马俑齐名的人间奇迹。未曾身临其境，“巨石”就已屹立在中国游客的心中了。远不止于此，巨石阵还屹立到了中国孩子的心中——现行人教版九年级的英语教材中有篇课文就叫“Stonehenge”——“巨石阵，一个岩石圈，不仅是英国最著名的远古建筑遗迹，也是它的一个最大的谜团之一。每年接待超过 75 万游客。特别是在 6 月，人们去这个地方，是因为他们想看到太阳上升在一年中最长的一天……”“巨石阵”无疑是老师翻译的标准答案。

牛津学联每年都会组织新到牛村的中国学子参观巨石阵，每次响应都十分热烈，报名者甚众。那天，下着小雨，路面有些湿滑，司机很小心，车开得不快。带队的女同学十分尽责，主动当导游，虽然她也是新来者，但说起巨石阵之谜来滔滔不绝，想必她初中学过那篇英语课文。在快到巨石阵时，女孩儿让大家闭上眼睛，屏住呼吸，准备见证奇迹……想不到第一个泄气的竟然也是她，话筒里传出了女孩儿脱口而出的“哎哟！怎么这么小？原来这么小！”然后，大家几乎同时张眼、惊呼，道：“好矮啊！”“这是巨石阵？！”对人力而言，这些石头是不小，但绝对称不上“巨石”，从车窗望去已经在俯视。沿着曲径走过去，其实也无法走近——为了保护巨石，英国人远远地设置了护栏。心理落差加上下雨，结果一半的同学选择不下车，走车观石，算是看过了这史前奇迹“巨石阵”。

其实，“Stonehenge”有多个汉译词，比如：索尔兹伯里石环、环状列石、太阳神庙、史前石桌、斯通亨治石栏、斯托肯立石圈等，可为何国内流行译为“巨石阵”呢？

汉语中的“巨”多数时候是一个形容词，意思是“非常大”。不过，Stonehenge 之“大”是伟大而不是巨大。巨石阵之谜，至今也未有定论。到目前为止有：观测天象说、神庙说、墓地说、日历说、庆功说等，甚至还有医学说。甚至还有游客的神奇描述佐证，传说当人走到那儿，就能感觉到（一股）能量从你的双脚上升到人的身体里。巨石阵成了“巨谜”，但这不影响它是史前奇迹的真实性。汉译“Stonehenge”时，我个人还是更愿意接受

“环形列石”或“史前石桌”的译法，实在不行就来个谐音“索尔兹伯里列石圈”也可以，地名、形状特点都有了，总比误导以后产生巨大的失落感要强。“信”、“达”是“雅”的前提，雅是信达基础上的升华绝非离题的夸大，汉译界信达雅的例子众多，恕不列举。

英译汉中的“夸大”倾向，“巨石阵”仅是一斑而已。有些夸大我们已经习而不察了。“大英帝国”、“大英博物馆”、“大英图书馆”、“《大英百科全书》”等等，大家都在不假思索地称呼和传播。百度搜索词条“大英帝国”，一秒钟就可以搜到“5960000”个相关中文网页。“大英”已是历史印象，现实中的英国国土面积并不大，人口总数也不多。这里的“大”如同“巨”一样，并非写实。曾有研究者将英译汉中的夸大和缩小的原因归结为翻译者的错误理解、错误演绎、粗心大意等几类。但 British Empire——大英帝国；British Museum ——大英博物馆；Encyclopedia Britannica——大英百科全书等等显然不属彼列。“大英帝国”一类翻译折射出的夸大倾向，信达雅准则已很难解释或者说很难约束，其夸大缘由仅仅以翻译、修辞学已经不足解释。而英语词汇本身并未显示出翻译中的这些附加义。

“大英帝国”实际上是一个沿用至今的历史称呼，这一名称只能算是对鼎盛时期英国的一个“非正式帝国”称呼，包括了英国本土加上其海外殖民地整体，并不用来单独指英国本身。虽然英国一直没有放弃王国（Kingdom）的称号，但英国已经今非昔比。于我而言，“大英帝国”则很容易让我联想到鸦片战争以及一连串不平等条约，彼时英国国力强盛，殖民扩展厉害，天朝则大厦将倾，民不聊生。所以，我一定不在脱口而出之列。

“大英博物馆”即英国国家博物馆，去了两次，每次呆足一整天，但还是未看完、未看够。英国国家博物馆建立于 1753 年，是世界上首家国立公共博物馆，而且是一座一直在扩建的博物馆，是对所有“好学求知的人”免费开放的博物馆。它是世界上历史最悠久、规模最宏伟的综合性博物馆。博物馆收藏了世界各地的许多文物和珍品，及很多伟大科学家的手稿。藏品之丰富、种类之繁多，为全世界所罕见。英国国家博物馆拥有藏品八百多万件。由于空间的限制，还有大批藏品未能公开展出。馆内中国文物总数多达两万三千余件，珍品如山。展品从商周的青铜器，到唐宋的瓷器、明清的金玉制品，很多文物都是绝世珍藏，例如敦煌壁画、东晋顾恺之的《女史箴图》的唐代摹本，等等。看到祖国的文物成为别国的展品，很多同胞心里五味杂陈。不过，看到各国观者云集、看客毕恭毕敬、展览规范有序、出处标注明确，我感到心气略微平和，展品——不都是历史的结果吗？！博物馆称古代中国藏品与古代希腊、埃及收藏一并为英国国家博物馆收藏的最重要最珍贵的人类文化遗产。好吧，“大英博物馆”，有你的！

《大英百科全书》即《不列颠百科全书》，是当今世界上最知名也最权威的百科全书，英语世界俗称的“ABC 百科全书”之一，也是世界三大百科全书之一，1771 年在苏格兰爱丁堡出版，1941 年版权归美国芝加哥大学所有。现由总部设在美国芝加哥的不列颠百科全书公司出版。《不列颠百科全书》由世界各国、各学术领域的著名专家学者（包括众多诺贝尔奖得主）为其撰写条目。囊括了对人类知识各重要学科的详尽介绍，和对历史及当代重要人物、事件的翔实叙述，其学术性和权威性为世人所公认。《不列颠百科全书》以其全面、严谨深得中国学者的崇敬和信任。国人口中的“大英百科全书”或许是学界带着敬意的一个俗称。

汉译的夸大最经典的案例恐怕要数《圣经》了，“Bible”原是希腊文，相当于英语的“Book”，但加上定冠词成为“The

Bible”，汉语直译应为“那本书”。因为在教会传统中，《圣经》不必有名称就是“那本书”，是生命之书，宝贵的书。而汉语中的“经”则是指“天下之大经”，是做人处世或“立身经世”的根本大道，是生活应遵从的典范。从“那本书”到“经”再到“圣经”，是中外文化碰撞、俗理与教义相遇的完美结晶，译者用意用语之高妙几乎无与伦比。

汉译中的不当夸大有时会误导国人。近几年国内演艺圈步入维也纳“金色大厅”者越来越多。国人心目中的金色大厅曾经是一个可望而不可即的音乐殿堂。其实，金色大厅是维也纳音乐协会大楼一个厅而已，当然是其中最为出名的音乐厅——因为维也纳新年音乐会按照传统都会在这里举行。每年随着新年音乐会通过电视转播，该大厅金碧辉煌的装饰和无与伦比的音响效果会展现在全世界的观众面前。但“金色大厅”这个名字一旦进入国人耳中，就有了“金銮殿”般的效应。但实际上这个音乐厅与演出团体的演出水准无关。国内乐团趋之若鹜，扎堆进入献演，争相送票，以为来此演出就是镀金，结果我使馆人员呼吁难以承受“送票”之累！更有行家指出，如此这般这对中国民乐来说可能是一个伤害，容易诱发青少年乐人的虚荣心。

金色大厅内部装饰确实是镀金的，当今同胞的拜金热忱丝毫不逊西方人。英译汉的过程中有些词和金色毫无关系而被译出金色的也有。如，“金砖四国”，BRIC 本是 Brazil、Russia、India、China 四国首字母的合称，乃砖头或方砖之义，不知为何被译了金砖。如果将“金砖”译为英文，应是 gold bar——一个与四国毫无关系的单词。当然，无论是镀金还是贴金，只要有了金字招牌，马上金光闪闪，璀璨夺目，身价百倍。

一位翻译家曾说：“在中西文化交融的今天，翻译已不再仅仅是双语间的语言信息转换，而是一种‘文化传真’，即把原语中所蕴含的所有文化信息尽量完备地传达到译语中去。”①所以，如今国际交流频繁，译者责任愈加重大，当力求信达，作雅时，切勿随意夸大，以免落下文化绑架的口实。

（三）牧师爱汉语

2012 年国庆节期间，牛津大学访问学者的 QQ 群里有人贴出了关于“牛津校园基督教团契”的活动通知，说是 10 月 6 日晚上在某处有“基督教信仰与中国文化”讲座，形式是先聚餐后讲座。用中餐，参加者奉献 1 英镑饭资。主讲人是英国著名牧师林克己。扮演学生角色时吃饭永远是最重要的事情。中国人在国外能吃顿中餐当然很有吸引力，饭费又超便宜，还有与我的专业相关的讲座，看似很超值，何乐而不为？我马上冒泡，说：“某愿往。”

那座教堂没有牛津市中心教堂的尖顶或钟楼，但真是个僻静的去处。几位中年妇女似乎已忙得脚不沾地，每见到一位来客都像是久别重逢，对像我这样的新朋友尤其热情。到饭点时陆陆续续竟有近百人，老中青少幼婴都有，还有几位外国人的家属。大家一起动手排桌子，搬凳子，排队打饭菜。我对面坐的一对老夫妇恰好也来自上海，看到我甭提多高兴了。他们是来女儿家小住，春节前要回去，但在英期间常常感到冷清。他们并非基督徒，但每个星期都参加教会的这个活动，因为可以说说中国话，会会中国人，吃吃中国饭。

有朋友指着打饭队伍中那个身材高大、精神矍铄的英国绅

① 孙致礼编著，《新编英汉翻译教程》（第二版），上海外语教育出版社 2011 年版。

林克己牧师

士，说他就是今晚的主讲人。林牧师手里也拿着一次性餐具，他一边和组织者轻声说话一边缓缓前移。

有米饭有西兰花有鸡腿有蘑菇，还有水果，我吃得很饱。不过等用完饭，环顾一下，人走了将近一半。主持人正是那位特别热情的女士，她只会说粤语，所以请了个女孩儿做普通话翻译。突然听到那个女孩叫我的英文名字，原来是大家对我的到来表示热烈欢迎，我赶紧站起来给大家鞠躬。餐毕，祷告、唱歌、说“阿门”之后，林牧师的讲座终于开始了。

林牧师的讲座从《圣经》教义与中华俗语之间惊人的一致开始（**如图**）。当成串的汉语俗语从这位金发碧眼的英国绅士口中吐出时，我仿佛感觉是在欣赏神话故事，也不禁对自己的职业和专业产生了更多的憧憬和期待。

牧师教师，同为人师，我对林先生充满敬意。用学习者已有的知识深入浅出地讲解艰深或抽象的内容，这也正是汉语国际教育与汉文化传播的有效策略之一。林牧师将汉语俗语与圣经核心内容对接得天衣无缝。而他自己对中国民间智慧的肯定与褒扬也溢于言表，是个真正痴迷于中国文化的国际友人。“中国文化太伟大了！”“中国俗语太精妙了！”“中国百姓太智慧了！”他几乎每引用一句俗语就要高呼一次“中国文化万岁！”这也同时引来阵阵掌声和喝彩，这种愉快的共鸣使我觉得这个老人不仅可敬而且还十分可爱。

林牧师嗓音洪亮，普通话也说得字正腔圆。职业本能使我对他的汉语学习经历倍加关注。抓住间隙和他进行了短时交谈。林牧师毕业于剑桥历史系，26 岁听从主的召唤去马来西亚当了宣教士，但那时他一句汉语也不会说，“头三个月住在一个中国家庭里几乎像哑巴一样地生活”。为了向华人传教，他下决心学习汉语。一对一的教学，每周学习 8 小时坚持了整整 3 年，最后通过了严格的汉语听说和读写考试。令林牧师印象尤深的是他所参加的 6 次考试中，每次都要考 12 句中国成语或俗语，这是他十分引以为荣的经历。

林牧师当年学的是繁体字，但现在全球通行简化字了，老人说，“这山望着那山高，人心不足蛇吞象，我现在正在学简化字”。当得知我正是教汉语和中国文化的老师时，林先生立刻恭敬而又认真地说“那您可以做我的老师。”“哎哟！不敢不敢，您是长者，有需要我们可以通邮件。您用电脑吗？”“当然用。我很愿意读中文信，特别喜欢四字一顿、抑扬顿挫的成语，音调高低起伏像唱歌，实在好听！汉语太伟大了！”林老又举起手作高呼状。看着这个年近八旬的率真的绅士，我只好“慈祥”地笑着说：“那我以后就投您所好，给您写信成语连篇。正好幼时家父威逼利诱我死记硬背过几天成语词典。希望不是班门弄斧哟，哈哈！你可以用英语写给我，取长补短，互通有无啊！”

顺便给他补充了同义俗语“人去留名，雁去留声”，我说：“这和刚才您的‘豹死留皮，人死留名’意思相同，但表达更为含蓄一点，中国人一般不直接说‘死’字。”林先生马上认真回答：“那不是我的俗语，那是我的马来西亚老师教的。”说完马上掏出一个小本子，请我写下来。我工工整整地写下汉字，还在雁字头上标注了拼音字母。边写边说“其实‘豹死留皮’我也是第一次听说，可能这两句俗语的发明者都是猎人，不过一个生活在山里，一个生活在草原，哈哈！”“很有这种可能性！”林牧师也笑了。我跟林牧师开玩笑说，伟大的汉语创造了伟大的《圣经》。基督教在中国传播必须感谢那位首次将“BIBLE”翻译成“圣经”的人。林牧师同意，说：“‘圣经’二字好极了！主的圣洁、主的荣耀全在里面了。现在的中文版《圣经》在发挥耶稣的人性、神性、伟大性和独特性方面比英文版《圣经》要好得多！”

是的，泱泱中华，能冠以“圣”字的恐怕只有两人：孔子和皇帝。在古代，“圣经”也曾指儒家的所有经典，这是否等于在基督信仰与中国儒家思想之间铺设某种了独特的平行？19 世纪末 20 世纪初抱着“西学东渐”来中国传教的卫礼贤先生，以一颗平和公正的文化心灵成就了“中学西播”的一大功臣。有容乃大，歌德对中国文化的景仰和评价正是真正大家胸襟的体现。林牧师对中国文化的科学态度令我钦佩之至。他对中国文化尤其是中国民间文化的态度甚至比一些中国牧师还要公正、平和、客观。也是在牛津某次华人教会的活动上，听一位华人老先生做讲座，他似乎还不是牧师，因为大家都叫他“兄弟”。散场时与老先生寒暄，当他得知我并非信徒时，失望与惋惜之情溢于言表：“唉哟哟，你看看！”目光几乎压得我矮他一级，虽然我实际身高并不比他低。

常听到我们的同胞怯怯地说自己没有信仰，也不断有人问为什么那么多中国人不信教，我一直不同意这样的说法。在亲眼观察了一些基督教活动以后我似乎更确定：不能说很多中国人没信仰，更不是中国人什么都不信，而是中国人信的太多、太广，天地鬼神花草树木都可以当神信。中国文化博大精深，使它先天具备了与其他信仰体系之间对话或共存的基础。从中华文化中可抽出的信仰丝头众多，而产生共鸣的部分往往正是人类文化的共核，也可以看作人类精神共同体的基础。如求真向善趋美，不仅是中国文化的总体价值观，恐怕也是所有宗教的核心价值观之一。林牧师从中国民间文化中发现了诠释圣经教义的俗语，也认可了非基督教文化的伟大之处，这对基督教的发展何尝不是大有裨益之事？现在的中国人看待异域或异质文化也同样需这样的态度和气度。

（四）讲座没问题

牛津大学学术讲座海报

有人说“大学就是一场接一场精彩纷呈的学术讲座”，我以为此定义深得大学精义。真的，如果你读了大学而又没有赶集般地去追听过大学的讲座，那简直就是求学人生的一大遗憾（如图）！

说到这里，我脑海中自然浮现出20世纪80年代有半个月时间每晚穿梭于南京大学与南京师范大学之间，赶听了15场“文艺新批评新方法系列讲座”，简直是如饥似渴。1985年被称为中国当代文艺批评史上的“方法论年”，赶上了真是三生有幸！虽然当时听得也是似懂非懂，虽然有不少同学途中知难而退，而我愣是坚持了下来，至今自感挺自豪的，而且笔记一直保存到现在。我自认为那挤挤挨挨将小会堂、大教室里里外外围得水泄不通的讲座画面，毫无疑问是自己大学春秋中的珍藏版记忆。

读研时，华东师范大学中文系的“学术前沿系列讲座”也让我们受益匪浅，那时已经做了十多年大学老师的我深感教师若不站到学术前沿就很难培养出走到前沿的学生。一晃又过去十多年了，“学术前沿讲座”上许多老师口吐莲花，他们的音容笑貌与那条美丽灵动的丽娃河一起印刻在了我的脑海中。我常常想，师大也许是最应该出大师的地方，因为她最懂得如何培养人。老师们为了推动学生走向前沿自己挺身而出、及锋而试，有这种果敢的老师，我们的教育就必定有希望！

发人深省的学术讲座，是人生珍贵而美好的记忆。感受一样的是，当2012年12月5日，吴敬琏先生应牛津大学邀请来做讲座时，主持和点评嘉宾之一Edmund Fitzgerald教授首先掏出了一叠发黄的纸，说那是30年前他听吴先生讲座时的笔记。会场上顿时爆发出雷鸣般的掌声。这一次吴先生的讲座主题是“中国的经济政策和改革体制在全球经济变化中面临的挑战”，所引发的关注可想而知。不过牛津的讲座教室一般都不大，仅可容纳三五十人，七十人是超大的了。超员了门卫就会断然阻止进入。那天我们去赶吴老的讲座时，据说有不少人因为场地已满被挡在了门外。

不过，牛津大学的讲座如同牛津各个学院的“Formal”一样，既神圣又家常。牛津大学几乎每天都有若干场讲座在不同的院、所或中心进行。而且牛津讲座并非只是重量级专家的专场，你有思想，你想讲就可以登上讲台。始料不及的是我刚到牛津月余，就有幸登上了牛津的学术讲坛。能开设这次讲座多少是沾了同胞莫言获得诺贝尔文学奖之光。2012年10月11日得知中国作家莫言获得诺贝尔文学奖，牛津的中国学子和热爱中国文化的他国学子都很兴奋。牛津大学的“中国文化国际意识推进会”想组织一个“莫言周”，组织大家看与莫言作品有关的电影、读小说、听讲座。组织者向到访的中国学者们求助邀讲座嘉宾。来牛津交流或访学的多为理工类学者，文科学者又以英语、法律为主。看过电影《红高粱》的人也许不少，但知道那是莫言原著的人恐怕不多。相比之下，像我这样大学时代品读过《透明的红萝卜》、北师大进修时也与莫言一样接受过童庆炳老师指导、读研时期又评过《檀香刑》的人，一时在牛津难觅。讲座日期定在一个月以后。可以想象，我那个月所有的课余时间都浸在了莫言作品之中。11月20日晚上七点“中国文化三维中的莫言及其作品”学术讲座，如期举行。

组织者准备得可谓精心周密，近三十名听讲者将“Seminar room”坐得满满。房间一角还来了几位外国朋友，一个中国男孩轻声做着同声翻译。外国朋友很有礼貌，听我讲完后，一一前来握手、致谢、告别。已久违中文讲坛的我这回算是让自己狠狠地过了一把瘾，从民族、民间、民俗三个纬度入情入理地对莫言好好解读了一番，酣畅淋漓地讲了两小时。

次日，有英国同事关心地问：“讲座很成功吧？”我爽快应答：“是的，还行！”“有多少人提问题？”“没有人提问啊，呵呵！”“哦？没人提问？”同事瞪大了眼睛，仿佛非常吃惊。我也略感吃惊，但还是点头确认：“是啊，也许因为我很会讲座吧，大家没有什么不清楚的。”不过，同事的反应还是有点令我不安，回办公室马上求证于华人同事，她大笑道："哈，傻子！在牛津讲座，没人提问、无人挑战的讲座是最不成功的讲座。""哦？！"我有点汗颜了，也陷入了深思。我一路从大学讲座走来，听过数不清的讲座，怎么没发现这个规律？

随着听取越来越多的牛津学术讲座，我发现，这真是牛津的讲座规律！牛津的学术讲座没有一场不是在尖锐的问答甚至辩论中结束的。讲座的后半部分的提问互动无疑是讲座的精彩之点。提问多是意味着互动积极，互动积极意味着你的讲座点燃了学术的新知，启发了别人思考，这才是讲座的真正意义。牛津讲座"并非扔给你一堆死答案，而是刺激一堆新问题"。

牛津讲座被从中间打断的时候也是有的。某日在一位中国访问学者的关于"民族主义与钓鱼岛争端"的学术讲座上，讲者开场先列举了民族主义的若干界定，展示了很强的学术功底。然而，台下一位学医的听众不耐烦了，举手打断演讲，敬请主讲人尽快进入正题，后因未能如愿该听众中途拂袖而去。同样的事情也出现在了加藤嘉一的"走出教育"讲座上，加藤的反应则不同，他马上接受建议，提炼、归拢、入题，结果受到这位出格听众的褒奖。"牛人"学术重在对话，这几乎是牛村的学术民俗。讲座最忌石沉大海、杳无回声，所以牛津讲座尤其重视思想的交流与观点的碰撞，专注于精神。对于讲座形式表面的重视程度，和国内相比要逊色得多。我们心目中的学术总是有几分令人敬畏，讲座会场甚至常常有几分森严，讲者是嘉宾是贵客，听者如同学生不得随意冒犯长上。现在看来，这样的理念之下，学术恐难获得生机，更不用说灵气了。

反思我的这场牛津讲座，也许因为我讲的确实"高深"让听者难以接招儿，也许因为在牛津真正读过莫言作品的人其实寥寥。但不管怎么说，作为讲者没有能激起听众的思考，没调动听者积极参与其中，这委实不能算是一次成功的讲座。不料两天后竟然有位中国学者来跟我讨论莫言作品中的审美与审丑的关系问题，又有位一位德国同学来信跟我讨论莫言作品的翻译问题。我再遇到那位英国同事时，当然没有忘记告诉她这两个反馈，她真诚地说，“哇，太棒了！”不过事后想想自己如此这般的举动，不禁哑然失笑！

比较起来，牛津的学术讲坛上缺少国内大学讲座的庄严肃穆，更像一场寻常的对话。听众不必作出毕恭毕敬、俯首帖耳的样子。牛津的学生似乎从来不是被动接受知识的他者，而是直接参与其中的主人。在这里，我们传统价值观所推崇的做人的内敛、为学的矜持反而显得有几分做作，缺乏交流的热诚。结果导致学术讲座变成了毫无疑问的“坐讲”。

牛津学术讲座无形中成了碰撞思想火花、唤醒学术自觉的契机。牛津学生对于辩论的关注和爱好达到了令我吃惊的程度。某日，与几位作为基督徒的学生对坐，其中有几位中国学生是在出国留学后受洗的。我开玩笑说：“你们还没有领略到祖国文化的博大精深，就已皈依了基督，这是国内基础教育的遗憾啊。其实人类文化有许多共同的价值观，比如《圣经》的许多教义其实也是中国文化甚至是中国民间文化中的常识。”不料我的话首先引起在座几位外国同胞的好奇，他们紧盯我的眼神那真叫“眸子炯如虎”，接着是连珠炮般的提问。我从“四海之内皆兄弟”的爱心，谈到“和而不同”的胸怀以及“有容乃大”的气度，终究还是不能相互说服。

这种演讲和辩论的学风传统，也是牛津大学着力培养学生的一种能力。这对很多不擅言谈的中国学子来说是个挑战。有位来牛津做数学博士后的叶姓同胞，刚到牛津时几乎每天叫苦道：“压力太大了！快受不了啦！周周 Seminar（研讨会）！”原来每周都要求他主讲一个小时，报告自己的研究进展和研究心得。下面听讲的教授反复拷问，搞得小叶紧张得到英国一个学期了都无暇去一趟伦敦。不过第二个学期就不再听到他叫苦了，我问是不是没有 Seminar 了？他笑着说："哪里！现在一周要讲两次，最过分的是有一次一周讲了五次，习惯了，练出来了！呵呵！"我从他的笑声中听到了自信，甚至还有些自得。因为，第二学期开始，已经安排他给牛津的本科生上课了。

牛津大学一学期只有 8 周，一年的教学周也只有 24 周，但就是这样精短的学制却为世界培养出了那么多顶级的人才。优质生源固然是原因之一，但恐怕主要原因还在于牛津大学对学生创新思维能力的培养和训练。创新本来不就是学术的生命吗？学术本来不就是大学的天职吗？研究本来不就是大学的专长吗？

我幸运，我骄傲，因为能在近天命之年再度穿行于大学的学术讲座之间！

后记：民俗生态的自适与自愈

——牛津民俗中的生态平衡

住在牛津 Commonwealth House（戏译“共富新村”）的时候，某晚我突然接到一个朋友的电话，让我马上帮他找间房，说有个新来的四川同胞被骗了，住的地方实在不堪，不宜人居。预付了 1100 英镑订金，住进去发现门见光窗漏风，床上空无一物，而且前脚入住后脚水电煤账单就跟来了。发觉被骗后，同胞发了袍哥脾气，大骂“可恶的英国鬼子”，跑去警署报案，结果人家说这不归他们管，拨打驻英使馆求助热线也未能得到实质性帮助，只有忍气吞声另找住处。次日一早去找管理员，还好有一小间刚空出，这位同胞旋即拎包入住，说感觉像住进了豪华别墅。

当然，牛津租房并非人人如此。我就比较幸运，经鲍勃推荐，网上订的共富新村，位于市中心，日用品一应俱全，无需付押金，还有免费早餐。主客间充满信任，甚至不乏宾至如归的温馨。管理员名叫迈克，已 65 岁，新村里的中国同胞们亲切地称他“迈大爷”。出发赴英前迈克还专门来邮件给我致歉说周末不能接我，但他提醒我不要坐到终点站。为了标示清楚，迈大爷还给我发来了一张电脑截图。

不过，我很想利用访学机会多接触一下英国的真实生活，这也与我的专业有关。一学期后我搬进了一个英国家庭，难以置信的是帮我寻租的正是迈大爷。某次付房租时我跟迈克聊了我的想法，迈大爷也深以为然。我原本以为只是应付两句，没想到大爷真的很有心，主动帮我问了他认为合适的朋友。迈大爷介绍的英国房东家环境优雅安静、距离远近适中，他甚至还帮我运去了行李，我真想拥抱这位善良的老者——一位可敬的英国绅士。

牛津就是这样一个地方，有人精也有人渣，维持着民俗生态的平衡。天地之间有杆秤，无论是自然界还是人类，都需要一种平衡。中国亦然，因此同胞实在毫无必要戴着有色眼镜看自己和看别人，更不必有意掩盖什么而致欲盖弥彰。

牛津在很多人心目中是个圣地，光泽耀眼：牛津大学已九百多岁，据说它已培养了 7 个国家的 11 位国王、6 位英国国王、47 位诺贝尔奖获得者、53 位总统或首相、12 位圣人、86 位大主教以及 18 位红衣主教。初来牛津我看到古色古香的建筑，低调凝重的学院门楼，即便只是路过也可以领略到几分学术重地的严紧与矜持；随处可见的教堂尖顶，衬在蓝天白云之中，扫一眼你就会感受到一种崇高感。对很多人来说，牛津的确是那么可望而不可即，可事实上并不尽然，牛津也并不都是崇高，崇高只有依傍于卑下才存在。牛津民俗中存在着一种生态平衡，它们津津有味且真实迷人。

募捐与乞讨

募捐好像是很多英国百姓爱做的事情，为贫困母亲、为贫困儿童、为教堂、为社区募捐的事情常有。我每次给共富新村付房费时，迈大爷都问我愿意不愿意为 Oxfam 捐点零钱。我问捐多少适宜，答曰“一镑即可”。我说：“好。”于是迈大爷非常高兴说：“谢谢您！您很善良。”每次付费后他都认真地在我的发票页

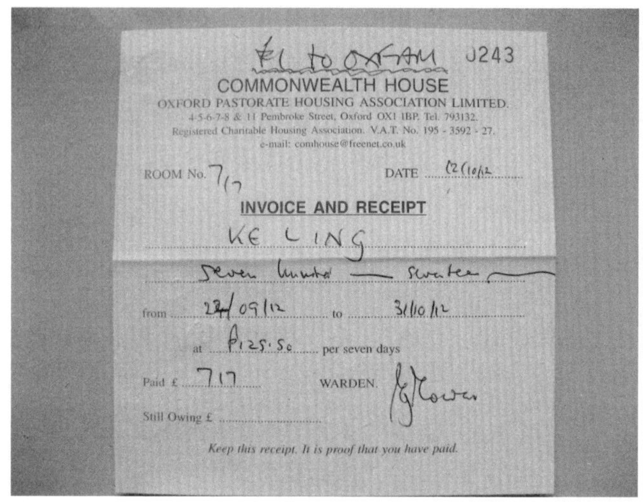

£1 to OXFAM J243

COMMONWEALTH HOUSE

OXFORD PASTORATE HOUSING ASSOCIATION LIMITED.

4-5-6-7-8 & 11 Pembroke Street, Oxford OX1 1BP. Tel. 793132.

Registered Charitable Housing Association. V.A.T. No. 195 - 3592 - 27.

e-mail: comhouse@freenet.co.uk

ROOM No. 7/7 DATE 12/10/12

INVOICE AND RECEIPT

KE LING

Seven hundred — seventeen —

from 24/09/12 to 31/10/12

at £125.50 per seven days

Paid £ 717 WARDEN.

Still Owing £

Keep this receipt. It is proof that you have paid.

房费发票与捐款

眉写上“一镑给 Oxfam”(**如图**)。Oxfam 是一家发起于牛津的慈善组织，每年救助很多难民和贫困儿童。牛津人的募捐不张扬。语言中心经常有老师做了糕点拿来义卖募捐。星期假日也常见路边或桥头默默站着手捧募捐箱的人们，有男有女有老有少。募捐更是基督徒的传统义务，据说共富新村旁边的圣奥迪斯教堂 2013 年募集的善款有一亿多英镑。

相映成趣的是，在牛津你每天也会看到不少乞丐，不过残疾者很少，而且从未看到过“丐童”。牛津乞丐有蹲点和流动之分，令人生惧的是流动乞丐，他们会拦路乞讨，甚至带有强行意味。我刚到牛津时，在语言中心去中文系的小巷里，就遇到一位衣冠楚楚的男士，他让我给他几英镑喝咖啡。我以为我听错了，说我不明白。没想到那人大声说：“不明白？不明白来这里干什么？不明白回你的国家去吧！”我被吓懵了，以为是遇上打劫的了，紧紧夹着包折进了旁边的商店，直到那人走远了才敢出来。回来向QQ群里求教，竟然很多学者都有此遭遇，不过大多数人是置之不理径直赶路。有几位身材剽悍的同胞则对行乞者大喝：“滚开！老子没钱。”这下被吓着的就是乞丐了。

我也曾求教牛津同事：英国的社会保障制度挺好，为何还有如此多的乞丐？答曰：“正如有人喜欢流浪一样，有人喜欢乞丐这种生活方式，其实他们有足够的社保，但有人以乞为乐，谁能奈何？！”

诚信与偷盗

第一天到语言中心报到时，按规定得交1500英镑的“板凳费”，我从国内带过去的都是崭新的百镑大钞，点好后给收费的小伙子詹姆士。他复点后给我开了临时收据，说发票隔日给我。可第二天给我发票时又退给我100英镑，詹姆士非常抱歉地说昨天他自己点错了，还是点钞机准确。对我来说，100英镑几乎等于我一个月的生活费了。我到语言中心后对那里的好感就是从这个年轻人开始的。詹姆士后来离开了语言中心，说是找到了一份薪水更高的工作，可见小伙子并不甚富裕，而且还正处着对象呢。

还是在语言中心，在103办公室，某个周一的早晨，一位法语兼职老师（一直叫不出她的名字）一进门就惊呼：“啊！在这儿！在这儿！语言中心，我太喜欢这个地方了！这里永远不会丢东西，我爱这里，我爱每一位同事，凯瑟琳（我的英文名），我爱你！”然后就跑过来跟我热烈地拥抱。我丈二和尚摸不着头脑，机械地被抱着。原来上周三她回家时发现U盘不见了，几处兼课，也记不清可能落在哪个单位了。她以为肯定丢了，备的课都在盘里，伤心了好几天。今天早晨看到她的宝贝好好地插在电脑上，喜出望外。103办公室是语言中心老师公用的办公室，几十位老师你来我去都用这些电脑，有时还有学生辅导。但语言中心从未失窃过，学生落下手机、U 盘、衣物等，总能失而复得。

可同样在牛津，也不止一次听说有人遭遇骗子、小偷甚至强盗的事情。某日收到语言中心的群发邮件，警告大家语言中心门口丢了一辆自行车，提醒大家以后要锁车，最好将车锁在门旁栏杆上，细心的克丽丝甚至还给大家推荐了一款安全锁。

两个月前，有个住在 Cowley 的男同胞，突然在群里紧急求助，说他住处的门被撬开，护照、钱包、电脑、现金被洗劫一空，众人赶紧献计献策，帮他处理。我也大惊失色地告诉了同事 Wendy，她说："正常！在英国的中国人没几家没遭遇过入室偷盗。牛津的 Cowley 前几年在社区治安状况排行榜上位于全英倒数第二，这两年已经好一点了！"

有位姓邓的中国学者刷卡购物失败，被告知超过信用额度。邓惊慌失措到银行说理，说是被盗用了，还好银行认可且赔偿了损失，但另一位同胞身上发生了同样的事情却没有如此幸运。

乐园与坟地

共富新村的周围尽是教堂，语言中心的旁边就有俩。白天看教堂没什么，夜晚看教堂，影影绰绰耸立在黑魆魆的夜空中，有点阴森森。那是我第一次在语言中心听晚间课，八点下课后天已全黑。出门左拐过了座教堂就是一片坟地，隐隐约约听见坟地里还有说话声和笑声，我不由得加快了脚步。小时候在镇上读书，周末回家得走近 20 里地，赶夜路穿坟地时，总是放声高歌以壮胆。但牛津是个喜欢保持缄默的城市，任何时候大声喧哗都显得不合时宜，我只能小声哼哼加上一路疾跑，跑过了那段路。

不过，第二天白天我特意考察后反而释然了。这片坟地既是死者安息的地方也是生者休闲的地方。坟地里有若干张长椅，夹陈在坟堆、墓碑以及绿树之间。每天见到有人坐在长椅上晒太阳聊天，孩子在草地上玩耍，欢声笑语不断。我终于明白对牛津人或对西方人来说，其实是没有什么“人死成鬼”的说法的，更没有我们所认为的阴阳两界、黑白颠倒的思想。西方人并不觉得死有啥可怕，因为他们被告知离世时总是像天使般飞升了，而国人则被告知离世时是被伸着长舌头的黑白无常硬性拖走的。所以，国人不仅畏惧死亡，而且对亡灵也是心存余悸。其实，鬼魂的有无连孔夫子也不愿谈论，鲁迅先生直接回答“说不清”。共富新村一楼曾住过一位搞数学研究的同胞，他总抱怨晚上窗外嘈杂不宁，说为何总有人在那里停放自行车。次晨跑步归来，我特意拐到他的窗外看了一下，心中不禁一怔：哪有什么自行车，紧挨他窗前立着两块墓碑，再仔细看一看，算一算，墓主人已经作古一千多年了。我悄悄说与那位同胞，没想到这位北方汉子立刻冲出去找迈大爷帮他调了房间。

除了上述种种，牛津民俗中还有很多相反相成的有趣现象。难怪 Wendy 说，在牛津，最勤快的和最懒惰的共存，最富有的和最穷困的相依，最聪明的和最愚蠢的同在，最优雅的和最粗俗的对举……平衡是人类文化的常态，平衡方能稳定，我们需要追问的天地之秤的平衡点何在？秤砣秤杆又各是什么？

自适，是民俗顽强的生命力和生存能力的表现，自愈；则是民俗免疫力和抵抗力的表现。正因为有其自身的平衡系统，凭此，民俗具备了千年不变的定力以及以不变应万变的变通能力。

以此为结语，兼作后记。

2017 年 6 月 26 日于东华校园

参考文献目录

1. 夏进军、邵彩萍:《中国传统食具——筷子的设计之道》,《民族艺术研究》2011 年第 5 期。

2. 蔡泽锦:《什么才是文明?》,“网易新闻 · 东南快报”,http://news.163.com/14/0424/05/9QIRDHHG00014Q4P.html,2014 年 4 月 24 日。

3.《丘吉尔庄园 · 布伦海姆宫》,《初中生世界:八年级》2016 年第 2 期。

4.《英国女王凌晨 3 点花园遛弯　险遭皇家警卫枪击》,“新浪新闻 · 国际在线”,http://news.sina.com.cn/w/zx/2017-01-05/doc-ifxzizus3758810.shtml,2017 年 1 月 05 日 09:31。

5.《巴赫金全集》,河北教育出版社 1998 年版。

6.《英国另类“计划生育”:孩子成了“污染物”?》,《中国青年报》2007 年 7 月 28 日。

7. 张勰:《家庭教育的“五过”》,http://www.360doc.com/content/15/0318/10/4666759_456114680.shtml,2015-03-18。

8.《于丹谈家庭教育:孩子成长比成功更重要》,http://www.doc88.com/p-4911073630403.html。

9.《周礼》地官司徒第二(阮元校刻本),《国学宝典 · 经

部 · 十三经》, 北京国学时代文化传播有限公司。

10. 朱家俊:《工业革命时期英国煤炭工业发展历程》,《黑龙江史志》2014 年第 19 期。

11.《一个时代的终结 : 记煤炭伴随英国国运数百年》,《环球时报》2015 年 12 月 22 日。

12.《盘点中国名人故里之争》, https://wenku.baidu.com/view/378561e116fc700aba68fca6.html。

13. 孙致礼编:《新编英汉翻译教程》(第二版), 上海外语教育出版社 2011 年版。

14. 董妍、俞国:《家庭特征和学业情绪: 家庭教育资源的作用》,《第十五届全国心理学学术会议论文摘要集》, 2012 年。

15. 梁景和:《论曾国藩的家教术》,《孔子研究》2000 年第 2 期。

16. 余艳炯:《家庭特征和农户多子女家庭子女受教育年限——以江苏省四村为例》, 山东大学硕士学位论文, 2009 年 5 月。

17. 刘文华:《大学排名与世界精英大学之争》,《中国电力教育》2011 年第 31 期。

18. 英基思 · 托马斯:《人类与自然世界: 1500—1800 年间英国观念的变化》, 宋丽丽译, 译林出版社 2009 年版。

19. 季慰祖:《水 · 文化 · 学校文化》,《中国教育报》2014 年 5 月 31 日。

20.《世界十大广场》,"爱雅阁" 2015 年 2 月 10 日, http://www.360doc.com/content/15/0210/07/6956316_447601316.shtml。

21.《中国十大广场》, http://www.maigoo.com/goomai/152396.html。

22. 蒋敏洁:《浅谈广场文化特征与作用》,《科学时代》2011

年第 3 期。

23.《小筷子大学问，中日韩三国筷子大不同》，http://www.le.com/ptv/vplay/21990540.html。

24.《筷子诗拾趣》，“爱雅阁”，http://www.360doc.com/content/14/0415/04/6956316_369062329.shtml，2014 年 4 月 15 日。

25.《牛津的河流和湿地——赴牛津探亲随笔之六》，“超然人”搜狐博客，http://zhiming-w.blog.sohu.com/168354837.html。

26. 黄韬:《牛津访学记》，黄韬新浪博客，http://blog.sina.com.cn/s/blog_3eda85190100mdpg.html。

27. 郭占锋:《在牛津的日子：访学见闻与研究感悟》，社会科学文献出版社 2016 年版。

28.《中国大妈广场舞亮相各国标志性景点》，“中国旅游新闻网”，2015-09-21。

29. 本书所录各篇大多已发表于《上海采风》杂志，有删改。

图书在版编目(CIP)数据

英国牛津民俗谈/柯玲著. —上海:上海人民出
版社,2018
ISBN 978 - 7 - 208 - 15216 - 8

Ⅰ. ①英… Ⅱ. ①柯… Ⅲ. ①风俗习惯-研究-牛津
Ⅳ. ①K895.61

中国版本图书馆 CIP 数据核字(2018)第 101666 号

责任编辑 张晓玲 刘华鱼
封面设计 小 新

英国牛津民俗谈
柯 玲 著

出 版 上海人民出版社
(200001 上海福建中路 193 号)
发 行 上海人民出版社发行中心
印 刷 常熟市新骅印刷有限公司
开 本 890×1240 1/32
印 张 9
插 页 2
字 数 203,000
版 次 2018 年 7 月第 1 版
印 次 2018 年 7 月第 1 次印刷
ISBN 978 - 7 - 208 - 15216 - 8/C · 569
定 价 40.00 元